Lieselotte Luft

Kurzreisen in die Vergangenheit

Lieselotte Luft

Kurzreisen in die Vergangenheit

oder Meine zahllosen Leben

Autobiografie

Die bibliografische Information der Deutschen Nationalbibliothek

Die Deutsche Nationalbibliothek verzeichnet diese Publikation in der Deutschen Nationalbibliografie; detaillierte bibliografische Daten sind im Internet über http://dnb.ddb.de abrufbar.

Originalausgabe

Einbandfotos: © Lieselotte Luft

Druck und Herstellung: Books on Demand GmbH, Norderstedt

ISBN 978-3-934969-96-4

Inhaltsverzeichnis

In Gedenken an meine Mutter Elki, die weder mir noch sich selbst wirklich zu helfen wusste und an dem Drama ihres Lebens zerbrochen ist.

Mutter, was Dir nicht gelang, ich habe es geschafft: Ich habe diese Hölle verlassen. Ich liebe Dich und Du fehlst mir, vergib Dir, ich habe Dir schon lange vergeben!

>> Ein Zuhause haben <<

Am Anfang anfangen ist gut, aber nicht leicht. Über dieses Geborenwordensein erfuhr ich alles nur aus zweiter Hand, und ganz der Anfang ist es wohl niemals.

Sei es drum. Die vielen Zimmer in meiner Kindheit, in denen ich wach wurde, der Raum in der Wochenkinderkrippe mit dutzenden Gitterbetten im Raster. Die Schlafkammer daheim klein kalt leer, nur Mutters Bett und meines. Das Bauernzimmer meiner Großmutter: zwei altdeutsche Holzbetten mit hohen Häuptern mit einem Meter Abstand und der dazugehörende dreitürige Kleiderschrank unten mit Schubladen und oben mit geschnitztem Aufsatz, daneben die Tretnähmaschine und der Nähkasten.

Das Wachwerden morgens ist auch immer ein Anfang, so wie das Umgezogensein in eine neue Wohnung. Ich will meine Geschichte jetzt aufschreiben, da ist wirklich genug geschehen, genug für mehrere Leben, und der Kopf ist voller Erinnerungen und die Nacht voller Albträume. Vielleicht ist es gut, alles aufzuschreiben. Es könnte mir gut tun, dass es andere lesen und ich muss nicht immer darüber nachdenken und die Bilder wieder und wieder im Kopf Revue passieren lassen, weil sie dann von anderen aufgenommen und gedacht und gesehen werden. Einen Versuch ist es wert. Ich beginne.

Als ich acht Jahre alt war, flohen meine Mutter und ich aus dem Fenster der Rumpelkammer. Der Vater hatte sich wieder ins Koma gesoffen und lag auf dem Sofa, den Wohnungsschlüssel hatte er in der Jackentasche und die Wohnungstür war abgesperrt. Wir wohnten Hochparterre, ich trug meinen roten Plüschmantel über dem Schlafanzug. Am nächsten Bach zog meine Mutter ihren Ehering ab und warf ihn ins Wasser. Mutter und ich liefen durch die Nacht zur Straßenbahnhaltestelle und fuhren dann durch die halbe Stadt und weiter mit dem Überlandbus. Wir fuhren zu meiner Großmutter aufs Land und blieben ein Jahr auf ihrem Gehöft. Die Großmutter brachte mich am nächsten Tag zum Doktor und meine Mutter reichte die Scheidung ein. Meine Kindheit war vorbei.

Um Ordnung in die endlose Sammlung von Erinnerungen zu bekommen, braucht es einen Anhaltspunkt zur Orientierung. Wenn es sehr viel zu erzählen gibt, von Menschen und Lieben und Verlusten und Neuanfängen, tut eine Konstante ganz gut. Der Ort, an dem du wohnst, ist so eine Konstante, er hat als täglicher Ausgangspunkt und später wieder Rückzugsort nach den Anstrengungen des Tages großen Einfluss auf das Leben. Es kann Geborgenheit sein, in der du deinen Tag beginnst in Reinlichkeit, Fürsorge und Gemeinschaft, oder du kommst allein im Chaos zu spät zu dir, greifst irgendeine Klamotte und stürzt aus dem Haus und rennst verfroren den Schelten für dein Zuspätkommen entgegen. Ein richtiges Zuhause zu haben ist wichtig. Es ist der Anfang und das Ziel, und nach diesem Zuhause will ich daher meine Lebensgeschichte sortieren.

Da war dieses winzige uralte Haus mit klappernden Fenstern und dem kleinen Ofen, dort gab es Mutter und mich. Dann kam die große Altbauwohnung mit dem schwarzen Telefon an der Wand, die hatte der Vater angemietet; meine Mutter hatte ihn nach vielen Jahren dann doch geheiratet und war mit ihm zusammengezogen.

Später auf Großmutters Hof waren wir viele Leute, und viele Zimmer waren da und es gab Tiere und schöne Feste. Neubauwohnungen, weiß und leblos wie Schuhkartons, bewohnten wir, wo die Schritte unbekannter Menschen durch die Wände deutlich zu hören waren. Und es gab Altbauwohnungen, trutzige kalte Gemäuer mit Schimmel unter den Fenstern und stumpfem Milchglas in den Türen. Wohnungen auf dem Land und in der Großstadt, die meisten gemietet, aber auch besetzte Wohnungen. Das Einzige, was ich nie geschafft habe, war, eine Wohnung mit Balkon zu bekommen. Es gab mit und ohne Bad, mit und ohne Innen-WC, mit und ohne fließend Wasser, auch mit und ohne Strom, aber mit Balkon gab es für mich nie.

Dass ich bei all diesem Immerweiterziehen und Immerweitersuchen schließlich erkannte, dass es einen guten Ort zum Bleibenkönnen braucht, dass ich einen Halt brauche, um zu mir zu kommen und Wurzeln zu schlagen, das war ein langer Weg.

Ich beginne nun.

>> Haus Nummer 33, Frühe Kindheit <<

Donnerstagmorgen war im Operationsplan der Uniklinik etwas frei, also wurde das mein vom medizinischen Ablauf festgelegter Geburtstag. Meine Mutter berichtete, dass ich per Kaiserschnitt in der intakten Fruchtblase aus ihrem Leib gehoben wurde wie in einem gläsernen Ei. Mutter musste danach lange im Bett bleiben, hatte auf der geklammerten Wunde einen Sandsack liegen, der die Rückbildung fördern sollte. Das Ganze war eine sehr unangenehme, aber damals allgemein übliche Prozedur, aber das reichte, dass die Muttermilch ausblieb. Zum Glück war ihre Zimmernachbarin, eine Russin und mehrfache Mutter, sehr geübt in diesen Dingen und außerdem mit reichlich Milchfluss gesegnet, so dass ich kurzerhand von ihr mitgestillt wurde.

Die Krankenschwester brachte die Kinder pünktlich auf die Minute genau alle vier Stunden zum Stillen und holte sie kurz darauf wieder ab. Sobald der Säugling der Bettnachbarin satt war, stand sie auf, kam zu meiner Mutter herüber, nahm mich ihr ab und legte mich dann an ihre Brust und nährte mich. Mutter und ich blieben über zwei Wochen im Krankenhaus. Dann wurden wir entlassen und meine Großmutter holte uns mit dem Taxi ab.

Mein Vater hatte in der Zwischenzeit beim Standesamt die erforderlichen Angaben für die Geburtsurkunden gemacht und mir die Namen seiner Wahl eintragen lassen. Dass zuvor meine Mutter mit ihm gemeinsam Namen ausgewählt hatte, war für ihn nicht von Bedeutung.

Meine Mutter lebte mit ihrer Oma in einem uralten kleinen Haus am Rande des Dorfes, direkt davor die Haltestelle der Straßenbahn, eine Station vor Ende der Strecke. Das wurde mein erstes Zuhause. Im einzigen Obergeschoss bewohnten wir einen Raum mit abgeteilter Schlafkammer. Es gab einen Kachelofen und eine Metallbank nahe der Tür, auf der ein Warmwasserbereiter stand. Ein kleines Fenster zur Straße und eines seitlich zu den Nachbarn, die hatten eine Bäckerei. Eine Polsterliege und ein Tisch mit ein paar Stühlen.

Bis auf den Radioapparat war dies das ganze Inventar. Im Hausflur gab es noch einen Kaltwasserhahn mit Ausguss auf halber Treppe; die Toilette, genannt der Abort, war draußen auf dem Hof hinter dem Waschhaus, unter dem Kohlen und Kartoffeln eingekellert waren. Die Wäsche wurde im Sommer auf der Wiese und im Winter auf dem Dachboden aufgehängt.

Tante Karin, Mutters jüngere Schwester, war öfter behilflich, weil meine Mutter die Treppe im Hausflur nur schlecht bewältigen konnte, und mit mir auf dem Arm hätte sie nicht heruntergehen können. Am Treppenabsatz begann ein Holzgeländer, das vor Beginn der Stufen mit einem Türchen gesichert war. Stufen wie Tortenstücke aus Stein, abgelaufen und ausgetreten, führten im Halbrund ins Erdgeschoss. Es war Winter und einmal waren Tante Karins Schuhe feucht und die Treppenstufen vom hereingetragenen Schnee glitschig und die Tante rutschte am oberen Treppenabsatz aus. Mit mir auf dem Arm zog es ihr die Füße weg, und statt sich am Geländer festzuhalten, hielt sie mich mit beiden Händen fest und sicher und krachte Stufe für Stufe diese Treppe auf ihrem Hintern hinunter. Wir landeten etwas schlammig, aber heil auf dem kleingemusterten Fliesenboden hinter der Haustür. Alle blieben unversehrt, Mutter und ich kamen mit dem Schrecken davon und nach einigen Tagen konnte die Tante auch wieder schmerzfrei sitzen.

Das Dorf war nicht allzu groß, kurz hinter unserem Haus war es zu Ende, da war eine Fernverkehrsstraße und in die andere Richtung gab es Bäcker und Friseur und einige alte Wohnhäuser und dann kam die Kirche. Hinter dem Gelände der Kirche im alten Gesindehaus des Rittergutes wohnte meine Großmutter mit ihrem Mann und ihren zuletzt geborenen Kindern Karin und Joachim.

Ab meiner sechsten Lebenswoche war unsere ländliche Gemeinsamkeit beendet und ich musste in der nahen Stadt in eine Wochenkrippe, eine Art Kinderbewahranstalt, damit die Mütter schnellstmöglich wieder ihren Dienst in der sozialistischen Produktion aufnehmen konnten. Es war den Gepflogenheiten der Zeit geschuldet, wurde also vom Familienrat beschlossen; die Entscheidung meiner Mutter war es gewiss nicht, denn die war stets lieber daheim. Doch es musste sein, Montag früh am Morgen ging es ab zur Einrichtung, dort verblieb ich bis Freitagabend, dann wurde ich wieder abgeholt.

Da meine Mutter mit ihrem Hüftleiden kaum allein mit dem Busfahren zurechtkam, geschweige denn ein Kind transportieren konnte, übernahm Karin diesen Job. Das blieb so für die nächsten drei Jahre. Unter der Woche geordnetes Anstaltsleben in großen Räumen zusammen mit vielen anderen Kindern, betreut von Erzieherinnen, die nach den neuesten Erkenntnissen der Kinderpflege aus der Sowjetunion vorgingen, und am Wochenende die kleine Stube mit Alpenveilchen in den Doppelfenstern bei Mutter und Uroma. Stille Gemeinsamkeit bei Ofenwärme und Radiomusik mit Märchenvorlesen und Butterbroten.

Die ersten Bilder, die ich in der Wochenkrippe erinnern kann, sind tiefbraune bodenlange Vorhänge in wohlbemessenen Falten, die den Raum abdunkelten. In der Ecke des Raumes brannte hinter Glas ein kleines rotes Licht. Ich lag in einem hölzernen Gitterbett mit breiten vergilbten Stäben, und um mich herum lagen Kinder in ebensolchen Betten, die im Raster angeordnet waren, und atmeten gleichmäßig im Schlaf. Auf einem Hocker stand ein brauner Kasten mit vielen kleinen gleichgroßen nummerierten Fächern mit Flaschensaugern darin. Eine Hand griff einen heraus und zog ihn auf eine Flasche mit Milch. Später waren wir allein, ein Kind schlich im Nachthemd herum und tastete die Betten ab, ich lag ganz still. Dann sah ich es nicht mehr. Stille. Dunkelheit. Etwas betastete meine Bettdecke und zog meinen Fuß zu sich hin, ich lag stocksteif. Dann wurde ich in die große Zehe gebissen. Ich rührte mich nicht. Still liegend wartete ich ab, und irgendwann wurde es hell. An Reihen von kleinen weißen Waschbecken erinnere ich mich und dass wir in einer Schlange standen und eine große Frau in heller Kleidung sich herunterbeugte und uns der Reihe nach die Gesichter und die Hände wusch.

Mit einem Jahr hatte ich eine schwere Lungenentzündung, es war in der Weihnachtszeit und alles war tief verschneit, der Straßenverkehr lahmgelegt. Mit Mühe schaffte es Mutter, die verschneite Straße entlang zur öffentlichen Telefonzelle zu gehen. Sie rief in der Außenstelle an, wo mein Vater das Praktikum für seine Ingenieursstudium absolvierte, und der Pförtner notierte, wie schlecht es um mich stand, und versprach den Zettel nach Schichtende auszuhändigen. Es war ein ganzes Stück über Land bis zu dem Ort und es fuhren weder Bus noch Bahn. Also borgte sich der Vater Schier und machte sich auf den Weg zu uns nach Hause, er brauchte dafür die ganze Nacht. Meine Atemnot und das hohe Fieber ließen ihn sofort wieder aufbrechen, sie wickelten mich warm ein und steckten mich in Vaters Jacke. Er machte sich mit mir auf den Weg in die Großstadt. Einige Stunden später kam er mit mir in der Uniklinik an und ich wurde mit Penizillin versorgt und konnte nach einigen Tagen wieder stabil atmen. Meine Mutter sagte, dass ich damals ohne den Klinikaufenthalt und die Einsatzbereitschaft meines Vaters wahrscheinlich nicht überlebt hätte.

Später erinnere ich das enorm hohe steinerne Tor, durch das Tante Karin mich in die Einrichtung brachte. Ein Sandsteinbogen, unter dem wir endlose Treppenstufen zum Eingang hinaufklettern mussten. Drinnen hinter der Treppe ein Raum mit langen Tischen. Wir saßen alle nebeneinander, es herrschte Stille und jedes Kind bekam die gleiche Schüssel Brei hingestellt. Auf ein Zeichen sagten wir »Guten Appetit« und dann wurde losgelöffelt.

Mit meinem vierten Geburtstag war der Aufenthalt in der Wochenkrippe überstanden und ich erhielt einen Platz im Dorfkindergarten. Dorthin brachte mich meine Mutter morgens selbst und am Nachmittag holte mich oft der jüngere Bruder meiner Mutter, Onkel Joachim, ab. Es war stets eine große Freude, wenn er endlich kam. Ich war froh, jeden Tag nach Hause zu dürfen.

Ausgelöst durch eine Maserninfektion bekam ich eine schwere Bindehautentzündung, die sehr schmerzhaft war, und morgens waren meine Augen so von Eiter verkleistert, dass meine Mutter das erst mit warmem Wasser einweichen musste, damit ich die Augen öffnen konnte. Diese Sache wurde verschleppt und ging über Wochen und hinterließ eine Lichtempfindlichkeit, so dass ich von da an bei hellem Licht und im Winter, wenn die geschlossene Schneedecke reflektierte, eine Sonnenbrille tragen musste.

Die Kinder im Dorfkindergarten waren nicht still und folgsam, wie ich es bis jetzt kannte, sie lärmten und gingen mir mit ihrem Gerangel auf die Nerven. Täglich versuchte ich mich zurückzuziehen, um mit Bausteinen oder Steckern ungestört etwas zu konstruieren. Das war nicht möglich, die Erzieherin ermahnte mich immer wieder, mit anderen Kindern zu spielen und Bausteine abzugeben. Diese

Kinder umringten meinen Platz und griffen nach Dingen, denen ich schon eine Funktion in meinem Bauwerk zugeordnet hatte. Ich fühlte mich bedrängt und nahm den anderen die Bauklötze wieder ab, was regelmäßig zu Auseinandersetzungen führte. Diese Störenfriede waren mir zu viel, und wenn ich mir nicht mehr zu helfen wusste, schlug ich nach ihnen. Das jeweilige Kind rannte dann weg und ich hatte meinen Baustein und konnte kurz weiterbauen. Am liebsten stellte ich oben auf meine symetrische Anlage rechts und links einen Eisbären, aber es war selten möglich, beide vorhandene Tiere zu bekommen, und wenn sie dann einmal da standen, kam gewiss ein Kind und nahm einen oder beide weg oder riss mein Bauwerk um, dann begann der Ärger von Neuem. Die Erzieherin kam und fragte, ob ich das Kind geschlagen hätte, und hörte meine Erklärung doch nicht an. Sobald ich es zugab, zerrte sie mich an Arm oder Ohr aus dem Aufenthaltsraum in den ungeheizten Flur, warf mir vor, was ich für ein schlechtes Kind sei, ein richtig böses ungezogenes Mädchen. Dort im Flur musste ich bis zur Essenszeit in der Ecke stehen und die Wand ansehen. Es war ein barackenartiger Anbau aus Asbestwänden, der dem eigentlichen Gebäude als Vorbau hinzugefügt war. Dort hingen die Jacken und Mützen an einer Garderobe und darunter standen die Stiefel. Diese Garderobe war eigentlich nur ein mehrere Meter langes Brett, an dem Plastikhaken in gleichmäßigem Abstand angebracht waren. Es war beige lackiert und an die Wand geschraubt. Ich trug Unterwäsche, Pulli, Strumpfhosen, Filzhausschuh und eine Kleiderschürze. Ich stand fast jeden Tag da, meist beleidigt wegen der Ungerechtigkeit und in berechtigter Sorge um den Bestand meines Bauwerkes und doch froh, meine Ruhe zu haben. Es war still, niemand kam hierher, und an der Wand waren in der Farbe kleine Muster zu erkennen.

Mittags saßen alle gemeinsam an zusammengestellten Tischen im beheizten Gruppenraum und dann wurde Essen ausgeteilt. Jedes Kind erhielt die gleiche Portion. Wer nicht auf Kommando aß oder zu langsam war, blieb bei Tisch sitzen, bis der Teller leer war. Meist lagen die anderen schon auf ihren Klapppritschen, die zur Mittagsruhe hinter einem Vorhang hervorgeholt und aufgestellt wurden, und ich saß, verlacht als Bummelletzte, vor diesem Teller. Darauf irgendwelches Zeug, das ich beim besten Willen nicht herunterschlucken konnte. Oft wurde mir schon vom Geruch schlecht. Es waren Kartoffelstückchen oder Brühreis oder Gräupchen. Mehr als einmal wurde ich mittels derben schnellen Hineinlöffelns durch die Aufsichtskraft gezwungen, das Essen zu mir zu nehmen. Sie stand dann scheltend direkt hinter mir, nahm mit einer Hand meinen Löffel, beugte sich über mich packte mich mit der anderen Hand im Nacken, zwängte den übervollen Löffel zwischen meine Zähne und sagte mir dabei, wie schlecht ich sei, dass ich ihr solche Mühe machte.

Die Folge war, dass ich das Essen nachts zu Hause wieder erbrach. Besonders das Erbrechen von Spaghetti war eine regelmäßig wiederkehrende Störung der Nachtruhe im mütterlichen Haushalt. Es geschah nachts in den frühen Morgenstunden. Oft ging ein Albtraum voraus, dann erwachte ich zitternd und bemerkte, wie mir das Wasser im Mund zusammenlief – ich sprang aus dem Bett, kalte Dielen unter den nackten Sohlen lief ich im Dunkeln hinüber ins Zimmer und erbrach mich mitten im Raum. Wieso ich keine Schüssel oder einen Eimer benutzt habe, kann ich nicht sagen, vermutlich war die Zeit zu kurz, um etwas zu suchen. Es war immer sehr ordentlich bei uns, nie stand etwas herum, alles wurde weggeräumt.

Anfangs waren es nur die Abneigung gegen die Speisen und das nächtliche Erbrechen, später kamen heftige Bauchschmerzen und die Angst vor dem täglichen Mittagsdrama hinzu. Die Krämpfe waren derart schlimm, dass ich die Nahrungsaufnahme ganz verweigerte. Mutter daheim redete mir gut zu und gab ihr Bestes und machte kleine Brotkugeln mit Buttertupfen obendrauf für mich. Oft weinte sie auch. Sie erfand eine Speise nur für mich aus dem, was im Hause war. Klein gerupftes Brot mit Kochkakao, Wasser und Zucker darauf. Das nannte sie Kakaofischlein. Manchmal mochte ich es, manchmal aß ich ihr zuliebe davon, manchmal verweigerte ich es, weil es mir zu labbrig süß war.

Wenn ich nachts vor Hunger wach wurde, suchte ich nach etwas Würzigem. Eine Zeit lang trank ich regelmäßig von meiner Mutter Gurgelmittel. Es hieß ›Gagarisma‹ und schmeckte erlesen sauer und widerlich. Auch von der Zahnpasta lutschte ich öfter etwas ab. Aber Gagarisma war eindeutig besser, weil intensiver. Jahre später bekamen wir eine Tube Anchovisbutter, da erkannte ich, was ich früher gesucht hatte. Sie hielt nicht lange. Der Geschmack machte, dass endlich mal etwas anders war. Er war belebend, anregend, ein Impuls von außen, nicht immer der öde Einheitsbrei.

Einmal kaufte meine Mutter auf Empfehlung eine Flasche Travidin, ein Stärkungsmittel für schlecht genährte Kinder. Es sollte jeden Abend ein Teelöffel von diesem Travidin eingenommen werden, damit der Sirup über Nacht seine Nährstoffe und Vitamine und was noch alles gut entfalten konnte. Leider hat das bei uns nicht so geklappt. Als ich nachts aufwachte, kostete ich noch mal von der Flasche. Einfach so. Ohne Löffel. Eigentlich war es ganz nett, von dem Malzgeschmack abgesehen. Ich überprüfte den Geschmack noch einmal und ging zu Bett. Mutter war ziemlich ärgerlich, als sie am nächsten Morgen die leere Flasche fand. Es wurde keine weitere davon gekauft.

Eines Tages nahm mich Mutter mit zu ihrer Arbeit in die Sirupbude. Wir fuhren vom Busplatz im Dorf in die Stadt, aber dieses Mal mit der anderen Linie. Nur wenige Haltestellen und ein kleiner Schlenker und dann stiegen wir aus. Es war so eine Siedlung kleiner Altbauhäuser wie die, wo Tante Hanni wohnte. Wir gingen über eine Straße in einen Hinterhof und dann in einen winzigen schmuddeligen Eingang und ab da wies uns der Duft den Weg. Es roch unglaublich süß nach allem Möglichen und auf dem Fliesenboden stapelten sich Kästen aus Draht mit bunten Flaschen, eine Reihe Stiegen grüner Sirup und eine Reihe mit rotem und eine normal gelbe. So viele verschiedene hatte ich im Laden noch nie gesehen. Wenn es mal Limonadensirup zu kaufen gab, war es immer der normale gelbe Zitronengeschmack.

Mutter klemmte ihre Sachen in einen Spind und zog eine Schürze über und ich bekam einen Stuhl und setzte mich. Es gab große offene Bottiche mit dunklem Inhalt und einen alten krummen Mann im Arbeitskittel. Der bot mir etwas an, aber meine Mutter verneinte. Ich sah den Frauen zu, alle in Arbeitskitteln und mit Kopftuch, alle beschäftigt mit verschiedenen Tätigkeiten. Meine Mutter hatte einen Pinsel und einen Leimtopf und strich die Etiketten rückwärtig mit Kleber ein, befestigte sie dann an der Vorderseite der befüllten und verkronten Sirupflasche und stellte diese dann auf einer Seite zum Trocknen ab. Eine andere Frau nahm die Flaschen der Reihe nach weg und stellte sie in Drahtkästen, die sie stapelte. Irgendwie war das kein schöner Ort. Ich war erleichtert, als es Mittag war und wir gehen durften. Meine Mutter ordnete mir im Bus die Haare unter der Mütze und sagte: »Von dem Zeug konntest du nichts kosten, da schwamm letzte Woche eine tote Ratte drin!«

Die Erzieherinnen im Kindergarten sahen es offenbar als ihre Lebensaufgabe an, das widerborstige Kind der hinkenden kleinen ledigen Mutter zum Essen zu zwingen. Es ging so Tag für Tag. Meist wurde mir schon vor dem Essen schlecht, sobald der Geruch vom Mittagessen sich im Haus ausbreitete. Sie standen auch zu mehreren hinter mir und befahlen und griffen zu und ich wehrte mich nach Kräften. Einmal kam die Köchin in einer weißen Schürze mit einem riesigen Holzquirl und sagte, wenn ich diese Spirelli mit Wurstgulasch jetzt nicht sofort freiwillig auslöffelte, würde sie sie mir mit dem Quirl in den Hals rühren. Ich war noch keine fünf Jahre alt. Die Erzieherin füllte den Esslöffel und stopfte ihn mir schmerzhaft bis an den Rachen. Ich konnte nicht schlucken und erbrach auch noch meinen Mageninhalt. Sie waren außer sich, schrien herum und schleiften mich in den Hausflur, wo ich die Zeit der Mittagsruhe in der Ecke stehen musste. Meine Dederonschürze klebte an Brust und Bauch an meinem Pulli fest von dem Erbrochenen und ich war nassgeschwitzt vom Mich-zur-Wehr-Setzen und ich konnte meinen Atem sehen in der kalten Luft.

Zuhause bei meiner Mutter war es ordentlich und reinlich. Wenn sie mich vom Kindergarten abgeholt hatte und wir quer durch unser Dorf nach Hause gelaufen waren, musste ich mich auf das Sofa setzen, eigentlich war es nur eine Polsterliege ohne Lehne. Mir wurden Schuhe und Jacke ausgezogen und an ihren Platz geräumt, dann wusch sie mir mit einem Waschlappen Hände und Gesicht und danach erhielt ich meinen hellblauen Teddy namens Boline und hatte still zu sein und die Füße oben zu behalten. Meine Mutter heizte den Ofen an und holte Wischwasser und wischte das ganze Zimmer. Jeden Tag. Meist weinte sie dabei. Der muffig-filzige Geruch des Wischhaders mit heißer Seifenlauge auf Holzdielen drang mir in die Nase. Der mit dem Hader umwickelte Schrubber machte ein schabendes Geräusch, wenn die Gewebefasern des Wischlappens an losen

Spänen der alten Dielenbretter hängen blieben, kurz darauf abrissen und der Schrubber weiter scheuerte. Ich beobachte meine Mutter und fragte mich jedes Mal, wieso sie so kreuz und quer wischte und kein regelmäßiges paralleles Muster machte. Ihre Arbeit hinterließ für kurze Zeit sichtbare Streifen, welche die gleichmäßige Linierung des Dielenbodens chaotisch aufmischten.

Dass ich abends nichts essen mochte, führte zu erneuten Tränenausbrüchen bei ihr. Sie versuchte es mit Zureden: »Du willst doch mein gutes Mädchen sein, komm, also iss jetzt dein Brot, hmm?« Es lag Butterbrot auf einem Teller mit grünem Weinlaubmuster am Rand. Im Sommer mit gehacktem Schnittlauch oder Scheiben von Gurken oder Radiesern, manchmal auch Mortadella aus dem Glas, aber meist glitzerten nur ein paar Krumen Salz auf der Butter.

Abends bei Einbruch der Dunkelheit ging ein kleiner, schwarz gekleideter Mann mit einer Mütze wie ein Schaffner die Straße entlang. Er trug eine sehr lange Stange bei sich mit einem kleinen halbrunden Haken am Ende. Von der Kirche kommend ging er auf unserer Straßenseite entlang, drei Häuser nach unserem Haus kam die große Straße und da wechselte er auf die uns gegenüber liegende Straßenseite und ging zur Mitte des Dorfes am Busplatz bei der Sparkasse zurück. Aller paar Meter stoppte er seinen Gang an einer Straßenlaterne, polkte hoch über sich mit der Stange unter dem metallenen Lampengehäuse herum und dann gab es ein Zippgeräusch und das Licht in der Straßenlaterne ging an. Es waren Gaslaternen, er hatte das Gas entzündet. Der schwarz gekleidete Mann war der Laternenanzünder.

Zur Nacht wurde ich an einer Schüssel mit dem Waschlappen gewaschen, das ging eilig vor sich, denn die Seite meines Körpers, die nicht dem warmen Ofen zugewandt war, kühlte schnell aus. Der Ofen hatte eine dunkle Metallfront, in der die Türen das Feuerloch und den Aschekasten verbargen. Er war seitlich mit beigefarbenen Kacheln versehen und oben ragte ein dickes schwarzes Ofenrohr heraus, das mit einem Knick ein Stück weiter hinten in der Wand verschwand. Ich stand auf einem Stuhl vor dem Tisch, auf dem die Waschschüssel mit Seifenlauge stand, und Mutter rieb mich mit dem Waschlappen von oben bis unten ab, frottierte mich trocken und zog mir mein Nachtzeug an. Wenn es die Zeit erlaubte, las sie mir danach noch eine Geschichte vor. Wir saßen zusammen auf der Polsterliege, der Ofen strahlte Wärme ab und es gab eines von Grimms Märchen oder etwas aus *Sindbad der Seefahrer* vorgelesen. Dann ging es zu Bett.

Die Schlafstube war unser zweiter Wohnraum, eine unbeheizbare Kammer, in der rechts mein Gitterbett und das Bett meiner Mutter standen und links ein hoher schmaler Schrank. Ich gruppierte meine beiden Teddys um mich und deckte sie mit Stofftaschentüchern zu und hängte auch Stofftaschentücher um mich herum über den Bettrand. Dann deckte Mutter mich gut zu und wünschte mir eine gute Nacht und gab mir einen Gutenachtkuss; die Tür zur Wohnstube blieb einen Spalt offen, so dass etwas Licht hereinkam.

Wenn ich nachts aufwacht, konnte ich oft nicht wieder einschlafen, entweder tat mir der Bauch weh oder Albträume machten mir Angst. Lange lag ich unbeweglich unter meinem Federbett und hörte meiner Mutter im Bett neben mir beim Atmen zu und schaute auf das fahle Licht, das vom Fenster hinter den Schrank fiel und einen schmalen eckigen Schatten warf. Manchmal wähnte ich dort eine Gestalt, die mich beobachtete. Ich nannte sie ›die Hexe‹, aber ich erzählte niemandem von ihr, um nicht der Einbildung geziehen zu werden. Wenn jemand viel Einbildungskraft oder viel Fantasie hatte, bedeutete das, dass die Erwachsenen nicht glaubten, was er erzählte. Dieses stocksteife Liegen war sehr anstrengend und sobald der Morgen dämmerte und der Schatten verschwand, schlief ich erschöpft tief ein und dann klingelte der Wecker.

Der Wecker war ein schepperndes rundes Ding mit zwei Glocken obenauf, zwischen denen kurz, aber unüberhörbar ein Klöppel hin und herging. Mutter zog ihn an einer Schraube auf der Rückseite allabendlich auf. Diese Schraube ratterte und die Mutter seufzte. Morgens wurde ich wieder mit einem Waschlappen gewaschen und angezogen und erhielt meine Portion Kakaofischlein. Das war eine halbe Scheibe Mischbrot, in kleine Stücke gezupft, mit einem Löffel Combokakao aus einer kleinen Metalldose bestreut und mit Heißwasser übergossen. Wenn es durchgezogen war, kamen noch zwei Löffel Zucker obendrauf. Mir war morgens stets unwohl und ich wollte nicht essen, aber um das Zuckerknirschen im Mund zu spüren, aß ich ein zwei Löffel davon. Manchmal bekam ich auch eine

Flasche Babynahrung, das war mit lieber und ein ähnlich beruhigendes Gefühl wie das Daumenlutschen. Außerdem war mir danach nicht schlecht. Flüssiges ließ sich besser schlucken als feste Nahrung.

Während des Frühstücks lief Musik. Unser Radio hatte große weiße Tasten und ein magisches Auge, das glühte grün, wenn der Apparat eingeschaltet wurde. Es lief eine Gymnastiksendung mit Klavierbegleitung. Die Moderatorin rief in salbungsvoll energischem Tonfall die Radiohörer zur Körperertüchtigung auf und mahnte uns beide damit zum Aufbruch. »Die Bimmeltante hat angefangen, komm, wir müssen los!« Meine Mutter mochte die Klavierbegleitung nicht, sie meinte, das sei nur nervendes Geklingel und Gebimmel, und so kam die Dame zu ihrem Namen. Diese Sendung begann fünf Minuten vor sechs Uhr und wir mussten aus dem Haus.

Mutter brachte mich zum Kindergarten, durch das schnelle Gehen hinkte sie stärker als sonst. Sie ermahnte mich, ein gutes Mädchen zu sein, gab mir einen Abschiedskuss und verließ das Gebäude und ging so schnell sie konnte, um ihren Bus nicht zu verpassen. Die Endhaltestelle von Bus war mitten im Dorf. Dort hielt auch die Straßenbahn und der Weg zum Friedhof begann da. Dahinter die Schule und etwas weiter rechts ein Bach mit einem Wehr. Es gab eine Litfaßsäule mit einem Frosch obendrauf und dann ein Stück Park und danach kam der Kindergarten.

Mutter sagte oft die gleichen Sätze zu mir. Sätze wie: »Du willst doch mein gutes Mädchen sein!«, »Wenn du nicht hörst, kommen die und nehmen dich mir weg, das willst du doch nicht? Du willst doch nicht abgeholt werden?«, »Also höre, was ich dir sage, und sei nicht ungezogen!« Mir war nicht klar, was sie von mir wollte, aber nachfragen brachte nichts. Antworten wie: »Das ist noch nichts für dich«, »Das lernst du später« brachten mir keine Einsichten. Dass mein Verhalten ihren Stand im Dorf mit ausmachte, habe ich nicht begriffen, und dass wir ohnehin schlecht gestellt waren, weil meine Mutter ein Fräulein war, eine Ledige ohne Mann, aber mit Kind. Dass jeder Gang durchs Dorf für sie ein Spießrutenlauf gewesen sein muss, begriff ich nicht. Sie ermahnte mich stets, außer Haus möglichst aufrecht zu gehen und sie gut festzuhalten, damit ihr Hinken nicht so zu sehen war. Das war alles, was sie tun konnte. Dieser Gang von unserem Haus die kleine Straße entlang, der schmale Fußweg, rechts Häuser oder Zäune, links die Straße mit der Straßenbahn war alltäglich und unser letztes Stück Gemeinsamkeit, bevor ich in die Einrichtung und sie zum Bus musste, der sie zur Arbeit brachte. Manchmal hetzten wir durch Wind und Wetter, weil wir zu spät losgekommen waren, manchmal tippelten wir in Ruhe und erzählten noch dies und das.

An einem Grundstück war ein recht niedriger Holzzaun mit einer Kante oben quer knapp vor meinem Gesicht. Hinter dem Zaun war ein Hof, gesäumt von drei Gebäuden. Die Leute hießen Gürtler und hatten einen Hund. Dieser Hund war ein Boxer. Und vor Gürtlers Boxer hatte ich eine Heidenangst. Das Tier belauerte zu seiner eigenen Unterhaltung die Straßensituation aus einer geöffneten Stalltür heraus und schoss wie ein geölter Blitz zum Zaun und kläffte, geifernd seine riesige offene Schnauze präsentierend, aus nächster Nähe die Passanten an. Einmal eilten wir morgens im Halbdunkeln den schmalen Weg entlang und im selben Moment, wo die Glocke der Straßenbahn schepperte, erschien das schwarze Gesicht von Gürtlers kläffendem Boxer direkt vor mir. Ich riss mich los und wollte in Todesangst weglaufen, doch Mutter hinderte mich daran, vor die Straßenbahn zu rennen, und packte mich am Schlafittchen und ihre Handtasche rutschte vom Arm und traf mich im Gesicht. Gefühlte Ewigkeiten duckten wir uns aneinandergedrückt zwischen dem schrill klingelndem Metallmonster und dem Speichelfäden um sich verschleudernden Tier, das nach uns biss.

Die Mutter wischte uns vor dem Kindergarten mit ihrem Taschentuch sauber und bekam auch gerade noch so den Bus zur Arbeit. Die Kinder und die Erzieherinnen lachten mich aus wegen meines Aussehens. Man führte mich in den Waschraum vor einen Spiegel. Mein Gesicht war rot verquollen und ich hatte ein Veilchen. Im Chaos der Rettungsaktion hatte die Schnalle von Mutters Handtasche meine Schläfe getroffen und ein Bluterguss zog sich um mein Auge. Von da an war meine Hundephobie manifest.

Der Tag im Kindergarten verlief immer gleich. Einmal die Woche gab es eine Singestunde mit »Laurenzia, liebe Laurenzia mein ...« und ich sang gern. Einmal wöchentlich eine Bastelstunde, wo etwas gefaltet wurde, was ich sehr gern tat und gut konnte, andere Male wurde mit Kleber gearbeitet, was mich ekelte. Dann gab es Spaziergänge am

Gängelband: vorn und hinten eine Erzieherin und jedes Kind hatte rechts und links seinen Platz, wo es sich am Band festzuhalten hatte und nicht loslassen durfte. So wurden wir durch den Park geführt, eine Runde um den Froschkönig und wieder zurück. Es hieß ordentlich gehen, leise sein, nicht zu schnell gehen und nicht schmutzig werden. Einmal hatte es kurz vor dem Spaziergang eine Auseinandersetzung gegeben, wo ein anderes Kind mir einen Baustein wegnahm. Das andere Kind wurde getröstet und ich musste beim Spaziergang ein Einkaufsnetz über dem Kopf tragen. Als Maulkorb, sie sagten, ich hätte das Kind gebissen. Ein anderes Mal, als ich wieder im Flur stehen musste, ging ich einfach aus dem Kindergarten hinaus und lief am Wehr entlang zum Froschkönig, so ganz allein mit dem Goldtier am Wasser, das war ein schönes Gefühl.

Freitagabend zum Wochenende holte mich Mutter immer selbst vom Kindergarten ab. Die Erzieherin schimpften dann mit ihr: »Fräulein Müller, Ihre Liese war wieder ein sehr ungezogenes Ding, hat ihr Essen nicht gegessen und sich mit anderen Kindern geschlagen.« Meine Mutter murmelte: »Ach, was sagen Sie denn da …«, verbiss sich die Tränen, zog mich weiter an und ging mit mir hinaus. Wenn wir außer Sicht waren, begann sie zu weinen und drückte mich an sich und sagte: »Ach, mein Teufelinchen, was soll das bloß werden mit uns beiden?« Dann holte sie ein Taschentuch aus der Handtasche und begann mein Gesicht abwischen, die Häkelspitze am Rande des Stofftaschentuches kratzte mich, dann wischte sie sich selbst das Gesicht ab und putzte sich die Nase. Mit dem Taschenspiegel überprüfte sie schnell, ob der Lidstrich und die Wimperntusche nicht etwa von den Tränen verwischt waren, und weiter ging es in Richtung 33. »Du hast bestimmt Hunger, komm, wir holen etwas Gutes vom Fleischer!« Freitags gab es Lohn, da konnten wir uns etwas Schönes leisten. Meist gab es Wienerwürstchen im Schäldarm und, falls es zu haben, war ein Stückchen Leber. Wenn ich es im Kindergarten geschafft hatte, ohne Mittagessen davonzukommen, war das Wochenende gerettet, dann musste ich nicht brechen und hatte kein Bauchweh. Fleisch oder Wurst aß ich gern und ohne Probleme. Mutter briet ihr Stück Leber, ich aß meines roh in Stückchen geschnitten von einem Teller. Leider mochte Mutter keinen Fisch. Der Fischladen am Ende der Straße war immer ausverkauft und hatte nur selten geöffnet, aber wenn er offen hatte, bettelte ich, bis sie sich in die Schlange stellte und uns der Verkäufer mit langer Hakenstange ein Stück Flunder oder Karpfen von der Stange vor der blaugrün gefliesten Wand herunterangelte. Ich war selig. Allein der Duft im Laden machte mich schon glücklich. Mutter fand das alles widerlich und der Fisch war eigentlich viel zu teuer für unser geringes Einkommen, aber ihrem mageren Kind zuliebe ignorierte sie das. In der Familie nannte man mich scherzhaft ›Ritter Bindfädel‹ und spottete: »Mädel, du kannst dich ja hinter einem Besenstiel umziehen.« Was mir schmeckte, aß ich auf und das bekam mir auch, und was mir nicht schmeckte, versuchte ich zu vermeiden, um den Koliken zu entgehen.

Mit fünf Jahren wurde ich sehr krank, ich bekam immer schlechter Luft und ich hustete Tag und Nacht. Im Krankenhaus wurden mir die vereiterten Mandeln herausgenommen. Ich erinnere mich an starke Halsschmerzen und den Blutgeschmack beim Schlucken und dass die Atemnot viel geringer war. Normalerweise blieben Kinder zwei Wochen nach dem Eingriff noch in der Klinik, doch meine Großmutter Lisbeth holte mich schon nach einer Woche heim, weil ich nicht bereit war, etwas zu essen. Die Schmerzen beim Schlucken waren unerträglich. Zuhause war es viel einfacher, sich gegen die Mutter durchzusetzen als im Krankenhaus gegen die Krankenwärterin und so musste ich nicht so oft essen. Am nächsten Tag hatte Mutter Puddingsuppe für mich gekocht und die ging, ich bekam kleine Schlucke herunter, also gab es diese Suppe die nächsten Wochen.

An einem sonnigen Tag im Frühjahr war Badetag für meine Teddys. Auf der Treppe vom Haus zum Hof stellte meine Mutter eine grau gesprenkelte Emailleschüssel mit klappbaren Henkeln auf, genannt ›der Asch‹, hinein kamen heiße Seifenlauge und eine Bürste. Dann wurden alle meine Teddys abgebürstet, der kleine gelbe Rolfi genauso wie die blaue Boline und der schwarze Mauskater. Alle waren aus Plüsch und mit Holzwolle ausgestopft. Sie saßen dann frisch und sauber auf einem Handtuch und trockneten in der Sonne.

Einmal begleitete ich meine Mutter zum Zahnarzt, das wurde ›zum Rädeln gehen müssen‹ genannt. Wir liefen die Straße in Richtung des nächsten Ortes hinunter, weil wir zu spät losgekommen waren und nicht mehr auf die Straßenbahn warten konnten, die eh nur einmal die Stunde fuhr. Liefen am Unteren Gasthof und an den letzten Häusern vorbei aus dem Ort. Sahen übers Feld den Hügel hinterm Dorf, genannt ›die Rabenhütte‹, und dann kam, nach einem Stück am Feld entlang, die große Villa, wo der Doktor und der Zahnarzt und der Apotheker gemeinsam ihre Praxen betrieben. Im Wartezimmer wurde still gesessen und auch nicht mit den Füßen gebaumelt, bis wir drankamen. Dann wurde Mutter ins Konsultationszimmer gerufen und die Schwester in weißer Tracht mit Häubchen wies mich streng an, auf meinem Platz an der Wand sitzen zu bleiben. Was ich auch tat. Dann begann eine Prozedur, die sich nur als Kaleidoskop von Mutters Kreischen, dem surrenden Geräusch des Rädelbohrers, der unablässigen Schelte der Krankenschwester, den sich in die Armlehne des Behandlungsstuhles krallenden Fingernägeln meiner Mutter und dem hantierenden Weißkittelrücken des Zahnarztes beschreiben lässt. Ich saß wie gebannt im Wartezimmer und verfolgte das Spektakel durch die halb geöffnete Tür.

Ein anderes Mal am selben Ort waren wir beim Doktor. Wir wurden beide untersucht und für zu dünn befunden. Meine Mutter erhielt Vitaminspritzen zur Stärkung und für mich wurde ihr eine braune Flasche Lebertran mitgegeben, ebenfalls zur Kräftigung. Mutter litt tagelang Schmerzen an der Pobacke, wo sie die Spritze mit der weißen Flüssigkeit bekommen hatte, und ich erhielt allabendlich einen Esslöffel Lebertran und der schmeckte mir und bekam mir gut.

Am Wochenende gingen wir, wenn es sich einrichten ließ, nirgendwohin. Unsere Welt war das Zuhausesein, alles war hübsch aufgeräumt und ich freute mich, vorgelesen zu bekommen und aus dem Fenster zu schauen und mittags mit Boline im Arm vor dem Radio zu sitzen und die Ansage der Wasserstände der umliegenden Flüsse anzuhören. Manchmal machte meine Mutter mittags Zuckerschmelzchen. Sie tropfte mit einem Teelöffel kleine Mengen von dem Schwarztee, den wir immer tranken, in die Dose mit dem Kristallzucker und am Nachmittag konnten wir mit einer Gabel die Zuckerschmelzchen herausangeln.

Sonntags waren wir öfter bei meiner Großmutter zum Essen eingeladen. Wir zogen uns fein an und wussten, dass alle da sein würden:

die Großmutter, ihre Schwester Tante Hanni, der Opa, Karin und Joachim, die jüngeren Geschwister meiner Mutter, und Mutti und ich. Meist gab es Hühnchen oder Kaninchen. Großmutter hatte viele Hühner und viele Kaninchen und schlachtete selbst. Zufällig war ich einige Male dazugekommen und es war nichts dabei. Die Henne wurde unter dem Arm auf den Hof getragen und dann zwei, drei Mal im Kreis geschleudert, bis sie benommen war, kam dann auf den Hackblock und ich sah, wie Großmutter das Beil hob und dann kam sie ohne das Huhn wieder herein und wusch sich die Hände. Die Kaninchen schlachtete der Opa. Er hob das Tier an den Ohren hoch, gab ihm mit einem runden Holz ein paar hinter die Löffel und machte noch etwas auf dem Tisch damit, und dann war es still und er zog ihm das Fell ab. Großmutter war eine vorzügliche Köchin, alle aßen gern bei ihr. Es gab eine Tischordnung, die immer eingehalten wurde. Außerdem bekam immer jeder sein Stück Fleisch zugeteilt. Meine Mutter vom Huhn ein Stück Brust oder vom Kaninchen ein Läufchen. Mein Essen war immer ganz wunderbar angerichtet. Ich hatte stets die Leber und das Herz und extra zwei kleine Kartoffeln. Alles getrennt von einander auf dem Teller, heiß und ohne Soße. Es schmeckte mir und ich hatte nie Probleme, meine Portion zu schaffen, und auch nie Bauchweh.

Nach dem Essen wuschen die Frauen das Geschirr an einem Aufwaschtisch. Eine blassgrüne Emailleschüssel mit Seifenlauge und die andere mit klarem Wasser und in der Mitte eine kleine Kuhle für Scheuersand. Tante Hanni saß im Sessel und umhäkelte Taschentücher, der Opa ging ins Bett und hielt Mittagsruhe und Oma und ich gingen durch die Felder zum Friedhof und besuchten Uroma, da waren wir ganz für uns. Meine Urgroßmutter war vor wenigen Jahren gestorben. Ein Schlaganfall. An sie und ihren Tod erinnere ich mich nicht, obwohl wir zusammen in einer Wohnung gelebt hatten. Mir wurde erzählt, dass wir uns sehr gemocht hatten und immer zusammen am Fenster gesessen und rausgeschaut hatten.

Meine Mutter war keine große Hauswirtschafterin, sie mochte kein Feuer im Ofen anmachen und kochte nur ungern und hasste das Wäschewaschen und Aufhängen. Aber in diesem einen Winter hatte sie besonderes Pech. Erst die Sache mit ihrer Mohairmütze, ein wuscheliges Ding, wie es feine Damen früher aufhatten, in einem erlesenen Lachston. Wir waren im Schneeregen abends heimgekommen und um die Mütze am nächsten Tag tragen zu können, musste meine Mutter sie trocknen, was in unserer im Winter feuchten Behausung schlecht möglich war. Also hängte sie sie auf ein kleines Stück Wäscheleine in der Ecke des Zimmers nah beim Ofenrohr auf. Später am Abend heizte sie den Ofen kräftig nach, weil wir froren. Und da der Ofen alt und nicht ganz dicht war, jagte er ein guten Teil der Heizenergie durch die Esse und damit durchs Ofenrohr. Wir saßen beim Abendbrot und plötzlich ging uns ein Licht auf. Die fusselige Wollmütze hatte an dem heißen Ofenrohr Feuer gefangen und glühte auf und brannte und wurde schwarz und fiel runter. Meine Mutter war in Tränen aufgelöst und ich musste mir das Lachen verkneifen, weil alles so seltsam war. Die Mütze war hin und meine Mutter musste am nächsten Tag ihr Kopftuch aufsetzen um ihre Frisur nicht vom Wetter ruinieren zu lassen.

Wenn sie mir in der Adventszeit abends vorlas, wurden Lichter angezündet. Der kleine Schneemann mit der Laterne aus Holz erhielt ein kleines Licht und der Leuchter mit den zwei Engeln und die hölzerne Pyramide mit den drei Weisen aus dem Morgenland und Schafen drauf auch. Ich mochte die Lichterstunde sehr, doch dieses Mal war der Propeller der Pyramide nicht richtig eingesetzt und blieb stehen und fing durch die aufsteigende Wärme der brennenden Kerzen Feuer. Es gab ein Geschrei und wir sprangen auf und Mutter warf die Pyramide zu Boden, so dass die Gardine nicht in Flammen aufging. Es blieb unsere einzige Pyramide, so etwas gab es nicht zu kaufen.

Der Lauf setzte sich fort am Weihnachtsabend, als wir von der Bescherung bei Großmutter nach Hause kamen, schlug Mutter die Betten auf und da waren überall Silberfische. Kleine flügellose Insekten mit dicken Bäuchen und Fühlern tummelten sich zu hunderten in der durchgelegenen Matratzenmulde. Keiner wusste, wo sie herkamen, aber sie waren da. Leider lag im Bett auch mein Teddy Rolfi, meine Mutter nahm ihn, trotz heftiger Proteste meinerseits, mit der Kohlenzange auf und ging zum Ofen und steckte ihn ins Feuerloch. Ich sah, wie die Glut ihn sofort ergriff und er in Flammen aufging, bevor Mutter die eiserne Ofentür wieder verriegelte. Ich wollte ihn wieder herausholen, aber sie ließ mich nicht und sagte, das müsse sein, von Ungeziefer werde man nur krank. Die Bettlaken raffte sie mitsamt der Tiere auf und stopfte sie ebenfalls ins Feuer.

Einmal im Monat war Haushaltstag, da musste Mutter nicht zur Arbeit und ich nicht in die Einrichtung, eigentlich war der Tag arbeitsfrei, damit die Hausfrau den Haushalt machen konnte, also Wäsche in der Waschküche im Keller kochen. Der Kessel musste am Vortag eingelassen und mit Holzscheiten angeheizt werden, mit der fertigen Kochwäsche musste zur Kaltmangel, genannt ›die Rolle‹, gegangen werden. Bei der Rolle musste man sich vorher in eine Liste eintragen und zur rechten Zeit mit dem Leiterwagen mit dem Wäschebündel voll sauberer trockener Wäsche erscheinen und seine eigenen zwei Rolltücher mitbringen und einen 50er Benutzungsentgelt. Dann wurde die Wäsche Stück für Stück faltenfrei auf das vorher ausgebreitete Rolltuch gelegt, mit dem anderen Rolltuch abgedeckt und danach die große Kurbel von Hand gedreht, so dass die eingehüllte Wäsche langsam unter der riesigen Walze hindurchgerollt wurde und dann noch mal rückwärts. Dann konnte die Wäsche wieder zusammengefaltet und eingepackt werden. Sie war mega glatt und fest dadurch, es war ein Fest, in gerollter Bettwäsche zu schlafen. Außerdem gab es am Haushaltstag Fenster zu putzen und vieles mehr, was immer an der Frau hängen blieb. Bei meiner Mutter sowieso, wir lebten nur zu zweit, über meinen Vater hieß es immer, er sei auf Montage und käme eines Tages heim. Den Haushalt hielt meine Mutter sehr in Ordnung, sie putzte jeden Tag und wischte die Böden. Vormittags spielte ich allein, während Mutti wirbelte, und am Nachmittag lagerten wir zusammen auf dem Sofa und es gab Kakao und ich bekam vorgelesen, das war oft ein schöner Tag.

Eines Nachts wachte ich von einem stampfenden Dröhnen auf. Ich ging zu meiner Mutter in die Stube, sie stand am Fenster und hielt das Faltrollo mit der Hand zur Seite, um etwas sehen zu können. Sie wickelte mich in eine Decke und gemeinsam warteten wir im Dunkeln. Licht anmachen sei zu gefährlich, sagte sie. Das Dröhnen schallte unaufhörlich von der nahen Fernverkehrsstraße herüber. Die große Straße kreuzte unsere kleine Dorfstraße wenige Meter hinter unserem Haus. Als ich es müde wurde, ins dunkle Draußen zu starren, schaute ich mich im beinahe ebenso dunklen Zimmer um. Zu Füßen meiner Mutter stand ein karierter Stoffkoffer. Ich fragte sie, ob wir uns jetzt auch im Keller verstecken müssten, ob das die Bomben seien, von denen sie mir erzählt hatte. Sie verneinte: das hier sei etwas anderes. Aber wir müssten wohl bald hier weg, weil dort auf der großen Straße Richtung Staatsgrenze Panzer fuhren und das nichts Gutes bedeuten konnte.

Es kam nicht so, wir durften bleiben. Irgendwann tuckerte hinter dem letzten Panzer ein Lastwagen nach Osten und wir legten uns wieder hin und verschliefen am nächsten Morgen den Wecker. Meine Mutter kam zu spät in ihre Sirupbude und ich kam zu spät in den Kindergarten. Was die immer schimpften. Ich war doch da.

Überhaupt verstand ich nicht, wieso ich jeden Tag dorthin gehen sollte. Meine Mutter musste auf Arbeit, weil sonst kein Geld da wäre, aber ich, ich könnte doch zu Hause bleiben. Würde mit meinen Steckern spielen, zum Fenster rausschauen und Radio hören und keinen reinlassen, denn das war gefährlich. Aber das klappte nicht, die Mutter ging arbeiten und ich musste in diesen Kindergarten und keiner wusste warum. Nicht nur ich wusste es nicht, sondern die anderen wussten es auch nicht, denn wenn ich sie fragte, lachten sie nur oder schauten mich zweifelnd an. Manche Dinge blieben ungeklärt.

Einmal im Monat ging meine Mutter zum Friseur Wenders einige Häuser weiter, manchmal wurden auch meine Haare geschnitten und da ich Angst vor der Schere in der Hand des Friseurs hatte, rutschte ich hin und her. Dann sagte der betagte Herr zu mir: »Kind, wenn du nicht still sitzt, setze ich dich da drauf!«, und wies dabei auf eine große Holzplatte, aus der fingerlange Nägel ragten. Vermutlich eine Hechel, um Bürsten und Kämme von Haaren zu reinigen. Ich machte mir tagelang seltsame Vorstellungen, wie es wäre, darauf zu sitzen. Auch war da ein Bilderbuch, das ich zum Lesen bekam, wenn meine Mutter ihr Haarprogramm ›Waschen Schneiden Legen‹ absolvierte. Das Buch erzählte von einem Kind, das den Anweisungen seiner Mutter zum Trotz immer am Reißverschluss seiner Jacke herumspielte und ihn kaputt machte, und dann musste das Kind diese Jacke für immer anbehalten. Auf der letzten Seite war das Kind zu sehen, wie es groß war und der Saum der Jacke, ehemals hüftlang, kaum noch die Rippen bedeckte und die Ärmel die Ellenbogen und Unterarme herausragen ließen. Auch das beschäftigte mich in Gedanken lange, ob es möglich wäre, dass so etwas wirklich passiert und ob mir das passieren könnte. Immer wieder versuchte ich dem Friseurbesuch auszuweichen, auch weil ich gern langes Haar gehabt hätte, aber es führte kein Weg dran vorbei, ich musste mit.

Wenn wir ausgingen, ob zur Großmutter oder zu Tante Hanni oder in die Stadt, machte meine Mutter sich immer fein zurecht. Die Anziehzeremonie verlief immer nach demselben Prozedere. Meistens kamen wir deswegen zu spät und meine Mutter wurde dafür nachsichtig belächelt. Mir war das nicht recht, ich wäre gern pünktlich gewesen und stand immer schon fertig herum, nur meine Mutter brauchte ewig. Ich schaute zum Fenster hinaus oder ihr beim Ankleiden zu. In Miederhöschen und Brusthalter stand sie im Schlafzimmer, zog ein Unterhemdchen mit Spitze an und darüber ein Unterkleid, das wiederum einen Spitzenrand unten am Saum hatte. Dann machte sie sich den Hüfthaltergürtel um und zupfte ihn zurecht. Wenn er richtig saß, zog sie ihre guten Dederonstrümpfe an und klippte sie oben am Hüfthaltergürtel fest. Nun kam die Bluse und dann der Rock mit Reißverschluss und Knopf hinten. Alles gut reinstecken und glatt ziehen und noch mal im Spiegel prüfen, ob auch alles sitzt. Halskette und Ohrringe brauchte sie nicht anzulegen, die trug sie immer. Dann richtete sie ihre Frisur und tuschte die Wimpern, dafür hatte sie ein winziges Kästchen mit einer schwarzen abgegrenzten Fläche, in der sie mit einem winzigen Besen herumrieb, bevor sie mit eiligen Bewegungen ihre Wimpern damit bürstete. Dann zog sie die Augenbrauen nach und trug Lippenstift auf. Zum Schluss legte sie ein Tuch um den Hals, zog ihren Staubmantel darüber, nahm Handtasche und Sommerhandschuhe und wir konnten endlich gehen. An der Wohnungstür zog sie ihre guten Pumps an. Dann wurde abgesperrt, der Schlüssel kam in die Handtasche, meine Kleidung wurde noch überprüft, dann zog sie die Handschuhe an und hängte die Tasche an den Unterarm.

Wenn wir die Treppe hinuntergegangen waren, kam zuerst eine Tür, die zu einer Wohnung direkt unter unserer gehörte, da wollte ich immer schnell vorbeigehen. Dort wohnte Herr Mönch, er war unglaublich groß und breit und hatte ein Brandmal am Mund und dadurch wulstige dunkelblaue Lippen. Er roch nach Zigarre und sprach, wenn überhaupt, nur in mürrischem Ton. Und ich fürchtete mich vor ihm. Sobald er in Erscheinung trat, wollte ich nur noch weglaufen. Also gingen wir an der Tür vom Mönch vorbei und schnell hinaus auf die Straße.

Es gab einen schmalen Gehweg und dann kam schon die Kopfsteinpflasterstraße mit den Straßenbahnschienen. Die Haltestelle war, wie schon gesagt, genau vor unserem Haus. Es war auch möglich, das Haus nach hinten zum Hof hinaus zu verlassen. Auf dem Hof gab es das Kabuff der Straßenkehrer und die Außenklos und die Aschengruben. Nah am Haus war auch noch die Waschküche mit dem Kessel und der Eingang zu den Kellern, wo Kohlen und Kartoffeln eingelagert waren. Weiter hinten nach dem Hof gab es noch ein Stück Wiese mit Wäscheleinen und einem kleinen Pavillon zwischen Blumenbeeten. Einmal, im Frühjahr, schaukelte ich auf der neu gespannten Wäscheleine und diese riss mittendurch. Ich fiel mit voller Wucht auf den Bauch und lag da und bekam keine Luft mehr. Heftig schnappte ich und rang um Atem, nach einer Weile wurde es besser, doch mir war lange schlecht. Froh war ich, dass es keiner von den Nachbarn gesehen hatte. Ich spielte immer allein auf dem Hof, in diesem Haus wohnten keine anderen Kinder. Ich zeichnete mit einem Stock Muster in den Boden und hüpfte darüber und dachte mir etwas aus.

Bevor man durch die Hoftür aus dem Haus heraustreten konnte, waren im Erdgeschoss noch zwei Türen und in einer wohnte eine große magere Frau, die wir insgeheim nur ›die Heuschrecke‹ nannten, eigentlich hieß sie Fräulein Krawuschke. Sie trug immer eine halboffene Kittelschürze und schiefgetretene Pantoffeln. Die Heuschrecke hatte unglaublich lange dünne Arme und Beine. Sie gestikulierte mit ihren großen Händen und hielt immer eine angerauchte Zigarette. Oft erzählte sie uns etwas und Mutter hatte es dann stets eilig. Ungekämmt mit aus der Schürze blitzendem Unterrock und im Treppenhaus rauchend, das gehörte sich nicht. Meine Mutter wollte es auf jeden Fall vermeiden, mit dieser Frau gesehen zu werden.

Viele Dinge im Haushalt machten meiner Mutter Probleme, beim Ofenanheizen seufzte und klagte sie über das alte feuchte Haus und sie mochte das Einkaufen nicht. Ich versuchte zu helfen, wo ich konnte, ging mit in den Kohlenkeller, obwohl ich mich vor der alten Wendeltreppe fürchtete, und hob Stufe für Stufe den halbvollen Eimer hinauf, so schnell ich konnte, während Mutter im anderen Keller noch Kartoffeln in einen Topf sammelte. Wenn sie mich einholte, sagte sie: »Ach Kind, das sollst du doch nicht«, und nahm mir den Eimer ab. Meistens schaffte ich nur die Kellertreppe, aber manchmal war ich schon im Haus und an Mönchs Tür vorbei und fast bei unserem Treppenabsatz. Bevor unsere Tür kam, waren links noch zwei andere Türen, da wohnte ein altes, kinderloses Ehepaar, die Rudingers. Sie eine nette alte Dame mit aufgetürmter Frisur, stets herumhuschend und lächelnd, er ein dicker Sesselbewohner, herrisch und missmutig, mit Hosenträgern und Glatzkopf. Mit Frau Rudinger flüsterte Mutter bei Gelegenheit auf der Treppe, aber Herr Rudinger durfte das nicht merken, sonst war Polen offen. Auch konnte keine der beiden Frauen zur anderen in die Wohnung gehen, das gehörte sich nicht. Also war der ganze Plausch ein paar hastig geflüsterte Frauendinge hinter vorgehaltener Hand auf dem Treppenabsatz.

Ab und zu sollte ich für uns Rosinenbrötchen aus der Bäckerei im Nachbarhaus holen, leider waren es nach dem kurzen Heimweg nur noch Milchbrötchen und keine Rosine mehr zu finden. Gegenüber war der Molkereiladen der Familie Juricke, da wurde ich einige Male Quark kaufen geschickt. Die Verkäuferin trug eine weiße Haube und einen weißen Kittel und nahm den Quark mit einem großen Löffel aus einem Bottich und klatschte ihn auf das Fettpapier. Ich hätte gern mehr gekauft, aber ich durfte immer nur ein Achtel (Pfund) holen, damit unser Geld für alles reichte. Einmal blieb ich angesichts eines auf mich zufahrenden Lastwagens mitten auf der Straße stehen und wurde von einem Passanten im letzten Moment gerettet, von da an durfte ich nicht mehr allein über die Straße zum Milchladen gehen.

Schlafen ging nie so richtig gut. Zuerst konnte ich nicht einschlafen und machte mir Gedanken über meine Mutter und mich und manchmal dachte ich auch an die Welt. Einmal hat der Mond durch einen Spalt in der Gardine geschienen und einen ovalen hellen Fleck auf den braun gestrichenen Dielen zwischen meinem und Mutters Bett gezeichnet. Etwas war da im Halbdunkel durchgehuscht, wahrscheinlich eines dieser Silberfischchen, von denen gab es immer wieder welche, manchmal in Dingen, die auf den Boden gefallen waren. Ich verstand nie, warum meine Mutter sich vor ihnen ekelte, auch nicht, warum sie so hießen – sie waren grau und nicht silbern, sahen bestimmt nicht wie Fische aus und ich fand sie recht nett. Jedenfalls hatte ich seit diesem Ereignis die Vorstellung: Wenn da auf dem Boden der Schlafkammer die Welt zu sehen wäre wie in dem Fernsehapparat bei meiner Großmutter, ein Stück einer Stadt zum Beispiel, verkleinert von oben, ob wohl ein Mensch, der eine Straße entlangläuft, merkt, wenn er diesen meinen Ausschnitt der Welt betritt bzw. verlässt? Darüber dachte ich Monate lang nach. Zuerst hing ich abends meinen Gedanken nach, wenn ich schlafen sollte und nicht konnte, legte meine Teddybärin, die blaue Boline und den schwarzen Mauskater zu mir, mein gelber Rolfi war ja fort. Und wenn der Schlaf dann kam, kamen auch die Albträume, oft lief ich durch brennende Straßenfluchten voller Ruinen. Entweder war ich allein oder aber die Verfolger knapp hinter mir. Manchmal verfolgte mich eine grauenhafte Frau mit Kopftuch, aber ohne Gesicht. Sie flog immer ganz knapp hinter mir. Wie eine Hexe ritt sie auf der rosafarbenen Haarbürste meiner Mutter durch die Luft. Beim Weglaufen im Traum hatte ich immer Angst, sie könne schon wieder hinter mir sein, traute mich aber nur selten nach hinten zu schauen, weil ich dann immer ganz nah die schreckliche Leere in ihrem Kopftuch sehen musste. Jahre später entwickelte ich Flugfähigkeiten in diesem Traum und konnte etwas Abstand zu ihr bekommen, doch bis dahin floh ich Nacht für Nacht zu Fuß und vergeblich. Sie kam immer. Wenn ich dann hochschreckte mitten in der Nacht, fürchtete ich mich erbärmlich, so dass ich oft Ewigkeiten stocksteif unter meiner Decke lag. Irgendwann waren meine Glieder so kalt, dass ich mich bewegen musste, das kostete viel Überwindung. Diese Traumbilder ließen mich nicht los, wollten einfach nicht weichen, dazu kamen die Schatten in der beinahe dunklen Kammer. Direkt am Fußende meines Bettes kam die Zimmertür und dann ein hoher schmaler Schleiflackschrank, eigentlich ein Küchenmöbel, doch meine Mutter verwendete ihn für unsere Leibwäsche. Dahinter war das Zimmer zu Ende und ein kleines Fenster mit grünem Scherengitterrand auf dem äußeren Fensterbrett begrenzte den Raum.

Meine Spielzeugkiste, ein Schuhkarton, stand in der Stube hinter der Polsterliege. Da waren meine Dinge drin. Ein Stapelspiel aus Holzringen, die auf einen Stab gefädelt wurden, oben kam ein Kasperkopf drauf. Das Dinglein hieß der Thilo, ich mochte meinen Thilo gern. Obwohl ich zu alt war für so ein Babyspielzeug, hatte ich ihn noch. Dann gab es noch einige Gipsmurmeln und zwei verschiedene Steckerspiele. Ein Heftchen *Tautröpfchen Blinkeblank* und noch zwei drei Kleinigkeiten, das waren meine Habseligkeiten, gut verwahrt und meist nur am Wochenende, wenn genug Zeit war, hervorgeholt. Gut verwahrt bis auf meine Wutanfälle, die mich manchmal ergriffen und nicht zu bremsen waren. Jedenfalls von mir nicht und von meiner Mutter auch nicht. Ob es das Nicht-herausholen-Dürfen des Spielzeugs nach einem endlosen Kindergartentag war oder die Ermahnung an einem verspielten Nachmittag, nun endlich mal alles wegzuräumen, was mich so erboste, weiß ich nicht mehr, aber ich schrie und schlug um mich und schleuderte meine geliebten Märchenbücher von mir. Der Thilo zerschmetterte an der Fensterlaibung und die Hälfte fiel aus dem Fenster. Ich erschrak, kam zu mir, sah meine zerfetzen Bücher und hinderte die heulende Mutter daran, sie ins Feuerloch des Ofens zu stecken. Es war ein schlimmes Aufwachen. Die wenigen Spielsachen waren jetzt auch noch kaputt. Und ich sollte schuld sein. Keine Erklärung, kein Welt geraderücken, kein Trost. »Du bist so ein garstiges ungezogenes Kind, jetzt muss ich mich auch noch für dich schämen!«, »Ich habe alles falsch gemacht im Leben, ich bin ja nur das dumme Elki. Hätte ich mir doch nur ein liebes, ein gutes Kind gewünscht. Stattdessen habe ich mir ein hübsches Kind gewünscht. Du bist der Nagel zu meinem Sarg!«

Das Ende vom Lied war, ich musste selbst die Teile vom Thilo aus Herrn Mönchs Vorgarten holen gehen. Ich fürchtete mich abartig, konnte aber meinen Thilo auch nicht da zwischen den Beeten verrotten lassen. Oder noch schlimmer, der Mönch fände ihn und würde ihn anfassen mit seinen Händen und in seine Wohnung tragen und nicht mehr herausgeben. Also zwang ich mich, ums Haus zu gehen durch die enge Pforte, wo der alte Mann jederzeit hätte erscheinen können. Die Furcht schnürte mir den Hals zu, ich konnte nicht atmen, mir wurde übel, die Farbe schwand aus meinem Sichtfeld. Alles erschien in Schwarzweiß flimmernd mit starkem Kontrast, ich hastete auf den schmalen Wegen zwischen den Beeten und klaubte die bunten Holzscheiben auf, nach kurzem Umschauen dann auch der Kasperkopf. Ich sprang auf und rannte aus des Mönchs Garten hinaus auf den Hof. Mir war kotzübel. Aber mein Thilo war vollständig und wieder bei mir in Sicherheit.

In dieser Zeit war mir sehr oft übel und ich fürchtete mich vor dem Würgenmüssen und den Leibkrämpfen und so begann ich immer wieder die Nahrung zu verweigern. Nach der Mahlzeit folgte im Kindergarten die Mittagsruhe und die war ebenfalls nicht problemlos. Ich war unruhig, konnte weder einschlafen noch stillliegen. Ich hatte Hunger, konnte aber nicht mal zur Beruhigung am Daumen lutschen, weil das bei Strafe verboten war. Ich bewegte mich so vorsichtig wie möglich, doch die mit Stoff bezogene Klapppritsche machte Geräusche und nach einigen stechenden Blicken wurde ich wortlos von der Erzieherin am Oberarm von der Liege gehoben und zwischen den guten Kindern, den Schläfern hindurch zur Zimmertür gehievt und musste den Rest der Zeit auf dem Gang stehen. »Gesicht zur Wand, du ungezogenes Kind, und wehe dir, wenn du dich rührst!«, fauchte die Erzieherin in mein Ohr, während sie mich an den Schultern in die Ecke drückte, bevor sie ging, um den Schlaf der Braven zu hüten. So war es fast jeden Tag, der große Vorteil war, dass ich im Flur meine Ruhe vor all diesen Leuten hatte, allerdings hätte ich lieber auf einem Kissen gesessen oder wäre daheim gewesen.

Im Sommer gingen wir am Wochenende über die lange Straße zum nächsten Ort Eis essen. Das war ein einstündiger Fußmarsch, von der Mutter fest an der Hand geführt, um sie zu stützen, falls sie fiele. »Denk an meine kranke Hüfte, du musst immer parat sein, um mir Halt zu geben, ich darf nicht hinfallen.« Dann in einer langen Schlange an dem Holzkiosk anstehen. Die Bude war so winzig, dass gerade der Eisverkäufer und seine drei Behälter darin Platz hatten. Für fünfzig Pfennig bekam ich eine Kugel Kakao (25 Pf.), eine Kugel Frucht (15 Pf.) und eine Kugel Vanille (10 Pf.). Die drei wunderbaren Kugeln kamen auf eine Waffel, eine Muschel wie ein flacher runder Teller, dann kam noch so eine Muschel oben darauf und es wurde mir in die Hand gegeben. Jetzt bloß nicht aufs Kleid kleckern oder Mund oder Hände beschmieren. Wir gingen zum nahen Park am Bach und setzten uns auf eine Bank. Dann noch ein Schaufensterbummel Haushaltswaren an der Ecke, weiter hinten bei Wokopfs gab es Schuhe, dann noch Kurzwaren und ein Wäschegeschäft. Kurz vor Schluss dann noch der Schmuckladen. Dann tippelten wir wieder heim und unterhielten uns darüber, was wir uns kaufen würden, wenn irgendwann mal etwas Geld übrig wäre. Ich war überzeugt, dass meine Zukunft gesichert wäre, wenn ich es schaffen würde, Eisverkäuferin zu werden. Dann bliebe ich die ganze Woche zu Hause und hätte immer genug Eis für mich. Davon wurde mir nie schlecht. Und am Sonntag würde ich am Nachmittag arbeiten und viel Geld verdienen. Alles wäre gut, wenn ich Eisverkäuferin wäre. Und wenn eine Mutter mit Kind zu mir käme und immer nur für das Kind Eis kaufte, wüsste ich, dass die kein Geld hatten und würde ihnen Eis schenken, allen beiden, ganz viel. Der Gedanke gefiel mir.

Als ich in der dritten Gruppe war, also mit etwa 6 Jahren, gab es ein kleines Sportfest im Kindergarten, dazu gehörte ein Rollerrennen. Es gab eine Startlinie und eine Ziellinie und dazwischen ein Stück Weg, das man benutzen sollte. Wie es dazu kam, dass ich mitmachen durfte, weiß ich nicht mehr, aber ich war hoch erfreut und aufgeregt und siegesgewiss. Es wurden die Roller geputzt und bunte Wimpel aufgehängt. Eine bunte Aufregung. Mein Roller war luftbereift und die blassblaue Farbe etwas abgeblättert. Er gefiel mir sehr gut. Wir nahmen Aufstellung und dann ertönte der Pfiff und ich stürmte los. Allen voran brachte ich die Strecke hinter mich und hielt als erste direkt vor der Ziellinie an, glücklich über meinen Erfolg. Ich drehte mich um und sah die anderen eintreffen. Sie blieben nicht stehen, sondern fuhren über die Ziellinie hinaus. Den Sieg bekam ein anderes Kind. Ich hatte nicht gewusst, dass man hinter der Linie anhalten soll, und verstand die Welt nicht mehr. Ich war doch als Erste angekommen und das hatten alle gesehen.

Meine Untersuchung für die Schultauglichkeit stand an. Meine Mutter war mit mir beim Direktor der Schule vorgeladen. Wir gingen in die große Schule, die auch meine Mutter besucht hatte, die Treppe zwischen den Kugeln herauf ins Direktorenzimmer. Nach einem kurzen Gespräch mit meiner Mutter wandte sich der große grauhaarige Mann mir zu und fragte, auf ein Regalfach mit Büchern weisend: »Na, mein Kind, welche Farben haben denn die beiden Bücher dort?« Ich überlegte kurz, warum ein Schuldirektor mich so etwas fragen könnte, konnte mir seine Frage nicht erklären und antwortete: »Na, wenn du das nicht selber weißt, bist du ganz schön dumm.« Die Erwachsenen verbissen sich ein Lachen und ich wurde ermahnt, nicht frech zu sein, und dann hinausgeschickt. Auf dem Gang gab es große Vitrinen mit ausgestopften Tieren und anderen sehr interessanten Dingen darin.

Der Schulweg war nicht weit, ich ging ein Stück unsere Straße entlang, dann durch die Wiesen zum Bach und dann durch eine schmale hohe Gasse, wo rechts die Schlossmauer hoch aufragte und links eine mannshohe verputzte Mauer Gärten begrenzte. Dann noch am kleinen Park vorbei und da war sie schon, die Schule mit der Treppe davor. In der Schule fühlte ich mich schlecht, die anderen Kinder hänselten mich wegen meiner Hinkebeinmutter und fragten, wieso ich keinen Vater hätte und ob meine Kleidung meiner Oma gehören würde oder ob ich vielleicht ein Baby sei, weil sie mich beim Daumenlutschen ertappt hatten. Dem Unterricht konnte ich nicht folgen und begriff die Buchstaben nicht, die Lehrerin schimpfte mich dauernd wegen meiner Handschrift aus. Nach dem Unterricht gab es immer wieder Kinder die mir auflauerten und mich schubsten und mir meinen Schulranzen wegnehmen wollten. Sie waren aus der dritten Klasse. Ich fürchtete mich, zur Schule zu gehen, und der Mutter mochte ich nichts davon erzählen. Das ging so einige Wochen lang.

An einem Nachmittag passten mich drei größere Kinder am Park vor der Schule ab und stießen mich umher und eines hakte den Riemen meines Schulranzens ab, so dass ich ihn nur noch halb auf der einen Schulter trug. Sie lachten mich aus und beschimpften mich und ich hatte Sorge, dass meine Schulsachen herausfallen und schmutzig würden, und dann hatte ich plötzlich genug und schlug zu. Ohne nachzudenken haute ich jedem von ihnen mehrere Ohrfeigen runter und schrie sie an, dass sie verschwinden sollen. Ich schleuderte meine Mappe um mich im Kreis wie ein Hammerwerfer und konnte mir damit die Angreifer vom Leib halten. Sie liefen irgendwann weg und ich ging heim.

Der Bann war gebrochen. Von da an ließen sie mich in Ruhe und ich wurde sogar bei den Winklerzwillingen aus meiner Klasse zum

Geburtstag eingeladen, was etwas zu bedeuten hatte, denn deren Eltern waren die Ärzte aus der Villa. Das Geburtstagsfest war höchst eigentümlich, keine Onkel und Tanten und keine Großmutter, dafür waren viele Kinder da und die Mutter leitete gemeinsame Spiele an. Es gab sehr viele helle Möbel und Figuren standen herum und ein Plattenspieler spielte, auf dem Parkettboden lagen Teppiche, und Luftballons und Girlanden hingen von der Decke, alle waren lustig drauf. Als es dann vorbei war, war ich gleichermaßen froh, da endlich wegzukommen, wie enttäuscht, dass das schon alles war.

Als es Herbst wurde, kam mein Vater gelegentlich zu Besuch. Meist am Abend, ich konnte dann vor Aufregung nicht schlafen und lauschte gespannt auf die Geräusche im Nebenzimmer. Ich hörte nichts. Einmal war meine Mutter eben beim Vorlesen meiner Gutenachtgeschichte, als er klopfte. Sie öffnete ihm die Tür, dann wurde sachte die Tür zur Schlafkammer, wo ich im Bett lag, geschlossen und ich war allein. Völlig erstaunt und hilflos war ich, verlassen in dem Raum, wo eben noch Märchenfiguren beschrieben wurden und meine Mutter bei mir auf dem Bett saß. Irritiert von der ungewohnten Situation rief ich meine Mutter, nach mehreren Versuchen kam sie hereingehuscht, sagte, ich solle schlafen und dass sie jetzt keine Zeit mehr hätte, und ging wieder. Ich lag da allein, sonst hatte sie immer Zeit. Ich konnte nicht schlafen, fühlte mich immer schlechter und bekam Bauchweh vor Aufregung. Dann versuchte ich mich bemerkbar zu machen und klopfte mit der flachen Hand an das blanke kalte Holz des Bettrahmens. Erst leise und gelegentlich, dann immer stärker und schneller. Meine Hand schmerzte, doch konnte ich mich nicht entschließen aufzuhören, ich klopfte immer weiter und wollte, dass meine Mutter zu mir kommt. Doch sie kam nicht, statt dessen kam nach Ewigkeiten mein Vater herein. Riesig und nach Tabakrauch riechend sagte er mit dunkler Stimme, ich solle aufhören, mit dem Ball zu spielen und nun schlafen, ich sei eine rechte Teufelin. Stocksteif lag ich im Bett, noch nachdem er lange weg war.

Kurz vor Weihnachten kam er auch wieder am Abend und diesmal direkt ins Schlafzimmer. Er hatte mir etwas mitgebracht. Er packte mehrere große Pappbilder aus Zeitungspapier aus, es waren Bilder von Engeln mit großen glitzernden Flügeln, wahrscheinlich

Weihnachtsschmuck aus dem vorigen Jahrhundert, ich war begeistert. Engel mochte ich sehr gern, obwohl ich mit Mutter nicht darüber reden durfte, weil sie gegen alles, was mit der Kirche zu tun hatte, eine tiefe Abneigung hegte. Der Vater blieb einige Zeit bei uns, er machte an Silvester Kartoffelsalat und breitete seine endlosen Kochzutaten über den ganzen Tisch aus. So etwas hatte ich noch nie gesehen. Statt zu seufzen und sich über die Kocharbeit zu beugen wie Mutter, saß er wohlgelaunt am Tisch und schnippelte und trank Bier.

Auch hatte er eine Kiste mit Buntstiften und einen Skizzenblock in seiner Tasche. Einmal trat ich an den Tisch heran, um zu sehen, was er zeichnete, da rollte ein roter Stift über die Tischkante und fiel zu Boden. Der Vater wurde fuchsteufelswild. Er schrie erbost herum und fuchtelte mit den Armen und lief auf und ab. So etwas dürfe nicht geschehen, die Mine im Inneren des Stiftes sei nun gebrochen und der Stift demnächst unbrauchbar und ich sei schuld. Ich war entsetzt, mit dieser Reaktion hatte ich nicht gerechnet. Bis auf die Tränenausbrüche meiner Mutter herrschte bei uns daheim sonst ein freundlicher und leiser Umgangston, ebenso im Haus meiner Großmutter. Selbst der garstige Ton der Kindergartenerzieherinnen kam nicht im Geringsten an die Lautstärke und die Aggressivität dieses riesigen Menschen heran.

Im Winter hängte die Mutter unsere Wäsche, die sie an einer Schüssel von Hand wusch, auf dem Dachboden auf. Die Tür zur Bodentreppe war links neben unserer Wohnungstür. Einmal wurde ich geschickt schnell etwas Wäsche abzunehmen, weil wir ausgehen wollten. Draußen war strenger Frost und der Dachboden dementsprechend kalt. Ich nahm einige Wäschestücke von der Leine, aber die Klammern wollten sich nicht lösen. Bei der Unterwäsche ging es noch irgendwie, aber als ich das blau linierte Herrenhemd meines Vaters von der Leine nahm, gab es ein knackendes Geräusch und dann hatte ich das Hemd in der Hand und der Ärmel lag am Boden. Mir war nicht aufgefallen, dass die ganze Wäsche steif gefroren war, und so war der Ärmel einfach abgebrochen. Ich brachte alles nach unten und als Vater sah, was ich getan hatte, brach die Hölle über mich herein. Er schlug mich ins Gesicht und zerrte mich zum Sofa und hielt mich fest und die Schläge prasselten nur so auf mich ein. Meine Mutter begann zu schreien und zu weinen und fiel ihm in den

Arm, doch ihre Kräfte reichten nicht aus und es dauerte, bis er sich beruhigt hatte. Ich war schuld, hatte das Hemd verdorben und der Tag war ruiniert. Als wir dann schließlich aus dem Haus kamen, tippelte meine Mutter, bedröppelt aus Sorge und Mitleid mit mir und unter Beschwichtigungsversuchen für den Vater, zwischen uns her und ich sah mein rotes verheultes Gesicht in einer Fensterscheibe, das war ein sehr bedrückender Spaziergang.

Das Fürchten nachts ging wieder los, oft schreckte ich, nachdem ich endlich eingeschlafen war, aus Albträumen hoch und lag dann im Dunkeln wach bis zum Morgengrauen. Sobald es dämmerte, schlief ich erschöpft und tief ein. Mittlerweile war mir wieder öfter übel und ich verweigerte die Nahrung, um das zu vermeiden, auch war das schwebende Gefühl vom Hunger ein Trost, ich fühlte mich unglaublich leicht. Die Mutter und die Großmutter gingen zusammen mit mir zu Dr. Fölzel, er war sehr alt, hatte graues, nach hinten gekämmtes Haar und einen weißen Kittel mit einem geknöpften Gürtel. Ich wurde bis auf die Unterwäschegarnitur ausgezogen. Die Schwester trug eine Haube und sah mich ernst an, während sie mich festhielt und der Arzt mich abhörte. Dann wurde ich auf eine Liege gelegt. Als der Doktor meinen Bauch abtastete, krümmte ich mich. Am Ende der Konsultation blätterte der Arzt in seinen Unterlagen und die Schwester vermaß meinen Brustumfang und meine Arme und notierte die Werte. Dann wandte sich der Arzt mir zu, betrachtete mich und sagte: »Was du aber auch für ein dürres Gestecke bist, da muss etwas getan werden, du fährst zur Kur!« Außerdem bekam meine Mutter eine dunkelbraune Flasche mit für mich. Großmutter und der Doc redeten, Mutter zog mich wieder an und dann als wir durch das getäfelte Treppenhaus hinausgingen, war die Stimmung sehr gelöst. Ich sollte zu einer Kur fahren, um mich zu erholen. Was das bedeuten konnte, war mir nicht klar, aber alle waren froh darüber, also musste es wohl etwas Gutes sein. Den Lebertran bekam ich von nun an täglich.

In der Schule ging alles seinen Gang, außer Deutsch fiel mir alles leicht, besonders Rechnen und Heimatkunde interessierten mich sehr, doch im Schreiben war ich nie gut genug. Entweder konnte die Lehrerin die Buchstaben nicht erkennen oder sie hatten die falsche Reihenfolge, stets hatte sie etwas auszusetzen, andauernd kam sie zu meinem Platz und beugte sich über mich und fasste mein Heft an. Und sie roch nicht gut, besonders wenn sie dann auch noch sprach. Diese Lehrerin war besonders auf mich bedacht, schalt mich, wenn sie mich dabei erwischte, wie ich aus dem Fenster guckte oder in Büchern blätterte, und beobachtete mich ständig. Schließlich begann ich die Falten der Gardine hinter ihrem Lehrerpult zu zählen. Bei jeder Gelegenheit, wenn ich aufschaute, tat ich das und diese Frau dachte, ich sähe sie an, und gab endlich Ruhe. In vielen Zimmern ließen sich die verschiedensten Dinge zählen, es musste nur direkt hinter der Lehrperson sein. Das war eine sehr nützliche Erkenntnis. Dann gab es auch schon das erste Halbjahreszeugnis, meines war ganz gut, und kurz darauf fuhr ich zur Kur.

>> Bestandsaufnahme, mein halbes Leben <<

Es ist geschafft, mein halbes Leben ist um. Alles, was ich mir vorstellen konnte, als ich jung war, und vieles darüber hinaus habe ich erreicht. Wenn ich über mein Dasein nachdenke, fühlt es sich an, als wären es mehrere Leben gewesen, die ich seit meiner Geburt gelebt habe. Die vielen völlig verschiedenen Wohnorte, die verschiedenen Menschen um mich herum, die vielen Varianten den Lebensunterhalt zu verdienen. Oft fühle ich mich erschöpft wie eine Achtzigjährige, in wenigen Wochen werde ich vierzig.

Es ist gut, hier zu sein am Ort meiner Wahl. Ein großer weißer Tisch, oval, steht im Mittelpunkt des Hauses, dem großen Zimmer. Alles, was irgendwie von Nöten sein könnte, um diesen Abend zu gestalten, hat hier Platz: noch zu erledigende Post, Notizen, was, wo, wer anbietet, in loser Folge in einem karierten Ringbuch A4, das Telefon, der Klapprechner zum Schreiben und Musikhören. Vor einigen Tagen habe ich Suzanne Vega wieder für mich entdeckt, gleich nach der Wende hatten wir die Platte damals gekauft, kurz vor der Amsterdamreise. Und letztens ist mir aus dem Nichts der Titel *book of dreams* in den Sinn gekommen und ich habe die Musik herausgesucht und sie berührt mich.

Auf den uralten Leinenservietten in der Mitte des Tisches liegen Zierkürbisse, rund, herbstlich und abstrus geformt, eine Kanne Tee auf einem Tablett. Ich habe den Sternanis im Mörser angestoßen, dass er sich entfaltet. Strickzeug mit einer Maschenprobe in glattgrau und flusig-tiefrot für einen Pullover, der begonnen sein will. Die Wolle habe ich schon seit Langem.

Aufarbeitung. Vieles drängt jetzt, was schon lange liegt.

Dinge wie die lange gelegene Wolle, doch hauptsächlich Gedanken an Erlebtes, an Vergangenes drängen sich ins Jetzt, in mein Bewusstsein und lassen mich nicht los, lassen mich nicht arbeiten am Tage, nicht zur Ruhe kommen am Abend. Es liegt schon zu vieles auf dem Tisch. Dem Tisch in meinem Kopf. Ein Haus im Kopf, so stelle ich mir die innere Ordnung vor – um es besser fassen, überhaupt begreifen zu können. Ein Haus mit vielen Zimmern, unterkellert mit Gewölben. Oben ein Dachboden mit Verstaubtem und Vergessenen. In jedem Raum Möbel, hauptsächlich Schränke mit Schubladen, Kommoden. Jedes Schubfach für eine bestimmte Sache, ein Thema oder einen Lernprozess. Und zurzeit scheint vieles aus den Schubladen herauszukommen, sie stehen offen, ebenso die Zimmertüren. Alles drängt auf mich ein und ich muss darüber nachdenken, wieder und wieder bedenke ich alles, kann seit Wochen nicht einschlafen, jede Nacht endloses Rotieren im Bett.

Erlebnisse, Erinnerungen, Gespräche, Bilder, alles dringt auf mich ein und lässt mich nicht los. Lässt mich nicht schlafen.

Die gedachten Gedanken verändern nichts, bringen mich nicht weiter, es ist dann nicht abgetan und erledigt, sondern bleibt mir im Sinn und zieht Kreise. Es ist beinahe wie in der Kindheit, als ich da nicht schlafen konnte nachts und zwischen Dunkelangst und Gedanken aufs Morgengrauen wartete. Jetzt schlafe ich auch immer erst ein wenn der Tag dämmert.

Noch auf dem Tisch im großen Zimmer meines Hauses ein Kistchen mit Spielkarten, ein Nagellack, ein Zettel für meinen Mann mit einer Notiz für morgen, Werbeflyer, Zeitschriften, zwei Emailleleuchter im Seventies-Style. Das brennende Holz im Kamin macht es mollig warm, alle schlafen um mich herum, leise, kaum dass ich sie atmen höre. Außer Ulla, die Hofhündin, die schnarcht wie ein alter Kutscher direkt neben dem Kamin; nach dem Herbsttag im Freien, nass und stürmisch, ließ die Ofenwärme sie ins Koma fallen. Alle viere von sich gestreckt, liegt das weiße Fusseltier auf dem Rücken in seinem Korb.

Im Käfig unter dem Tuch eng aneinandergelehnt schlafen die Papageien. Dicke grüne Amazonen, eine sagt gern »Gagagag«, obwohl sie keine Ente ist. Ich lieb die. Und ich sitze an meinem weißen Tisch, in meinem Haus im Wald, mitten in der Nacht und schreibe die Gedanken aus meinem Kopf heraus, diese Gedanken, die kommen und gehen und sich ablösen. Ich werde ihnen Raum geben im Außen. Vielleicht kann ich dann schlafen, wenn mein Kopf leer ist.

Es ist wirklich so viel geschafft, ich bin angekommen, habe einen Mann, einen guten Lebensgefährten, der nach mir fragt und zu mir hält. Und ich habe ein eigenes Haus mit Scholle und Zaun drum herum im Wald. Und Tiere, ein eigenes Auto, das ist ein verwirklichter Lebensplan. Und nun habe ich nach all dem Strampeln und Durchringen noch ein halbes Leben vor mir. Ein halbes Leben, mit dem ich etwas anfangen werde. Es scheint mir eher ein neues Leben denn eine zweite Hälfte. Das erste halbe Leben soll erledigt sein und hinter mir zurückbleiben mit all seinen Katastrophen und schwer erkämpften Niederlagen, den Verlusten, den Dramen. Ich werde es hinter mir lassen und einem freien, guten Leben entgegengehen, in dem ich die Wahl haben werde, was geschieht, mein anderes halbes Leben.

Ob ich nun vierundachtzig werde, wie es die alte Roma-Frau in Berlin auf der Brunnenstraße mir prophezeit hat, als sie ungefragt meine Hand nahm und in ihr las, oder ob ich nur noch kurze Zeit habe, das ist nicht wichtig. Nur schön soll es werden, ich will es mögen, mein Leben, mögen, was ich tue, mögen, was geschieht. Ich will wissen, wie es sich anfühlt, gern zu leben und sich auf den nächsten Tag zu freuen. In meiner Jugend erschien mir der Tod als etwas Tröstliches, eine Aussicht darauf, dass alles einmal zu Ende sein wird. Irgendwann wurde mir klar, dass ich gar nicht tot sein will, sondern dass ich besser leben will, besser als in den ersten Jahrzehnten. Jetzt will ich anfangen mit Leben. Mit meinem Leben.

Die äußeren Umstände sind schon gegeben, nun heißt es die inneren Umstände anzugleichen, das Haus in meinem Kopf zu fegen, zu wischen, zu lüften und vor allem zu beräumen.

Äußerlich bin ich der Armut entkommen, dem Unvermögen, dem Ausgeliefertsein, der Enge, dem schimmligen Brot, der Isolation, den abgetragenen Kleidern anderer Leute auf meinem Leib. Innerlich bin ich noch mittendrin, umkreist von alten Gedanken, alten Gefühlen, alten Mustern. Obwohl es lange her und vorbei ist, ist es nicht ausgestanden. Verhaltenskomplexe wie das Angstbeißen bei Hunden, immer zur Wehr setzen, immer die Schwerthand locker, immer bis aufs Letzte diskutieren, sind nicht einfach von heute auf morgen abgelegt. Sie sind fest eingeprägt, wenn nicht sogar Teil meiner Selbst. Noch nie im Leben habe ich mich dauerhaft für mehrere Stunden oder einen ganzen Tag wohlgefühlt. Als ich erfuhr, dass das bei anderen Menschen nicht so ist, hielt ich das anfangs für eine Lüge. Ich konnte es mir nicht vorstellen. Dauernd ging es mir auf die eine oder andere Weise schlecht, die Arten des Unwohlseins wechselten, doch es war immer präsent.

Umgezogen sind wir schon in meiner Kindheit andauernd, ausgehend das kleine uralte Gemeindehaus, dann folgte eine Mietwohnung in der entgegengesetzten Stadthälfte auf der anderen Seite des Flusses, dann das Unterkommen auf dem Gehöft meiner Großmutter, danach eine Neubauwohnung und dann eine andere. Ab da war die Kindheit zu Ende und ich zog durch meine eigenen Wohnungen.

Das begann auch im Neubau, die erste eigene Wohnung war winzig mit fünfundzwanzig Quadratmetern Gesamtwohnfläche, dann eine Altbauwohnung mit drei Riesenzimmern unterm Dach und alles feucht. Als Nächstes wieder Neubau, diesmal zwei Räume mit Vollkomfort, Fernheizung und Badewanne mit fließend Warmwasser. Was ich dort gebadet habe, es war wundervoll. Kein Wasser erwärmen auf dem Herd oder ein Boiler, der plötzlich leer ist. Auch kein Badeofen, der angeheizt werden muss und wo es wieder zu warten galt und die Wassermenge begrenzt war. Und keine Mutter im Nachbarraum, die nach einer Viertelstunde blökt: »Liese, lass das Wasser nicht so lange laufen, das Gas ist teuer und du weißt doch, dass wir kein Geld haben!«

Dann fort aus der Provinz in die Großstadt. Dort hatte ich mehrere Lebensorte verschiedenster Qualität. Und dann der Sprung aufs Land, ins eigene Haus. Hier bin ich jetzt. Bald hole ich mich selbst ein, nachdenkend finde ich mich im Moment in meiner Mittzwanzigerzeit wieder, Erinnerungen, die auftauchen, sind oft aus dieser Zeit, auch die Musik aus dieser Zeit spricht mich wieder an. Nun höre ich wieder Thalheim und Wenzel und andere Ostliedermacher und spüre nach dem, was sie mir jetzt sagen, und dem, was ich früher beim Hören empfand. Denke an die Männer die ich damals hatte, und was mich zu ihnen hinzog. Diese sehr verschiedenen Lebensgefühle von damals und heute sind schwer einzuordnen. Wer war ich damals? Bin ich die von damals geblieben? Wie kann das sein, wo ich doch heute alles ganz anders erlebe als früher? Wo ist sie geblieben, die früher ich war? Wer bin ich heute? Ich fühle mich anders als früher, sehe anders aus, lebe woanders. Selbst das Land, aus dem ich komme, ist nicht mehr existent, wurde durch den Fortgang der Geschichte von der Landkarte getilgt.

Klar, jeder entwickelt sich und lernt auf seine eigene Weise zu leben, zu überleben, doch bei so großen Veränderungen im Außen und im Innen des Menschen, wo bleibt dann die Person, die ich mit 20 Jahren war? Bleibt sie erhalten in der 40-Jährigen? Bleibt mir etwas von mir? Bleibt etwas übrig von dem, was ich früher wünschte, hoffte, fürchtete? Meine Träume und meine Liebe und meine Gedanken und Gefühle. Und die Werte, Dinge, die von Bedeutung waren, die mir wichtig waren, an die ich mich gehalten habe – wo sind sie? Bin ich überhaupt in der Lage, sie genau zu erinnern oder sind sie mit heutigem Denken und Fühlen imprägniert?

Die Papageien sind verliebt, knurren sich freundlich an und wackeln mit dem Kopf. Das ist heiter. Abends ist wieder Ruhe ich komme zu mir, kann meine Gedanken sammeln. Wieder warmer Kamin und schnarchende Hunde. Papierzeugs auf dem Tisch, Sonntagabend und keine Arbeitswoche vor mir, sondern mein Leben. Die Hektik der Schichtarbeit verlässt mich inzwischen, jetzt, wo ich beinahe ein Jahr nicht mehr zum Dienst ins Krankenhaus gehe, oft beobachte ich mich beim Innehalten – mitten am Tage bei verschiedensten Tätigkeiten stehe ich sinnend da, hänge dem Hintergrund des Tuns oder des Lebens nach, genau in diesem Moment, und bin ganz bei mir. Ganz in Ruhe.

Und obwohl alles in Ordnung gekommen zu sein scheint, ist es das nicht. Seit Langem versuche ich es zu fassen, was nicht stimmt, versuche es mit Therapeuten und mit Selbstheilung, versuche zu mir zu kommen, an mich heranzukommen, die zu finden, die ich bin, weg von der Perfektion, dem Selbstanspruch, alles zu können, immer da zu sein, alles richtig zu machen. Ich versuche zurechtzukommen und mich zu integrieren, doch ein allein im Weltall treibender Astronaut könnte sich nicht verlorener fühlen als ich in diesem Leben.

Oft peinigen mich Verlustängste von kleinen Anflügen bis zu heftigen Panikattacken, das ganze Spektrum bietet sich. Einige Verluste zu erleiden ist verarbeitbar, doch wenn es zu viele werden, geht es nicht mehr. Und einer reicht aus, um zu viel zu sein. Der berühmte Tropfen, der das Fass zum Überlaufen bringt. Verloren habe ich meine Kindheit, meine Herkunftsfamilie, meine Jugend, meine Gesundheit, meinen schönen Körper, meine Unversehrtheit, meine erste Tochter und drei Ungeborene, meine Schaffenskraft, mein Land, meine Lebensfreude, meine ersten sechs Lebenspartner inklusive meines ersten Ehemannes, meine Mutter, und in letzter Zeit, habe ich den Eindruck, verliere ich meinen Verstand, zumindest versagt er mir immer öfter den Dienst, Erinnerungen sind nicht aufrufbar, Worte, früher alltäglich im Gebrauch, fallen mir einfach nicht ein, oder ich verwende, ohne es zu bemerken, unzutreffende Austauschbegriffe und habe später Diskussionen, was ich gesagt habe und was nicht. Vieles aus vergangenen Jahren kann ich in meinen Tagebüchern nachlesen und in Unterlagen verschiedenster Art, jedoch die ersten Jahrzehnte notiere ich jetzt das erste Mal und ich beeile mich, um schneller zu sein als der Verlust. Wenn alles notiert ist, kann ich einfach nachlesen, was mir entfallen ist, und es so bewahren.

Vor einigen Wochen war ich wegen meines Kopfschmerzes, der Schwindelgefühle und der Wortfindungsstörungen zu einer ärztlichen Untersuchung. Das MRT oder wie der Volksmund sagt ›die Röhre‹ brachte den Befund, dass eine Menge kleiner Stellen in meinem Hirn nicht mehr durchblutet werden und oder entzündet sind. Ich werde schneller schreiben, schneller als dieser Verlust fortschreitet. Ich werde kein Saurier sein, der zurückbleibt und ertrinkt, weil er es nicht bis auf die Arche geschafft hat. Ich werde meine eigene Arche bauen und damit davonkommen vor der Sintflut meines Kummers, meiner Trauer und meines inneren Elendes. Wie weit ich komme, werde ich sehen, der Beginn tut mir schon gut. So schmerzlich es ist, in all diese alten Bilder und Gefühle einzusteigen, so erlösend ist es auch, sich mitzuteilen. Es ist nicht mehr nur meine Geschichte, die ich aushalten muss, es ist eine Geschichte, die ich mitteilen kann, die ich mit anderen Menschen teilen kann. Ich kann einer Gemeinschaft mitteilen, was ich erlebt habe, und werde so nicht mehr allein mit dem Erlebten sein. Es kann sein, wie wenn man mit Leuten aus dem Kino kommt und sich begeistert oder verblüfft oder auch schockiert gegenseitig mitteilt, was einen bewegt und interessiert hat. Diese Gemeinschaft im Geiste und im Fühlen, die fehlt mir bis jetzt, die suche ich für mich.

Außerdem suche ich Klarheit über vieles, was ich nicht verstehe. Und beim Schreiben findet eine Art Bewusstwerdung statt. Ein Beispiel ist unter anderem, das dieser Dorfarzt, der Doktor Fölzel, schon im Amt war, als meine Mutter noch klein war. Sie war im Krieg geboren und dann schwer an Diphtherie erkrankt und lange nicht genesen. Dann kam die Bestimmung, dass Kinder, die nicht ganz so gut gediehen, beim Doktor vermessen und begutachtet werden müssten. Meine Mutter blieb unter jedem Mindestmaß, was Kopfumfang und Körpergewicht anbetrafen, und hätte eigentlich gemeldet werden müssen. Meine Großmutter war eine sehr schöne junge Frau und besprach das einige Zeit allein mit dem Doc im Zimmer, und so wurde meine Mutter nicht gemeldet. Als ich diese Information bekam, wurde mir klar, warum meine Mutter zeit meiner Kindheit davon sprach, dass man aufpassen muss, um nicht abgeholt zu werden, das könne ganz schnell gehen. Sie hatte die permanente Angst, selbst abgeholt zu werden oder dass ich ihr weggenommen und dann eben auch abgeholt würde. Diese für mich inhaltslose Ansage in meiner Kindheit: »Pass auf, sonst wirst du abgeholt!«, bekam plötzlich Sinn. Es tut mir sehr leid im Nachhinein, dass durch dieses allgemein übliche »unter den Tisch fallen lassen« solcher Erlebnisse dieses Trauma meiner Mutter nie wirklich zur Sprache kam und nie erlöst werden konnte. Aber über so etwas sprach man nicht.

Genauso wie man nicht davon sprach, dass ich nicht das Erstgeborene bin. Mutter war vor mir schon einmal schwanger und als der Kindesvater bei einem Unfall ertrank, wurde dieses mein Geschwisterkind abgetrieben. Damit die Familie nicht in Verruf kommt wegen der unehelichen Schwangerschaft. Auch das erfuhr ich so nebenher irgendwann. Ich bin also in der neuen Sichtweise ein sogenanntes ›Regenbogenkind‹, ein Baby, das in einem Uterus heranwuchs, in dem vorher ein Geschwisterkind gestorben ist. Was das genau ausmacht, weiß ich nicht, aber schön klingt es nicht, neun Monate in der Todeszelle auf das Licht der Welt warten zu müssen.

Aber ich mache jetzt ein Ende mit dem Schweigen. Ich spreche darüber und teile meine Geschichte mit, auch wenn es mir weh tut.

>> Hausnummer 50, das Drama <<

Die Kur fand in einem Schloss mit Park statt, es war alles sehr schön und groß, es gab viele Kinder und viele Zimmer, in meinem Raum waren noch mehrere andere Betten, meines hatte die Nummer 10. Es gab einige dicke Kinder, die blieben jeden zweiten Tag im Bett und erhielten nur Saft zu den Mahlzeiten. Einerseits taten sie mir etwas leid, denn sie schienen wirklich Hunger zu haben, andererseits beneidete ich sie darum, mit einem Buch im Bett bleiben zu dürfen, den ganzen Tag, ohne essen zu müssen. Das war am Anfang.

Schon nach wenigen Tagen hatte ich mich eingewöhnt in die üppigen Mahlzeiten, es gab wunderschöne Dinge zu essen, jeder konnte sich frei bedienen. An meinem Platz stand ein Glas mit gräulicher Pampe, die mir als Birchermüsli vorgestellt wurde. Es zu kosten brauchte Überwindung, aber die Schwestern waren freundlich und hilfsbereit und eine sagte: »Kind, iss, was du magst, und was du nicht magst, lässt du stehen«, und ging weiter. Es war ein Wunder, niemand hatte mich persönlich im Visier, alle waren nett. Mit dem Stullenschmieren morgens und abends kam ich nicht zurecht, das machte zuhause alles die Mutter, aber auch das war kein Problem. Im Vorbeigehen beugte sich die eine oder andere Schwester zu mir herunter und fragte, was ich auf das Brot haben möchte, und im Handumdrehen war die Butter gestrichen und mit Schinken oder Salami reichlich belegt und dazu extra noch ein Stück Apfel und kleine Gürkchen. Es schmeckte mir köstlich und dass ich mittags nur Fleisch und Gemüse aß und die »Sättigungsbeilage« auf dem Teller zurückließ, interessierte auch keinen. Mir war täglich wohl im Bauch und nach einigen Wochen rutschte auch die Strumpfhose nicht mehr vom Po.

Wenn ich abends nicht gleich einschlafen konnte, dachte ich an meine Mutter und die Familie und schämte mich ein wenig, weil mir außer der Großmutter und ihren Hühnern niemand fehlte. Aber das Schlafen insgesamt ging hier leicht. Ich war nicht das einzige nervöse Kind, andere rumpelten auch lange in ihren Betten herum, ehe sie zur Ruhe kamen. Das ließ bei allen nach wenigen Tagen nach. Morgens das schöne Frühstück, vormittags der Unterricht, dann das schöne Mittagessen in dem schönen Saal mit Bildern an der Wand und glatten Tischtüchern und allem. Nach der Mittagsruhe durften wir draußen auf dem Spielplatz toben, ich saß meist am Rand, das war in Ordnung für mich und für die Schwestern, niemand nötigte mich mitzumachen. Ich fühlte mich frei und irgendwie heiter, sie ließen mich einfach in Ruhe. Ich beschäftigte mich damit, zu beobachten, was die Menschen taten, die großen wie die kleinen, welche Pflegerin wann aus welchem Fenster schaute, es waren viele Fenster in der Fassade des alten Schlosses. Das Zählen der Fenster wurde mir ein lieber Zeitvertreib, der Lärm der Kinder versank dahinter und ich wusste, wie viele Fenster geöffnet waren und wie viele geschlossen.

Ein seltsames Erlebnis gab es kurz vor Ende meiner Aufenthaltszeit, das war in der Nacht. Ein Teil der Kinder war abgereist und am nächsten Tag erschienen andere dafür, sie stiegen aus einem Autobus und sprachen einen anderen Dialekt und waren sehr laut. Sie bewarfen sich kreischend mit Kissen und rumorten bis in die Nacht hinein immer wieder. Plötzlich kam eine Nachtschwester herein, ich hatte sie noch nie gesehen, weil ich immer geschlafen hatte. Und auch jetzt konnte ich sie nicht sehen, sie ging im Dunkeln die Bettenreihen entlang und hier und da hörte ich etwas, konnte es aber nicht einordnen. Als sie in meine Richtung kam, hielt ich den Atem an und stellte mich schlafend. Sie bemerkte das und tastete an meinem Bett herum, ich dachte im ersten Moment, sie wollte mir einen Gutenachtkuss geben, die Gutenachtküsse meiner Mutter vermisste ich, dann ertasteten ihre Hände mein Gesicht und ehe ich etwas sagen konnte, gab sie mir eine Ohrfeige und ging weiter. Sie hatte mich wohl für einen der Störenfriede gehalten. Diese Nacht lag ich bis morgens wach und lauschte, was noch geschieht. Aber es blieb ruhig. Die Krachmacher waren erschöpft eingeschlafen, die anderen schliefen sowieso, nur eines der Saftkinder drehte sich unruhig von einer Seite auf die andere, ich hörte seinen Magen knurren.

Dann gab es vor der Abreise das letzte himmlische Frühstück. Weißbrotscheiben mit Butter und dick Fettquark drauf und oben noch Erdbeermarmelade, dazu das Birchermüsli mit geschnittenem Obst drin und Kräutertee und eine Scheibe Schinken. Nach dem

Essen ging ich mit wohlig sattem Bauch nach oben, und da lagen sie schon auf dem Bett, unsere Reisetaschen. Auch mein karierter Pappkoffer sperrte sein Maul auf und die Schwester legte Stück für Stück meiner Sachen hinein. Ich fragte mich, ob sie die Nachtschwester war, sagte aber nichts, weil ich mich für den Vorfall schämte. Die Schwester sagte: »Na, mein Mädelchen, wer wird denn so traurig gucken, alles hat mal ein Ende, jetzt geht's heim zu Mutti und Vati!« Dann klappte sie meinen Koffer zu und nahm ihn am Griff und reicht mir die andere Hand und ich nahm sie und wir gingen die große Treppe hinab.

Es war ein großes Wunder, abgereist zur Kur war ich aus der 33, wo es klein und eng und etwas düster war und ich alles schon immer so kannte, ich konnte zu Fuß zur Oma gehen, kannte die Wiesen hinter dem Haus, die Parks und alle Straßen und wusste, wo welche Leute von uns wohnten oder anzutreffen waren. Jetzt kam ich aus diesem Märchenschloss von Kurheim nach Hause und es war nicht mein Zuhause. Abgeholt mit einem Taxi vom Reisebus am Hauptbahnhof fuhren wir über die Brücke und kamen in einer fremden Straße mit riesigen Häusern in einem ganz anderen Stadtteil an. Vater trug meinen karierten Pappkoffer und sagte: »Deine Mutti und ich wohnen jetzt hier«, und schob uns beide in die von ihm offengehaltene Haustür hinein.

Als Erstes sah ich auf einem Bord an der Wand im Flur einen schwarzen Telefonapparat hinter der Tür zur Küche und dann kam am Ende des Raumes eine Tür und diese führte zu meinem Zimmer. Die Kur war wie ein großartiger Traum in meiner Erinnerung und jetzt kam die nächste große Sache. Ich hatte jetzt ein eigenes Zimmer. Mutter packte meinen Koffer aus und ich betrachtete meine Sachen, mein hellblauer Teddy Boline saß auf dem Bett, auf einem Schreibtisch standen unsere Märchenbücher. Die Erwachsenen hatten zu tun, also ging ich in den Flur und nahm vorsichtig den Hörer des Telefons ab und horchte hinein, und es tutete, es war ein richtiges Telefon in unserer Wohnung. Unser Telefon. Diese Wohnung hatte wirklich viele Räume. Rechts das Wohnzimmer und links die Küche, geradeaus mein Zimmer, davon ging rechts das Bastelzimmer meines Vaters ab. Das hatte auch eine Tür zum Wohnzimmer. In meinem Zimmer war viel Platz, mein Bett links und davor der Ofen, rechts eine Kommode obendrauf wie ein Schreibtisch eingerichtet und daneben, kurz vor der Tür zur Rumpelkammer, Tisch und vier Stühle, der Essplatz der Familie.

Das Drama des Aufessenmüssens, das mit meinem Vater wieder Einzug gehalten hatte, fand ab jetzt hier in meinem Raum statt. Draußen vor der Wohnung waren eine Straße und ein großer heller Park mit einem Spielplatz und einem halbkugeligen Klettergerüst. Das Gerüst gefiel mir durch die Bienenwabenstruktur sehr gut. Manchmal sah ich von der Wohnstube aus dort draußen Kinder spielen.

In diesem Wohnhaus gab es mehrere Etagen über uns, wo noch andere Leute wohnten, viel mehr als die drei Nachbarn in unserer vorherigen Wohnung. Und dieses Haus stand nicht einzeln wie alle Häuser in unserem Dorf, es war direkt und in gleicher Art an das Nachbarhaus gebaut und das wieder an das nächste. Und so ging es bis zur Straßenecke Und sie waren alle sehr hoch und schienen alle dasselbe Dach zu haben. Es war wie im Wald, rundherum war alles sehr groß und ich fühlte mich klein.

Kurz bevor ich zur Kur fuhr, hatten wir in der 33 noch einen eigenen Kühlschrank bekommen. Er war Bestandteil einer Miniküche. Ein Möbel wie ein Schrankkoffer, außen glatt und eckig, mit zwei großen Türen und drinnen eine ganze Küche mit Kochplatz, Kühlschrank, Arbeitstisch und Platz für Töpfe und Teller. Wenn ich es im Nachhinein bedenke, wird meine Großmutter dieses gewiss sehr teure Möbel zur Verbesserung des Wohnkomforts meiner Mutter in der kleinen Dorfwohnung gekauft haben, damit sie in ihrer Nähe bleibt. Meine Großmutter war eine sehr wache und lebenstüchtige Frau und traute meinem Vater nicht über den Weg. Doch Mutter wird sich durchgesetzt haben, um ein eigenes Leben zu haben und nicht nur das betreuungsbedürftige ewig kranke kleine Elki zu sein, das nie etwas zustande brachte. Sie wollte ein normales Leben wie alle und hatte dafür immerhin schon Kind und Mann und jetzt wollte sie von den Eltern weg und das Leben ohne Hilfe bestehen.

Da war nun dieser Kühlschrank, selbstständig, ohne Miniküche drumherum, in der Nische der Küche in unserer neuen Wohnung und enthielt die seltsamsten Dinge. Der Vater brauchte unendlich viel Zeug zum Kochen. Meiner Mutter hatten immer Kartoffeln, Salz und Kümmel als Zutaten genügt. Jetzt gab es dutzende Dinge. Zum Beispiel eine kleine dunkle Plastikdose, die stand oben mit in der Kühlschranktür, darinnen war etwas runzlig gelb Knisterndes. Meine Mutter sagte, das wäre eine Zehe irgendwas. Das zweite Wort hatte ich noch nie gehört. Doch wenn ich es recht besah, ähnelte das Ding meiner kleinen Zehe, es war genauso gebogen und von derselben Größe. Ich fand es widerlich, die Zehe von jemandem aufzubewahren, noch dazu wenn sie so roch.

Die neue Schule war wenige Straßen weiter, ich kannte dort keinen, war eine von vielen und konnte einfach so am Unterricht teilnehmen. Niemand wollte etwas von mir, ich hielt mich fern von den fremden Kindern und es war okay und normal, zur Schule zu gehen. Teil des Schulunterrichts war ein Schwimmkurs, der immer dienstags in einem Hallenbad aus dem vorigen Jahrhundert stattfand. Wir mussten uns nackt ausziehen und still in einer Reihe stehen. Der Schwimmlehrer kannte keine leisen Töne, er kommandierte: »Mund halten! Langsam gehen! Still stehen!« Wir dürren Mäuse rückten Stück für Stück auf. Wer vorn beim Lehrer war, musste auf den Startbock steigen und auf Kommando ins Wasser springen. Wer nicht sprang, wurde geworfen. Wer zum Rand wollte, wurde mit der Trillerpfeife ermahnt und mit einer langen Bambusstange daran gehindert. Die kurzen Trockenübungen waren nur peinlich gewesen und hatten den Schwimmvorgang nicht wirklich vermitteln können. Ich war so mager und untrainiert, dass ich ständig unterging, und ich schämte mich; bei uns zu Hause lief nie jemand nackt herum. Im Nachgang bekam ich eine Nasennebenhöhlenentzündung, die wochenlang nicht zur Ruhe kam.

Es gab einen Schulgarten und eine Turnhalle und ich machte, was mir gesagt wurde, und bekam weder mit den Schülern noch mit den Lehrkräften jemals Probleme. Zu Hause lief auch alles gut. Die Mutter putzte und wusch und räumte auf, wenn ich heimkam, der Vater kam später von Arbeit heim und ab und zu unternahmen wir etwas. Einmal waren wir in einem Kino, das nannte sich Lichtspieltheater und war wenige Straßen weiter. Der Film hieß *Schussfahrt nach San Remo* ich war begeistert und erstaunt. So eine große Leinwand hatte ich noch nie gesehen. Wir saßen nebeneinander in den Kinostühlen im Dunkeln und ich fand das alles ganz gut. Danach gingen wir in der Antonstraße in eine Art Restaurant. Es saßen viele Leute da, die rauchten und tranken. Essen sah ich dort keinen und es war recht laut. Mutter wollte heim, aber wir blieben mehrere Gläser Bier lang dort, der Vater trank die großen eines nach dem anderen und die Mutter hatte ein kleines, wovon sie immer nur kostete. Nach einer ganzen Weile wurde der Vater redselig und meine Mutter sah immer nur zum Fenster hinaus. Ich machte mir nichts daraus und dachte über die Dinge nach, die ich in diesem Film gesehen hatte. Ob es dem Mann wirklich nicht weh tat, mit solchem Karacho in den Hühnerstall zu fahren, auf einem Fahrrad, durch die Bretterwand? Und hoffentlich war den armen Hühner dabei nichts geschehen.

Es gab viele Erlebnisse in diesem neuen Leben, die ich aus unserem vorigen zurückgezogenen Dorfdasein nicht kannte. Nicht nur Kino und selbst einkaufen gehen, sondern auch nächtliche Schlittenfahrten. Eines Nachts kam mein Vater von irgendwoher heim und wollte mit mir Schlittenfahren. Meine Mutter weinte und versuchte ihn umzustimmen, doch mein Vater bestand darauf und ich fand es gut. Die Mutter holte mich also aus dem Bett und zog mich warm an und ermahnte uns, bald wieder heimzukommen. Als wir dann bei Mondenschein zwischen den Büschen des Antonparks schnell bergab rodelten, war mir nicht mehr so wohl. Mein Vater war seltsam albern und grob und roch aus dem Mund. Es war auch nicht so lustig wie mit der Schwester meiner Mutter. Wenn die nachmittags mit mir Schlitten gefahren war im Bruch, hinter dem Rabenheim nah bei unserem Dorf, da haben wir immerzu gelacht und hatten viel Spaß. Jetzt wollte der Vater nur immer wieder hoch auf den Hügel und schnell wieder herunterfahren und ich sollte mitmachen. Was ich auch tat, aber mir war kalt und ich wollte heim. Als ich dann endlich daheim im Bett lag und nicht schlafen konnte, dachte ich an den Kinofilm und dass ich wieder einen sehen möchte, und malte mir aus, wie es wäre, ein eigenes Kino zu haben. Nicht ganz so groß und eher nur für uns, ohne andere Menschen, aber auf jeden Fall mit mehreren Filmen die wir nacheinander ansehen könnten. Das war es, ein eigenes Kino mit eigenen Filmen, das wünschte ich mir. Und so ein Fahrrad wie der Mann im Film wünschte ich mir auch.

Mit dem Einkaufen war es hier anders, von Mutter war ich daheim in der 33 ab und zu mit einer Münze ins Nachbarhaus zum Bäcker Brot kaufen geschickt worden, das kannte ich. Auch dass ich das Brot oft auf dem Heimweg anbiss und dafür Schimpfe bekam, während Mutter sich das Lachen verkniff, kannte ich. Aber jetzt schnauzte mich der Vater an: »Wehe, wenn du die falsche Sorte holst und beeil dich sonst ist hier was los!«, drückte mir einen zerknautschten Geldschein in die Hand und schob mich zur Tür hinaus. Unsicher ging ich unsere Straße bergab und überquerte die große Straße und mehrere kleine Seitengassen, so lange, bis eine Querstraße kam und unsere nicht mehr weiterging. Dann betrat ich einen Laden namens ›Nürnberger Hof‹. Mir war unwohl, ich kannte das nicht. Da waren ein Tresen und ein Brett mit vielen Schlüsseln und auf der anderen Seite beigefarbene Clubsessel, kleine flache Tische dazwischen mit vollen Aschenbechern und rauchende Männer und deren Koffer standen neben den Sesseln. Schließlich entdeckte mich der Concierge und fragte, was ich wolle. Ich sagte den beim Laufen eingeübten Satz auf: »Eine Schachtel Orient oval, ohne Filter«, reichte das Geld nach oben und erhielt Wechselgeld und ein kleines Päckchen. Den Rückweg rannte ich, um nicht gescholten zu werden, ließ einmal fast das Geld fallen.

Es war Wochenende, da war mein Vater tagsüber zu Hause und kochte. Er kochte mit Begeisterung und briet und schmorte und es roch oft sehr stark und der Geruch war überall in der Wohnung. Es gab immer viel Geklapper und Gemache und meine Mutter putzte in dieser Zeit noch eifriger als sonst. Oft war sie so tief in die Putzerei versunken, dass sie nicht merkte, wie die Zeit vorangeschritten war, und musste sich dann sputen, den Tisch in meinem Zimmer einzudecken. Dabei geschah es hin und wieder, dass ihr etwas herunterfiel und zu Bruch ging. Es gab deswegen jedes Mal Ärger. Es durfte einfach nichts kaputt gehen, das war etwas sehr Schlimmes. Wenn dann alles so weit war, kam der Vater mit den Töpfen, meist grinste er breit und war zufrieden mit seinem Werk. Meine Mutter fand es anstößig, wenn Kochtöpfe auf den Esstisch gestellt wurden, anstatt die Speisen in Terrinen oder Deckelschüsseln zu servieren. Das interessierte ihn nicht, er fand sein Essen gut und das hatte für alle anderen auch so zu sein. Manchmal war es wirklich lecker und alles ging seinen Gang, aber öfter konnte ich das Gekochte nicht essen, weil mir der Geschmack unbekannt oder die Konsistenz zuwider war. Mehrfach wurde der Vater laut oder handgreiflich. »Stell dich nicht so an, du dummes Ding, ich habe gut und nahrhaft gekocht! Es wird gegessen, was auf den Tisch kommt! Was ich mich gefreut hätte in meiner Kindheit in der schlechten Zeit, wenn ich nur etwas halb so Gutes hätte essen dürfen!« Manchmal konnte mich Mutter retten und ihm begreiflich machen, dass ich schon immer diese Verdauungsstörungen hatte und schlimmes Bauchweh vom Essen bekommen konnte, manchmal zerrte er mich von meinem Stuhl, schlug mich und schleuderte mich ins Zimmer und verließ türenschlagend die Wohnung. Aber manches Mal war er ganz leise und rückte seinen Stuhl ganz nah an meinen heran und sah erst mich und dann den Teller an und flüsterte mit scharfer Stimme: »Du isst das jetzt, du isst mein Essen auf, und zwar alles, und wenn es dir zu den Ohren herauskommt!« Und ich hatte keine Wahl. Irgendwann begann ich in dieser Situation zu funktionieren, es gab keinerlei Ausweg, also füllte ich meinen Löffel so voll es ging und stopfte mir das Zeug in den Mund und schlang es runter, wieder und wieder. Ohne zu kauen, nur weg damit, ich hatte eh keine Chance, also sollte es schnell gehen. Einfach herunterwürgen, ohne hinzufühlen, ohne zu schmecken.

Erbrochen habe ich mich in dieser Zeit seltener als früher und die Koliken waren einem permanenten Druck im linken Oberbauch gewichen, aber wirklich gut ging es mir nur, wenn ich nichts gegessen hatte. In der Woche ging das, mein Schulbrot verschenkte ich an einen Jungen namens Michael, er saß zwei Reihen vor mir und hatte nie etwas zum Essen dabei, seine Kleider waren ihm zu groß und einmal machte er sich mitten im Unterricht in die Hose. Es tropfte von seinem Stuhl auf den Boden. Die Lehrerin ging mit ihm aufs Schülerklosett und wusch seine Hose und aus der Notreserve der Schulschwester erhielt er eine Turnhose zum Überziehen, bis seine eigenen Hosen auf der Heizung wieder getrocknet waren. Die anderen fanden ihn eklig und haben ihn ausgelacht. Ich fand ihn okay und er tat mir leid und ich gab ihm weiterhin mein Pausenbrot.

Zu Hause gab es jetzt viele schöne Dinge, nicht nur die endlos vielen Bücher und Vatis Zeichenplatz und den Fernseher, sondern auch ein

Aquarium, das er selbst eingerichtet hatte. Wir hatten zuvor noch nie eigene Tiere in der Wohnung gehabt. Es war eine zauberhafte kleine Welt. Diese Tiere schwebten unter Wasser und waren bunt und schön und es gab manchmal kleine Bläschen und die Wasserpflanzen, dünn wie Dill, bewegten sich sacht. Leider starb ab und zu ein Fisch und natürlich immer dann, wenn der Aquarianer außer Haus war, und meine Mutter stand gebeutelt von Ekel und Kummer vor dem Wasserbecken und fischte mit einem unserer silbernen Kaffeelöffel den winzigen Kadaver von der Oberfläche ab und übergab mir den Löffel, damit ich ihn ins Wasserklosett, das direkt vor unserer Wohnungstür im Treppenhaus war, werfe und herunterspüle. Mir erschien der tote Fisch noch sehr schön und ich hätte ihn gern behalten, aber das durfte ich nicht. Mutter sagte: »Wer tot ist, hat Leichengift und davon wird man krank und muss auch sterben.« Beim Ziehen an der Kette der Wasserspülung stellte ich mir vor, wie der Fisch durch den Wirbel des Wassers einfach wieder aufwachte und ins Meer gespült wurde und dort mit anderen Fischen schön beisammen sein konnte. Wenn der Vati heimkam, ich war angewiesen, ihn ›Vati‹ zu nennen, gab es dann Auseinandersetzungen, weil wieder ein teurer Fisch gestorben war und ob meine Mutter denn gar nichts richtig machen könne. Ich versuchte zu helfen und fütterte die Fische immer, wenn ich vorbeiging, damit sie richtig groß und stark werden könnten, aber das half auch nicht. Es starben immer wieder welche.

In einer Nacht gab es viel Lärm und Gepolter in der elterlichen Stube, dieser Vatimann hatte den ganzen Biervorrat ausgetrunken und war schlecht gelaunt. Er führte irgendwelche Diskussionen mit meiner Mutter, schließlich hörte ich, wie es Schläge hagelte, und erst schrie Mutter, dann hörte ich nur noch regelmäßiges Klatschen und sonst nichts. Nach einiger Zeit kam Mutter leise in mein Zimmer geschlichen und bedeutet mir im Halbdunkel, nichts zu sagen und mitzukommen. Sie trug nur einen Unterrock und einen Morgenrock darüber, ihre Tageskleidung war in der Stube geblieben. Vorsichtig öffneten wir die Wohnungstür und noch vorsichtiger ließ Mutter sie ins Schloss fallen. Dann stiegen wir die alten hohen Stufen hinauf in den dritten Stock. Mutter klopfte an einer Tür, *Rippien* stand auf dem Klingelschild. Frau Rippien öffnete und ließ uns ein und versperrte die Tür sorgfältig von innen mit doppelt umgedrehtem Schlüssel, der im Schloss stecken blieb, und vorgelegter Kette.

Zuerst saßen wir in der Küche auf einer Eckbank. Es gab auf dem Fensterbrett eine uralte Waage mit Gewichten, der Anstrich der Waagschalen war vergilbt und die Gewichte geschwärzt. Aber sie waren schön aufgereiht und rochen angenehm nach Metall. Ich saß direkt neben dieser Waage. Die beiden Frauen flüsterten. Meine Mutter sah verweint aus und putzte sich dauernd mit ihrem Spitzentaschentuch die Nase. Frau Rippien goss uns aus einer Kanne etwas Warmes in geblümte Tassen. Schließlich wurde ich in die gute Stube geführt und dort wurden drei Polsterstühle so an den Tisch gestellt, dass eine Liegefläche entstand, und mir wurde ein Bett gerichtet. Zwar war ich groß, fast so groß wie meine Mutter, aber sehr dünn, und fand so genügend Platz, nur schlafen konnte ich nicht. Lange lauschte ich durch die angelehnte zweiflügelige Tür nach den gewisperten Gesprächen in die Küche, aber ich konnte nichts verstehen. Am nächsten Morgen schlichen wir in unsere Wohnung zurück und fanden alles unverändert halb chaotisch vor, nur das Sofa war zum Glück leer, der Mensch war zur Arbeit gegangen. Mutter wusch mich und kleidete mich an und schickte mich rechtzeitig zur Schule los. »Liese, sei ein gutes Kind, erzähl nix rum, was gestern war, geht keinen was an, hier bei uns zu Hause ist alles in bester Ordnung!« Ich versprach es.

Zum Geburtstag sollte ich ein Fahrrad bekommen, das war blank und schön und wartete, aus Platzmangel im Keller, darauf, dass ich es im Frühjahr fahren würde. Eigentlich mochte ich den Keller nicht, aber jetzt ging ich gern einmal hinunter und setzte mich auf das Rad und fühlte mich sehr groß. Nur große Kinder besaßen ein eigenes Fahrrad. Im Frühjahr, als der Schnee weggetaut war, war es so weit, das Fahrrad wurde aus dem Keller geholt und der Vater ging mit mir in den Antonpark zum Radfahrenlernen. Dort gab es einen Verkehrsgarten, kleine Wege im Rasen, Kurven, Kreuzungen, ein ganzes Wegenetz. Doch ich fand die Balance nicht und wackelte mit dem schweren Lenker hin und her und hatte Angst zu stürzen. Mein Vater ging nebenher, führte missmutig das Rad und schrie mir dabei ins Ohr: »Du Plaatsch, du lernst das nie, du bist einfach nur ungeschickt! So etwas Dämliches wie dich gibt es nicht noch einmal auf der Welt, wie kann eines nur so ungeschickt sein!«, wieder und wieder stieß er denselben Satz in meine Richtung aus, und er behielt recht, ich lernte das Radfahren dort nicht.

In meinem Zimmer gab es eine Pinnwand hinter meinem Bett, der Vater hatte von seiner Arbeit als Ingenieur in einer Plastikbude einige Platten Schaumpolysterol mitgebracht und an der Wand befestigt. Sie waren weiß und quietschten beim Anfassen und mit Stecknadeln waren verschiedene Postkarten, alte in Schwarzweiß mit Zackenrand und neue bunte, die glänzten, kreuz und quer angepinnt. Aus einer dieser Platten hatte sich ein Schaumkügelchen gelöst, was mich interessierte, also ging ich der Sache auf den Grund und dekonstruierte einen Teilbereich. Das entstandene Loch verdeckte ich durch Umpinnen einer Ansichtskarte, aus Sorge, wie der Vater auf den entstandenen Schaden reagieren würde.

Mein Bett war die Polsterliege aus der Stube der 33, und direkt neben Bett und Pinnwand war ein großes Fenster, wo ich in den Hausgarten mit Tisch und Bänken sehen konnte. Hier gab es keinen fürchterlichen Herrn Mönch und keine garstige Heuschrecke, hier saß bei mildem Wetter ein Kaffeekränzchen alter Damen; Frau Rippien, die ich schon einmal besucht hatte, war auch dabei. Sie riefen mich zu sich und boten mir Platz an und waren sehr erfreut über meine gute Erziehung, ich saß gerade und kleckerte nicht mit dem mir angebotenen Kuchen und antwortete brav auf alle Fragen zu meiner Mutter Gehfehler und wo wir herkommen und was der Vati arbeitet und denn sonst so macht, und so weiter. Als ich einmal zum Rollerfahren auf dem Hof entlang ging, riefen sie mich zu sich und eine alte Dame gab mir aus einer Holzschachtel mit zerknittertem Seidenpapier einige winzige Porzellanfigürchen, alle der gleiche Rohling, aber unterschiedlich bemalt. Eine Frau mit einem Kind, eine feine Dame, eine Kavalier mit Hut und ein Soldat und weitere, offenbar Spielzeug aus der Kindheit der alten Dame. Ich war sehr froh über diese hübschen Puppenpersönchen und vergaß das Rollerfahren und spielte mit den Figuren.

Dann gab es wieder Tage, wo der Vater gar nicht nach Hause kam und wir auch nicht wussten, wo er war. Meine Mutter räumte in der Zeit immer alles auf und machte es uns hübsch, so wie wir es von früher gewohnt waren. Dass dieser Vatimann immer überall Dinge herumliegen ließ und sein Aschenbecher überquoll und die Küche stets ein Schlachtfeld war, machte meiner Mutter sehr zu schaffen. Umso zufriedener war sie, wenn sie alles in Ordnung bringen konnte, sie schien mir öfter froh zu sein, wenn wir allein miteinander waren.

An einem dieser Tage, wo gerade alles hübsch war, klingelte es Sturm an unserer Wohnungstür. Die Klingel war eine blanke Halbkugel über dem Rahmen der Wohnungstür, an der ein kleiner Klöppel heftig auf und ab ging und ein schrilles Geräusch erzeugte.

Mutter öffnete und wurde direkt beiseite geschoben. Mehrere große kräftige Männer drängten sich in die Wohnung, es gab heftige laute Worte und dann raffte meine Mutter eilig Dinge aus den Schubladen einer Kommode, während die Männer diese schon angehoben hatten und hinaustrugen. Sie sagten etwas von nicht bezahltem Deckel und zerschlagenem Mobiliar, gingen mit mehreren unserer Möbel hinaus und einer rief noch: »Nicht vergessen, wir kommen wieder und holen den Rest.« Mutter weinte dieses Mal nicht. Sie stand einfach nur da und schaute auf die Stelle, wo die Schränke gestanden hatten.

Am nächsten Tag brauchte ich nicht zur Schule zu gehen, Mutter meinte, als der Vater zur Arbeit gegangen war: »Wir machen es uns in der Küche hübsch.« Also richteten wir uns auf der Holzbank zwischen Kühlschrank und Tür ein. Eigentlich war Mutter lieber auf dem Sofa, aber heute wollte sie in der Küche sein. Es dauerte eine kleine Weile, bis sie alles vorbereitet hatte, dann holte sie mich herein und las mir aus einem meiner Märchenbücher vor. Auf der Fensterbank und unten an der Türschwelle hatte sie Handtücher ausgebreitet. Es rauschte leise und roch nicht gut, aber sie las immer weiter vor. Es war *Andersens Märchen*, ich mochte es sehr, wenn das kleine Mädchen im Schnee in die erleuchteten Wohnstuben der Leute schaute. Als ich ihr sagte, dass ich Kopfweh hätte, sagte sie, das vergehe bald, und las weiter vor. Wir saßen zusammen in dieser Küche und sie las sehr langsam vor und ich hörte zu. Und plötzlich klapperte es an der Wohnungstür, ein Schlüssel drehte sich im Schloss, die Küchentür öffnete sich und die Großmutter trat herein. Sie hatte einen bitteren Zug um den Mund und seufzte: »Ach Elki!«, dann drehte sie die Gashähne zu, nahm die Handtücher von der Fensterbank und öffnete die Fenster weit. Wieso sie an dem Tag ihren Schlüssel benutzt und nicht wie üblich an der Haustür geklingelt hatte, weiß ich bis heute nicht.

Einige Zeit später spielte ich mit meinen Puppen und ich baute ihnen aus Töpfen, die ich bei Mutter in der Küche erbeten hatte, ein Schwimmbad. Ich stellte sie auf dem Boden auf, entkleidete meine drei Puppen und ließ sie großartige Sprünge vom Esstisch aus in die »Schwimmbassins« vollführen. Mittags hatte es wieder Auseinandersetzungen wegen des Essens gegeben und ich hörte, dass es zwischen den Eltern Krach gab, die Mutti weinte und sagte: »Das Mädel kann doch nix dafür«, und dieser Vati polterte: »Wer Bauchweh hat, gehört ins Bett und da wird nicht gespielt.« Es ging heftig hin und her, aber Genaueres war nicht zu verstehen. Schließlich setzte er durch, dass sie für ihn Bier holen ging. Ich verstand es nicht, der Weg zum Laden war weit und sie hatte kranke Beine und Schmerzen, und Bierflaschen waren schwer. Normalerweise kaufte er seine Getränke selber ein. Außerdem hatte er schon nach dem Mittag eine halbe Flasche von etwas anderem getrunken, es war auch hellbraun wie Bier, roch nur noch viel scheußlicher Ich beschäftigte mich weiter mit meinen Puppen und dann hörte ich die Wohnungstür ins Schloss fallen und wie der Schlüssel im Schloss umgedreht wurde.

Er kam in mein Zimmer, forderte, dass ich sofort aufräumen soll. Ich entgegnete, dass mir die Töpfe erlaubt worden seien und dass es noch Zeit sei. Er rückte den beigefarbenen Sessel von der Wand zwischen meinem Schreibtisch und dem Essplatz in die Mitte des Raumes und schnauzte mich an, ich solle herkommen. Mir wurde angst und ich wollte nicht und blieb halb hinter dem Esstisch stehen. Er schnaufte wütend, ich konnte seinen Atem durch den halben Raum riechen. Als ich nicht gehorchte, stand er halb auf und griff mit seinem langen Arm über den Tisch und mich halb am Kragen und halb an den Haaren und zerrte mich zu sich. Meine Beine schlugen gegen Tisch und Stühle und ich weinte und er beschimpfte mich, was ich für ein ungezogenes Ding sei und dass er mir meine Fisimatenten schon austreiben werde. Er war grob und gemein und schlug mich, wo er nur treffen konnte. Alle meine Versuche der Abwehr waren nutzlos, also begann ich zu schreien. Da wechselte er vom Sessel aufs Bett, mich mit sich schleifend, und drückte mir mein Kopfkissen aufs Gesicht, um die Schreie zu ersticken. Ich versuchte mich zu wehren und bekam immer weniger Luft. Er zerrte mir die Klamotten vom Leib und schlug ohne Unterlass auf mich ein. Da gab ich das Schreien auf, um atmen zu können. Das Kissen verrutschte und ich sah die Postkarten an der Wand an, dachte an die kaputte Stelle an der Schaumpolyesterplatte und die schön gefältelte Gardine und dahinter das Fenster, dachte an die alten Damen und dass sie mir helfen könnten, und begann wieder zu schreien. Da sagte er, dass es besser sei, ich hielte den Mund, denn ich sei selbst schuld, dass mir das passiere und mich die anderen auslachen würden dafür, und dass ich mich schämen solle. Plötzlich stand er auf, ging hinaus und sagte: »Dir werde ich es zeigen!« Ich kroch ganz in die Ecke des Bettes und spürte die Pinnwand hinter mir auf der Haut. Er kam mit dem Teppichklopfer wieder und schlug heftiger als zuvor auf mich ein und drückte meinen Kopf wieder ins Kissen, und irgendwie klemmte er meinen Arm unter sich ein. Ob es der Schmerz oder die Atemnot war, kann ich nicht sagen, aber alles war in rotes Licht getaucht. Überall sah ich Funken stieben um uns und es war nichts mehr möglich für mich. Was da geschah, fand statt wie im Kino und ich war die Zuschauerin. Postkarten an der Wand und die Gardine und die Beschimpfungen und die Schläge. Und ich sah dem von außen zu. Nach einer Ewigkeit stieß er mich von sich weg und fragte, ob mir das nun eine Lehre gewesen sei, und ich stand halbnackt und nach Atem ringend vor ihm und wusste nicht, was er von mir wollte. Er betrachtete mich und stand auf, setzte sich in den Sessel und fragte: »Du willst doch bestimmt mein gutes Mädchen sein?« Ich antwortete wie gewohnt: »Ja«, und er zog mich zu sich auf seinen Schoß und begann an mir herumzugreifen und sagte dann, er könne mir sagen, warum ich immer solche Bauchschmerzen hätte, und er könne mir sagen, wo sie herkämen. Er machte etwas mit seinem Hemd und seiner Hose, dann steckte er etwas in mich hinein, es waren nicht seine Finger, ich konnte nicht sehen, was. Er sagte: »Da kommen die Bauchschmerzen her, nur von da!« Es war ein derbes Drücken und Kratzen und dann wie ein Messer. Mir wurde übel, ich sah mir den Stuck an der Zimmerdecke an und dabei war es auch, als würde ich von der Zimmerdecke auf mich heruntersehen. Alles war unwirklich. Irgendwann sagte er mir keuchend, dass ich das keinem zu erzählen brauchet, dass mir eh keiner glauben würde, sie würden mich auslachen. Und außerdem hätte ich das verdient, weil ich so ein schlechtes Mädchen sei. Dann sagte er, er müsse mich noch bestrafen für das, was er mit mir tun müsste, und ob das in Ordnung sei. Ich antwortete mit Ja und er legte mich über sein Knie. Er schlug mehrmals zu, ich spürte nichts.

Dann klingelte es an der Wohnungstür. Er stand auf, ich fiel auf den Boden. Er rückte den Sessel zurecht und sagte: »Wehe, du sagst einen Ton, zieh dich an und räum das hier auf!«, dann machte er die Tür hinter sich zu. Ich hörte, wie er die Wohnungstür öffnete und meine Mutter einließ, die Flaschen klirrten im Einkaufsnetz. Dann nahm er sie mit in die Stube und sagte hörbar im Flur, bevor er die Tür schloss, ich hielte Mittagsschlaf. So gut es ging, zog ich mich an und begann aufzuräumen. Es war mir sehr peinlich, meine Mutter sollte nicht erfahren, was er mit mir hatte tun müssen, weil ich so ein schlechtes Mädchen war.

Obwohl ich Mutter nichts gesagt hatte und alles genau aufgeräumt und mein Abendbrot klaglos in mich hineingestopft hatte, musste sie etwas mitbekommen haben. Sie weckte mich in der Nacht und gab mir meine Stiefel und sagte, wir müssten ganz leise sein, dann zog sie mir meinen Plüschmantel über den Schlafanzug. Und wir gingen in die Rumpelkammer, das so genannte Bastelzimmer des Vaters, wo es eine Tür zu meinem Zimmer und eine weitere zum Wohnzimmer gab. Vorsichtig stiegen wir über den endlosen Kram, um möglichst keine Geräusche zu machen.

Mutter hatte ihre Handtasche am Arm hängen und ihre Schuhe in der Hand, mich an der anderen Hand und ich meine Stiefel in der freien Hand. Im Nachbarraum schnarchte dieser Mensch laut, er hatte sich wieder ins Koma gesoffen. Trotzdem waren wir nie sicher, ob er wach werden würde oder nicht. Den Schlüssel der abgeschlossenen Wohnungstür hatte er, seit wir damals bei Frau Rippien übernachtet hatten, abends stets in seiner Jackentasche. Vorsichtig öffnete Mutter erst das innere Fenster, dann das Doppelfenster. Aus der Kiste unter dem Fenster ragten Drähte heraus, ich musste in Strümpfen daraufsteigen, um das Fensterbrett zu erklimmen. Wir machten keinen Ton, ich spürte nichts von dem Draht.

Rausgehüpft zog ich meine Stiefel an und half meiner Mutter vom äußeren Fensterbrett nach unten. Es war Hochparterre, sie war klein und hatte ihre kranken Beine. Mit aller Kraft hielt ich sie fest und stemmte mich dagegen und drückte so gut ich konnte und sie rutschte zwischen mir und der Hauswand zu Boden und stürzte nicht. Unten angekommen zog sie ihre Schuhe an und ich meine und wir hasteten so schnell es ging um die nächste Ecke, dann den gepflasterten Weg hinunter bis zum Bach. Dort drehte sich Mutter den Ehering vom Finger und warf ihn ins Wasser. Wir liefen weiter zur Straßenbahn und fuhren durch die halbe Stadt. Dunkle Häuser mit hellen Fenstern. Hinter dem Hauptbahnhof wartete der Überlandbus, wir schafften den letzten gerade so und saßen warm und sicher in den Polstern und der Bus startete, schloss die Türen und fuhr los. Das wars. Ein Ende. Ein Anfang. Wir saßen nebeneinander, klein und verheult, Mutter hielt meine Hand und ab und zu strich sie mir das Haar aus der Stirn.

Als wir bei Großmutter ankamen, saß die mit Großvater wie immer friedlich vor dem Fernseher und sah eine Serie über einen Mann im Wald, der eine Mütze mit einem Fuchsschwanz dran auf dem Kopf hatte und Daniel hieß. Oma sah uns an, drückte und küsste mich, zog mir den Mantel aus und drückte mich in ihren Sessel. Der Opa sah weiter fern und ich tat es auch.

Am nächsten Morgen wurde ich gewaschen und fein angezogen und wir gingen zu Doktor Fölzel. Auf seinem schräg im Raum stehenden Holzschreibtisch standen ein großes schwarzes Telefon und ein Becher mit Stiften und spitzigen Dingern. Er trug eine runde Brille und einen weißen Kittel. Meine Großmutter sprach leise mit ihm, während meine Mutter mich auskleidete. Die Schwester erschien in der Tür und mahnte: »Der Herr Doktor will das Kind jetzt sehen!« Sie griff nach mir und schob mich an der Schulter durch die Tür. Die Untersuchung ging ganz schnell und ich spürte nichts. Meine Mutter schniefte andauernd und putzte sich die Nase. Vielleicht waren wir auch wegen ihr hier? Ich wurde hinter einen mit weißem Stoff bespannten Raumteiler geschoben und eine andere Krankenschwester half mir beim Anziehen. Großmutter und der Doktor sprachen aufgeregt miteinander. Als ich mich umdrehte, war auf der anderen Seite des Raumes ein hoher Spiegel. Ich sah halb im Profil ein dünnes Kind im weißen Schlüpfer, ein Unterhemd in der Hand, um es anzuziehen, und der Rücken und die Beine waren so blau, dass sie fast schwarz aussahen. Die Schwester ermahnte mich: »Trödel nicht, Kind, und zieh dich weiter an, es ist kühl, du willst dich doch nicht erkälten«, und streifte mir sorgsam erst das Unterhemd und dann den Pullover über.

Irgendwann konnte ich wieder zu Schule gehen und es zog der Alltag wieder bei uns ein. Alles war friedlich und freundlich, auch wenn in Großmutters Haus viel mehr Menschen waren und wir nur das hintere Zimmer mit den beiden Betten für uns hatten. Es war ein neues Zuhause, es war nicht einmal wirklich nur für uns, weil es dort zum Heuboden hinausging und da auch die Treppe zur Futterküche hinabführte. Der Opa war es gewohnt, diese Treppe zu benutzen, und kam zu den seltsamsten Zeiten durch unseren Raum. Anfangs habe ich mich sehr vor ihm gefürchtet, obwohl ich ihn früher gern gemocht hatte.

Nachts kamen manchmal Bilder von den Geschehnissen und ich machte mir Gedanken, wieso ich es nicht geschafft hatte, mich zu wehren, wo ich doch sonst nie klein beigegeben hatte, und ich fragte mich auch, ob dieser Vatimann meine Mutter nur verprügelt hatte oder ob er das andere auch getan hatte. Es beschäftigte mich längere Zeit, ich schämte mich sehr.

Aber insgesamt ging es mit dem Schlafen gut in Großmutters Haus. Mutter wurde es sogar gestattet, etwas länger als die anderen zu schlafen. Aber ich saß gern früh in der Küche bei der Großmutter. Es gab tagesfrische Eier, gekocht oder als Rührei in der großen gusseisernen Pfanne zubereitet. Die alte eingemauerte Kochmaschine wurde mit kleinen Holzscheiten aus einem Korb befeuert, dann legte sie mit dem Feuerhaken die eisernen Ringe auf die Platte und es zischte, wenn sie die Eier in die Pfanne schlug. Die Großmutter hantierte, es duftete, das Radio lief und mir war wohl.

Einige Zeit später waren wir noch einmal zusammen mit der Großmutter in der Wohnung im Haus Nummer 50, um unser Zeug zu holen. Froh war ich, meine Teddys und Puppen retten zu können, ich hatte große Sorge gehabt, dass er ihnen etwas antat oder fremde Männer kamen und sie mitnahmen. Auch das kleine viereckige rote Radio mit der Handgelenkschnur war noch da. Leider durfte ich meine Märchenbücher nicht mitnehmen, anderes war wichtiger und so viel konnten die beiden Frauen nicht tragen. Also schrieb ich so leserlich wie möglich mit dem einzigen halb abgebrochenen dunkelroten Stift, der zu finden war, oben auf den dunkelblauen Einband: *Bitte nehmt mich mit*, und legte die Bücher als Stapel zurecht auf meinem Schreibtisch.

Bevor wir fortgingen, waren wir noch kurz bei Frau Rippien oben. Beide Frauen weinten offen und hielten sich in den Armen und Frau Rippien fragte, ob sie uns irgendetwas geben könne. Meine Mutter lehnte dankend ab und ich zeigte auf die Waage auf der Küchenfensterbank und sagte, dass ich die gern hätte. Das ergab einen heiteren Moment. Die Waage blieb, wo sie war, aber ein Buch nahm Frau Rippien aus dem Regal, und steckte es Mutter noch in die Tasche für mich. Mutter las mir vor, was auf dem Buchrücken stand: »*Bechsteins Märchenbuch*«, blätterte die erste Seite auf und las: »*1841.*«

>> In Großmutters Haus <<

Nun waren wir bei meiner Großmutter in dem großen Haus untergekommen. Ein ganzes Haus nur für unsere Familie, mit einem Hausgarten und einem Wäscheplatz und einem Gemüsegarten. Es gab Kaninchen unten im Stall und Hühner im Auslauf und einen Wäschekeller mit Kessel und eine Werkstatt und unter der Heubodentreppe die Futterküche. Oben im Haus einen Dachboden voller Bücher und Krimskrams und hinter den Wohnräumen noch einen Heuboden voll von wilden Stapeln getrockneten Grases.

Ich ging wieder in meine alte Schule und meine Klasse und die Klassenlehrerin war auch wieder dieselbe. Nur dass sie mich nicht mehr im Visier hatte, aus irgendwelchen Gründen ließ sie mich in Ruhe. Ich kam pünktlich, nahm am Unterricht teil, schaute aus dem Fenster und bekam, obwohl ich sehr lange gefehlt hatte, gute Noten. Auf dem Heimweg zu Großmutters Bauernhof ging es mir manchmal durch den Kopf, wie unterschiedlich die Schulwege sich anfühlten, der in der ersten Klasse ständig mit der Angst vor den größeren Kindern im Nacken und der interessante in der Großstadt und dann jetzt dieser Schulweg, der sich nur um wenige Meter vom dem ersten unterschied und trotzdem ganz anders war. Es war, als ginge ich durch eine Kulisse, so wie in einem Puppentheater, alles nur aufgestellte Pappwände, und ich wurde da von wem hindurchgeführt, ohne selbst etwas zu tun.

Die Schule lief bis auf Deutsch ganz gut, alles, was gefragt wurde, konnte ich beantworten, an Wissen über Pflanzen und Tiere mangelte es mir nicht und Matheunterricht war mir eine Freude. Nur Lesen und Schreiben waren ein Problem für mich. Diese zeilenweise Anordnung gebügelter Ameisen erschlossen mir ihren Inhalt nicht. Obwohl ich mich ernsthaft mühte, erntete ich im Unterricht kaum mehr als Ermahnungen oder Gelächter. Großmutter beobachtete das einige Zeit und brachte mir dann etwas aus der Stadt mit. Diese holprige Buchstabiererei meinerseits war kein Lesen, es war weder zum Verstehen für mich noch zum Zuhören für andere geeignet.

Also schenkte sie mir mein erstes eigenes Buch, ein Trompeterbuch mit großen Buchstaben und Illustrationen. *Bootsmann auf der Scholle* hieß es und war so groß wie eine Postkarte. Dem Bild auf dem Einband entnahm ich, dass es sich nicht um ein Märchen, sondern um eine Geschichte über einen kleinen schwarzen Hund handelte. Eigentlich hatte ich Angst vor Hunden, aber andererseits war der klein und allein und wieso war der auf dieser Eisscholle? Die Großmutter quartierte mich an diesem Abend aus der kalten Schlafstube ins Bauernzimmer um, die lag neben der Küche und war entsprechend temperiert, dort wurde ich zu Bett gebracht und die Großmutter schaltete die Nachttischlampe an und legte das Buch aufs Kopfkissen und sagte: »Du darfst ausnahmsweise noch etwas aufbleiben.« Ich bat sie, mir vorzulesen, aber sie hatte leider noch anderes zu tun. Also begann ich mir alle Bilder anzusehen, aber das reichte mir nicht, ich wollte wissen, was da passierte in der Geschichte. Und ich musste mich beeilen, weil ja bald das Licht ausgemacht werden würde. Ich entzifferte und buchstabierte mühsam Symbol für Symbol die erste Seite und begriff nichts. Also von vorn. Der Trick war, sich irgendwie die Worte zusammenzubauen aus den einzelnen Buchstaben und dann noch im Gedächtnis zu behalten, was das Wort bedeutete, und das dann mit dem nächsten Wort wieder. Dann klingelte es bei mir. Lesen war wie Sprechen. Nur dass das Sprechen aus meinen Gedanken kam und Lesen aus dem Buch. Hastig entzifferte ich die Worte des ersten Satzes und sprach sie dann zusammenhängend vor mich hin und verstand diesen Satz. Das machte ich dann Satz für Satz und Seite für Seite. Mir brummte der Kopf. Aber als Großmutter hereinkam und sagte: »Jetzt hätte ich fast vergessen, dein Licht auszumachen, schlaf schön, meine Liese!«, da war ich mit dem Buch schon halb durch, und früh vor der Schule las ich schnell die letzten Seiten und war beruhigt, dass dem kleinen Hund nichts zugestoßen war. Den Mittelteil der Geschichte las ich dann am Nachmittag nach der Schule. Bei all den Aufregungen, die in dieser Geschichte stattfanden, war es sehr beruhigend für mich, schon vorher zu wissen, dass es gut ausgehen würde. Und so halte ich es mit dem Bücherlesen bis heute. Zuerst den Anfang, bis es zu aufregend wird, dann die letzten Seiten und danach ganz in Ruhe den Hauptteil der Geschichte.

Im Haus meiner Großmutter begann der Tag früh, alle waren das gewohnt und funktionierten miteinander ohne viel Aufhebens. Anfangs wurde meine Mutter gescholten, weil sie bis zehn Uhr im Bett liegen blieb, aber nach einiger Zeit ließ Großmutter ihr das durchgehen. Als Kind war meine Mutter in langer Krankheit viele Jahre eingegipst gewesen, um ihre Hüften zu heilen, und so war der Aufenthalt im Bett für meine Mutter zur Gewohnheit geworden. Ein Fluchtpunkt vor dem Leben, vor den Menschen, heute vor dem, was geschehen war.

Morgens hörte ich meine Großmutter bei leisem Radiogedudel in der Küche wirtschaften. Es gab gekochte Eier und mehrere Brotbeläge, ich konnte morgens kaum essen, doch machte Großmutter kein Gewese darum. Es gab weder Bitten noch Befehle. Ganz selbstverständlich wurde mir eine halbe Stulle mit Butter gestrichen und eine Scheibe Wurst oder Ähnliches draufgepackt, etwas Kleines dazugelegt, und dann sah sie mich freundlich an und nickte mir zu und ich aß etwas davon und gut.

Meine Mutter hatte, schon als wir in der 50 gewohnt hatten, ihre Arbeit in der Sirupbude nicht mehr und war meistens zu Hause. Einmal im Monat fuhr sie von unserem Dorf in die Stadt zum Friseur, und zwar zum Lessingplatz. Alte Häuser mit Schnörkeln an den Sandsteinfassaden, verwitterte fast schwarze Figuren trugen Balkone, schauten zwischen Fenstern aus den Wänden oder über Türrahmen herab. Die hohen Mietshäuser waren beeindruckend, in unserem Dorf folgte in den einzeln stehenden Häusern auf das Erdgeschoss eine erste Etage und das war es dann schon an Höhe. Hier ragten die Türmchen und Giebel in den Himmel. Dazwischen kreuzten Stromkabel die Luft über der Straße. Ein Oberleitungsbus fuhr, er wurde O-Bus genannt, es war ein elektrisch betriebener Omnibus wie eine Straßenbahn, an einer Elektroleitung entlang.

Beim Friseur roch es interessant und alle hatten Zeit, blätterten in bunten Zeitschriften oder sahen zum Fenster hinaus und warteten, dass die rauschende Haube am Stiel ihrem Kopfhaar Locken bügelte. Dann, wenn die Warterei geleistet war, rupfte die Friseuse die Haarrollen mit einem Kamm und huschenden Bewegungen wie ein am Holz polkender Rabe auseinander und brachte die vorher in

Reih und Glied geformten Haarwürste in die Form von Heuhaufen. Zumindest am Hinterkopf der Damen. Alle waren sehr froh und begeistert, sobald es fertig gelungen war, es wurde bespiegelt und herumgezupft und ein Geldstück wanderte beinahe verstohlen in die Kitteltasche der Friseuse, die ebenso geheimnisvoll wegguckte, als dürfte sie nichts davon wissen. An der Kasse bei der Tür nahe der Garderobe mit den Mänteln noch schnell bezahlt und raus. Das helle Klingeln der Kassenschublade und das Scheppern der drei miteinander verbundenen Einlassglocken über der Ladentür im Ohr standen wir draußen auf der belebten Straße. Fertig.

Der klebrig technische Haarlackgeruch aus dem fauchenden Sprüher umwölkte meine Mutter auch im Freien noch. Und dann kam das Feine. Wir gingen zusammen in die Venezia, ein Kaffeehaus direkt an der Brückenwurzel der Spreebrücke. Über der Drehtür ein grinsender Orientale mit Glotzaugen und Turban, in Stein gehauen, Teppiche dämpften den Schritt, dunkelrot gepolsterte Armlehnstühle empfingen unsere Hintern hochherrschaftlich, nachdem wir vorn an der Konditortheke etwas ausgewählt hatten. Die Bestellmarken warteten auf unserem Tisch auf die Bedienung, die mit Häubchen und weißer Schürze zu uns kam, nachdem eine angemessene Zeit verstrichen war, um uns ankommen zu lassen. Hinter ihr sah ich jedes Mal ein Gemälde mit Goldrahmen an der Wand. Eine gedrehte schimmernde Muschel und eine Taschenuhr lagen auf einer Fensterbank. Sehr vornehm das Bild, hier musste wohl leise gesprochen werden. Nur leider waren die Leute, die in dem Zimmer auf dem Bild wohnten, nicht mit darauf. Vielleicht hatten sie keine Zeit gehabt, als der Maler zum Abmalen gekommen war.

In diesem Kaffeehaus roch es gut und alles war fein, ich fühlte mich wohl und richtig an diesem Ort. Im Angebot gab es Torten und Kuchen, außerdem Plunderstückchen, Buttereiche, Punschkugeln und *Petit fours*, das waren viereckige Törtchen in Gelb oder Rosa, sehr süß vom Geschmack her. Auf der Speisekarte, die eher einem Buch glich, standen noch Suppen und kleine überbackene Speckkuchen, letztere waren meine Favoriten, doch die Krönung war die Soße. Ich durchtränkte das Pastetchen mit dem braunen Sud und genoss den sauerscharfen Geschmack der Worchester Sauce. Obwohl sie recht lecker war, war die überbackene Pastete nur das Alibi, um an diese Soße heranzukommen. Hätte Mutter nicht über mein Tun gewacht, ich hätte aus der Flasche getrunken. Leider war unser Budget ausgesprochen beschränkt und so konnte ich pro Besuch nur ein *Petit four* oder einen Speckkuchen wählen. Wäre es nach mir gegangen, ich hätte mir Nachschub kommen lassen bis zum völligen Überdruss.

Bevor es mit dem Bus 86 wieder ab ins Dorfleben ging, besuchten wir noch die Toiletten. Dazu ging es im hinteren Bereich des Cafés durch eine Tür hinaus ins Treppenhaus und fünf geflieste Stufen hinab. Hier fröstelten wir, es war kalt und zugig. Der Toilettenmann im Kittel putzte Spiegel oder Waschbecken und grüßte freundlich und hielt die Türen auf. Er machte Mutter meist ein Kompliment und bekam einen Groschen auf seinen Teller.

In unserem neuen Zuhause gab es viel zu entdecken. Das Bad zum Beispiel, hier gab es ein Zimmer mit einer Badewanne, davor an der Tür ein Waschbecken mit einem Stück honigfarbener Glyzerinseife und einer Dose Handwaschpaste, hinter der Wanne ein Wasserklosett, das im Gegensatz zu unserem Abort auf dem Hof der 33 nicht ein Loch im Sitzbrett war, wodurch man auf die Würste der anderen Leute schauen konnte, sondern ein weißes Porzellanoval, wo vorn etwas Wasser drin stand. Und es roch nach gar nichts. Über dem WC hing der elektrische Warmwasserboiler mit seinem metallenen Achtzigliterreservoir und dem Zulauf zur Armatur. Dieser Boiler wurde eingeschaltet, wenn jemand dran war mit Baden, und nach einigen Stunden war dann Warmwasser da. Manchmal, wenn ich zum WC ging, saß eine haarige Spinne in der Wanne oder im Waschbecken und dann traute ich mich nicht zum Klosett, weil der Gang an der Wanne vorbei nach hinten sehr schmal war. Neben der Badtür ging die Treppe auf den Dachboden, knarrende Stufen aus Holz führten im Halbkreis in die nächste Etage. Dort gab es Schränke und Kommoden, es war wie in richtigen Wohnräumen eingerichtet. Und in all den Schubladen und Vitrinen waren Dinge. Es waren hauptsächlich Bücher, aber auch Kartons und Kästchen, die meine Neugier weckten.

Von der Wohnküche mit der Polstereckbank und der Kochmaschine kam als Erstes das Zimmer von Tante Karin, das Bauernzimmer, dann das alte Schlafzimmer, in dem Mutter und ich schliefen, dahinter ging das Haus noch weiter. Durch eine Doppeltür, unsere Zimmertür, dann über eine breite Schwelle und dann durch die Heubodentür konnte man den Heuboden betreten. Rechts hinten war Heu gestapelt, dann gab es eine verschlossene Tür in der Wand zum Hof und eine Tür zur Geschirrkammer und die Treppe hinab zu Ställen und der Werkstatt. Oben hinter unserer Tür stand auf dem Heuboden ein Schrank mit Büchern und Zeitungen und da fand ich eine Zeitung für Kinder mit dem Titel *Frösi* und darin waren Bildergeschichten von Ferry dem Eisenkind. Die Heubodentreppe herunter konnte man auf den inneren Hof gehen oder aber durch die Futterküche, wo über den Behältern mit Getreide und Gemahlenem die Pferdegeschirre mit Namen darunter an der Wand hingen. Weiter nach rechts zu den Hühnern oder nach links zu den Kaninchenbuchten und dahinter der Waschkeller mit dem großen Kessel, der unten eine Ofenklappe zum Anheizen für die Kochwäsche hatte. Dann noch weiter zu den Lagerkellern voller Regale mit Holzrostböden, auf denen Äpfel und Kraut luftig lagerten. Die Großmutter zeigte mir alles und ließ mich nach kurzer Einweisung vertrauensvoll einfach machen, meine Mutter kam hier nicht hin, sie konnte die Treppe nicht gehen und es war ihr auch alles zu ländlich.

Der Opa machte sein Ding, aber mitgenommen hat er mich nicht, eher geduldet. Ich fürchtete mich etwas vor seiner herrischen Art, er hatte eine Glatze und sehr helle, fast gelbe Augen und schwieg meistens. Er war an der Küste gebürtig und Fliegeroffizier im Weltkrieg gewesen. Aber er konnte hervorragend Nüsse knacken, dicke feste Walnüsse zerklopfte er mit einem Hammerschlag in zwei identische Hälften und entnahm ihnen die stets heilen Nusskerne, die aussahen wie zwei Kröten. Im Winter stand er um halb drei auf und fuhr mit dem Fahrrad in die LPG und heizte den Stall nach für die Muttersauen, es war eine Schweinezuchtanlage. Wenn geheizt war, kam er wieder heim und legte sich zwei Stunden aufs Ohr. Einmal sah ich ihn am Morgen, bevor ich zur Schule ging, in Nachthemd und Filzpantoffeln verschlafen gähnend sich am Hintern kratzend in der Küche stehen, da erschien er mir eher wenig bedrohlich.

Morgens, bevor wir uns auf den Weg machten, wurden die Kaninchen gefüttert. Dazu ging Tante Karin mit einem Korb los, suchte sich ein geeignetes Stück frisches Grün und schlug mit der Sichel flach am Boden entlang die Halme ab, bis der Korb voll war, und verteilte es dann in die Kaninchenbuchten. Einmal war sie unachtsam beim Grasschneiden und traf mit der scharfen Sichel sich selbst. Sie hatte wie immer auf der Erde gehockt und, so weit sie auf Armeslänge reichen konnte, um sich herum Büschel für Büschel abgeschlagen. Aber ein Schlag lief aus dem Ruder und traf ihren Fuß, aber nicht direkt. Die scharfe Klinge fuhr zwischen Schuhsohle und Fuß und trennte die Riemen der Sandale ab, ohne die Haut zu berühren. Schade um den Schuh, aber alle waren sehr erleichtert, dass es nur den Schuh zerlegt hatte.

Meine Großmutter war die Erste im Dorf, die einen Fernseher hatte, es war ein Schrank mit zwei Türen, dahinter eine gewölbte Glasscheibe in einem Holzrahmen mit abgerundeten Ecken. Seitlich ein Knopf für die Lautstärke und einer für die Senderwahl. Ich durfte den natürlich nicht anfassen und beobachtete nur, wie Großvater den Apparat mit achtsamen Handgriffen in Betrieb nahm. Es dauerte eine Weile, bis die Fernsehröhre sich erwärmte und der Ton zu rauschen und das Bild zu flimmern begannen, erst dann begann Opa mit der Einstellung der Antenne und es wurden im Schneesturm auf dem Bildschirm blasse Umrisse sichtbar; wenn die Konturen dunkler und schärfer wurden, baute sich das Schwarzweißbild auf. Immer noch vergrisselt, aber erkennbar bewegten sich Figuren auf der Mattscheibe und in dem Moment kam dann erst der Ton hinzu. Die Verbindung zum Rundfunksender, der die Radiotelevision ausstrahlte, stand.

Ferngesehen wurde Freitagabend und am Wochenende und an Feiertagen, aber nur, wenn kein Besuch im Haus war. Wenn Großmutter einschaltete, gab es eine Serie oder eine Unterhaltungssendung, bei Opa liefen Skispringen oder andere Sportsendungen, er kam eh nur im Winter zum Fernsehen. Bei Sendestörungen klopfte einer mit der flachen Hand mehrmals auf das Gerät, das funktionierte wie bei alten Radios, danach liefen sie besser. Die Großeltern nannten sich gegenseitig Mutter und Vater und wenn das Bild unscharf wurde oder die Leute im Fernsehen doppelt abgebildet wurden, rief Großmutter: »Ach Vatel, guck doch mal, da sind schon wieder nur Geister zu sehen!« Beide waren im Vorsitz der Landwirtschaftlichen Produktions-Genossenschaft und hatten viel zu tun, und Zeit zum

Fernsehen zu haben war selten, es war für sie ein Luxus, der mit der Anschaffung des Televisors ins Haus kam. In die Stadt zu fahren, um ins Kino zu gehen und einen Film anzusehen, war nicht üblich. In der Woche wurde gearbeitet und am Wochenende gab es sonntags Kaffeetrinken und die Familie kam zu Besuch oder es wurden Geburtstage nachgefeiert, die in dieser Woche gewesen waren. Außer meiner Mutter fuhr damals kaum jemand in die Stadt.

Am Samstagnachmittag wurde eine Kindersendung im Fernsehen ausgestrahlt, die durfte ich ansehen. Meister Nadelöhr, ein dürrer Schneider mit hässlichem Spitzbart, begrüßte alle Kinder zur Flimmerstunde und erzählte irgendwelches Zeug und dann kam ein Märchenfilm. Die Filme sah ich mit Begeisterung, doch meistens war mir ganz wirr im Kopf, wenn ich danach wieder ins Freie kam. Anderthalb Stunden Fernsehen war für mich anstrengend, dieses Stillsitzen und permanent in die Ecke des Raumes auf die winzige flimmernde Scheibe des Schwarzweiß-Fernsehers zu starren erforderte Konzentration. Es fühlte sich an, wie wenn man zu lange Karussell gefahren war, alles drehte sich. Draußen auf der Straße traf ich danach meinen Freund Rico, der wohnte in dem einzelnen Haus vor dem Abbruchgelände und er war gleichalt und gleichgroß und wir hatten ähnliche Interessen. Auf Bäume klettern, Fahrradfahren, Höhlen bauen und Ähnliches.

Das Drama mit dem Fahrradfahrenlernen hatte meine Großmutter an einem schönen Frühjahrstag einfach aufgelöst. Vor dem Eingang unseres Hauses ging die Straße ein kurzes Stück bergab. Sie hatte mein Fahrrad bereitgestellt und mich gerufen und mir geholfen aufzusteigen und sagte dann, ich solle einfach den Lenker gut greifen und sie würde mich am Sattel halten und das würde gut klappen. Ich hatte Angst, aber sie überzeugte mich. Es ging los. Nach wenigen Metern schaute ich mich um. Die Oma hielt den Sattel und rief: »Schau nach vorn, Kind, schau nach vorn!« Ich tat es und Schwung kam auf und wir fuhren ein ganzes Stück und dann halb im Kreis und dann hielt ich an und sah zurück. Die Oma stand auf der halben Steigung und strahlte und winkte mir zu. Ich war allein Rad gefahren. Von da an gab es kein Halten mehr. Radfahren wurde mir das Liebste. Am besten um die riesigen beiden Tanks der Siloanlage, die wie zwei stumpfe Türme neben den Stallungen der LPG aufragten.

Eine Zeit fuhr ich nur um einen herum, dann um beide zusammen und schließlich fuhr ich Achten. Erst um einen herum, dann zwischen beiden hindurch, dann um dem anderen herum und in die andere Richtung zwischen beiden hindurch. Ich vergaß dabei alles um mich herum.

Rico fuhr auch sehr gern Rad und begann damit, dass wir Wettrennen fuhren, hier oder da eben mal eine kleine Strecke ohne genaues Ziel. Das machte Laune. An einem Samstag holte er mich nach der Flimmerstunde ab und wir wollten von der Kastanie, dem Ort, wo zwischen LPG und Schlosserei unsere kleine Seitenstraße begann, bis herunter zur Schmiede um die Wette fahren. Das Wetter war mild, wir waren leicht angezogen. Die Fahrt ging los, der Wind streifte angenehm durchs Haar und über die Haut und ich war in Führung und trat mächtig in die Pedale. Leider hatte ich das von damals mit dem Rollerrennen immer noch nicht auf dem Schirm und bremste abrupt direkt vor der Zufahrt zur Schmiede, unserem Ziel. Rico hatte nicht damit gerechnet, dass ich stand, und fuhr mir volles Karacho hintendrauf und wir landeten beide auf der Straße auf Ellenbogen und Knien. Vor der Schmiede im Straßenstaub waren außer Gras- und Heupartikeln von den landwirtschaftlichen Maschinen auch reichlich Eisenspäne und rostige Schrauben. Nach viel Blut, Geschrei und Drama landeten wir beide mit dicken Verbänden in Omas guter Stube vor dem Fernsehapparat und bekamen jeder ein Glas Limonade und durften noch etwas weiter Fernsehen schauen an diesem Nachmittag.

An einem Wochenende spielte ich im Garten im Sandkasten unter dem Clematisspalier und meine Großmutter hatte sich kurz zu mir gesetzt. Sie ruhte in einer praktischen Neuanschaffung, einem Klappschaukelstuhl aus dünnem Stahlrohr mit einer Stoffhängeplane als Sitz. Weggeräumt war das Ding genauso flach wie ein Standard-Holzliegestuhl zum Klappen, aber da es von der Seite wie ein X aussehend nur eine Verbindung zwischen Standbügeln und Sitzfläche und Lehne hatte, konnte man darin hin und her schaukeln. Meine Oma schaukelte sacht und freute sich und sah zu mir herüber und sagte »Na, mein Mädelchen« zu mir. Ich freute mich, ging zu ihr hin und begann sie anzuschieben, wir freuten uns, das Ding kam in Schwung und so ging das eine ganze Weile. Dann unvermutet bekam der Stuhl mit meiner großen, kräftigen Oma darinnen das Übergewicht nach hinten und klappte sich selbstständig in die Aufräumposition zusammen. Meine eben noch lächelnde Oma klemmte Knie an Nase im Klappschaukelstuhl und dieser hochkant in der Hecke, Oma schrie und ich lachte, da musste Oma auch wieder lachen, dann jammerte sie wieder, dann sah sie mich und lachte wieder, dann versuchte sie mir zu sagen, dass ich sie wieder ausklappen sollte. Ich sollte an der Sitzfläche nach vorn ziehen bis zum Kippmoment, dann hätte die Schwerkraft das ihre getan, ich musste immer noch lachen. Irgendwann schrie sie: »Du dumme Liese, hör auf mit Lachen!«, ich erschrak und packte an und die Oma entfaltete sich. Wir waren beide erleichtert und ihr zwischen dem Gestänge eingequetschter kleiner Finger entlastet.

Wenn Mutter in die Stadt fuhr, nahm sie mich normalerweise mit. Einmal war ich krank und musste zu Hause bleiben. Mit Tee und einigen Büchern versorgt lag ich in der guten Stube auf dem Sofa und hatte liegen zu bleiben, von Zeit zu Zeit steckte Großmutter den Kopf durch die Tür, um nach mir zu sehen. Als Mutter weg war, schlief ich noch einige Zeit, dann ging es mir deutlich besser und ich beschloss, selbstständig zum Lessingplatz zu fahren und sie zu überraschen. Die Großmutter war in den Stall gegangen, um nach den Sauen und den neuen Ferkeln zu schauen, und würde vor dem Mittag nicht zurück sein, und den Besuch in der Venezia wollte ich auf keinen Fall verpassen. Also zog ich mir etwas an und lief aus dem Haus und die Straße hinunter, links an der Kirche vorbei zum Bushalteplatz. Mir war nicht bekannt, dass die Busse zu verschiedenen Orten fuhren, deshalb stieg ich in den ersten, der kam, und setzte mich ans Fenster. Anstatt der Linie 86 benutzte ich aber die 77 und wurde zum Hauptbahnhof gefahren statt zum Lessingplatz. Wie durch ein Wunder traf ich dort meine Mutter. Sie hatte ohne mich auf den Kaffeehausbesuch verzichtet und war deshalb früher auf dem Heimweg. Genau genommen traf nicht ich auf sie, sondern sie traf auf mich, sie stieg eben aus der Straßenbahn, als der Bus da hielt, und erkannte mich an meinem roten Plüschmantel. Sie schrie Zeter und Mordio, zerrte mich aus dem Bus und machte mir Vorhaltungen. Was sie sagte, erinnere ich nicht mehr, nur meine baffe

Verwunderung, dass dieser Bus, den wir immer benutzt hatten, mich nicht zum Lessingplatz, sondern in einen ganz anderen Stadtbezirk verfrachtet hatte.

Ein anderes Mal fuhren wir wieder gemeinsam aus und verbrachten längere Zeit nach dem Friseurbesuch in der Stadt. Wir gingen noch in Ladengeschäfte; links an der Straße, die zur Spreebrücke hinaufführte, war eines am anderen. *Schirm-Unger*, ein Tabakladen mit seinem würzigen Geruch, dann die flachen Vitrinen des Goldschmiedes an der Wand neben der Haustür. Nur einmal waren wir da oben. Man musste durch die zweiflügelige hohe Haustür ins Treppenhaus. In der dritten Etage links mussten wir klingeln. Die Tür öffnete sich und direkt in der Tür wurde quer ein Brett herabgeklappt, der Goldschmied stand in seinem Atelier und wir im Treppenhaus und auf Verlangen brachte er auf einem samtbezogenen Holztablett etwas herzu.

In der Reihe der Geschäfte gab es einen Spielzeugladen mit Holztieren und Plastiksteckern und blechernen Aufziehtieren, dann der Fischladen mit blaugrünen Kachelwänden und leerem Ladentisch. Im Süßwarenladen standen wir an, beide klein zwischen großen Leuten, gläserne Behältnisse hinter dem Ladentisch, verschiedene Bonbongläser in Reih und Glied, Schübe mit endlos Zuckerzeug in Pastellfarben. Klebrige rosa Karamellen, saure Drops in Gelb und die Fondantkringel waren weiß. Wir nahmen Fondantbruch rosa-weißgestreift für 25 Pfennig, eine dicke Tüte. Ein andermal nahmen wir Schaumzuckerzeug für 41 Pfennig, das gab es auch bei uns im Dorf im Konsum zu kaufen, manchmal, wenn welches geliefert worden war.

Im Wäscheladen knarrende Dielen und Kabinen mit Vorhängen, hinter denen meine Mutter verschwand, um sich aus-, um- und wieder anzuziehen. Kleine, feine, durchscheinende Plastikklammern lagen auf dem Boden. »Die darfst du behalten«, sagte die Verkäuferin zwinkernd, als ich eine aufhob, um sie zu betrachten. Um noch mehr zu finden, kroch ich unter den Kleiderständern herum, meine Mutter, aus der Verwandlungskammer kommend, sagte verärgert: »Ach Liese, nun nimm dich doch zusammen, kannst du nicht einmal ordentlich warten und ein gutes Mädchen sein?« Das Warten fiel mir schwer, ich lief in den Gängen zwischen Kleiderstangen und Ständern herum, um zu prüfen, welche Diele welchen Knarrton von sich geben würde. »Liese, komm her und steh still, du bist noch der Nagel zu meinem Sarg!« Entschuldigend an die Verkaufskraft gewandt: »Nur Ärger hat man mit diesem Kind.« Es dauerte weiter, ich stand da und sah mich im Spiegel, ein dünnes Kind mit Topffrisur, wenn ich mich drehte, drehte es sich auch. Schließlich ging ich in Mutters Kabine, sie befand sich im Kampf mit einem Kleid. Sie schimpfte. Jemand hätte durch den von mir geöffneten Vorhang sehen können, dass sie im Unterrock da stand. Sie schimpfte auch, als ich wieder hinausschlüpfte.

Nach Ewigkeiten war das endlich überstanden, ich wurde ninglich und erzwang mir von ihr, dass wir über die gewohnte Strecke bis zum Kaffeehaus hinausgingen und die Brücke betraten. Bis ganz hinüber war ihr zu weit, doch wenigstens einige Meter aufs luftige Konstrukt, bis unter uns Wasser floss, konnte ich ertrotzen. Wenn gar nichts ging, blieb ich einfach stehen, was sollte sie tun, wegtragen konnte sie mich nicht. Ich lehnte mich übers Geländer, um das Wasser fließen zu sehen, um das Kribbeln im Bauch zu spüren von der Tiefe unter uns. Die Mutter schimpfte: »Lass das sein, das ist zu gefährlich. Komm da weg und zu mir an die Hand, du weißt doch, dass ich kranke Beine habe und du mich stützen sollst!« Schnell spuckte ich noch hinunter, bevor sie an mir zog. Ich hielt ihre Hand, sie hinkte, wie immer, beim Gehen. »So was macht man nicht.« Während wir gingen, fragte ich mich, was das bedeutete. Dass ein Mann das nicht machte, wo war der denn, dieser Mann? Wir liefen über die Bodenplanken, durch deren Zwischenräume das Wasser des Flusses unter uns zu sehen war. Die Bretter waren Querstreifen und die Strömung machte Längsstreifen. Ein karierter Ausflug. Mutter strebte eilig dem festen Boden entgegen.

Dieser Ausflug in die Stadt fand nur einmal monatlich statt, meistens waren wir zu Hause. Es wurde zur Schule gegangen und am Nachmittag spielte ich mit Rico, er wohnte zwischen unserem Gehöft und dem Kirchengelände, seine Mutter war Lehrerin. Oft kletterten wir auf die Mauern im Abrissgelände, um die Welt von oben zu sehen, oder saßen in den Ästen eines Baumes herum und besprachen die Aussicht. An Schlechtwettertagen war ich drinnen in der Wohnküche auf der gepolsterten Eckbank und bastelte oder faltete Figuren aus Papier oder schnipselte bunte Bilder aus Omas Fernsehzeitung aus. Dann das gemeinsame Abendbrot und im Bett noch etwas lesen. Das war unser Tag. Das Leben verlief friedlich und ohne viel Aufhebens, jeder tat seins, so gut er konnte. Jeder hatte seine Aufgaben. Was jeder genau tat, wusste ich nicht, nur dass alle stets geschäftig waren. Meine Aufgabe war es, zur Schule zu gehen und zu lernen, das war leicht. Aber in all dieser Betriebsamkeit fehlte es mir, mit der Mutter für mich zu sein. Diese Vertrautheit, ganz für uns zu sein und »einfach auch mal so etwas Schönes zu machen«, wie Mutter es nannte. Meist hatten wir uns unterwegs etwas gegönnt, »etwas Geld zum Fenster hinausgeschmissen«, und das war jetzt völlig überlagert von der Präsenz der Großeltern und Mutters Geschwistern im Haus.

Am Wochenende kam oft Tante Hanni, Großmutters Schwester, zu Besuch, die wir früher auch manchmal besucht hatten, aber es waren viel zu viele Menschen. Keinen konnte ich einfach so mit Beschlag belegen, permanent musste etwas getan werden, Tisch decken, abräumen oder etwas heraustragen, immerzu lief jemand hierhin oder dorthin oder kam zur Tür herein oder ging die Treppe herunter. Das war schön, aber das war auch anstrengend.

An einem Tag war es in der Schule besonders laut gewesen, letzte Stunde Sportunterricht, die Lehrerin hatte nur herumgeschnauzt, die Kinder hatten über jeden, der vorturnen musste, gelacht und in der Umkleide war schlimme Luft gewesen. Statt meines normalen Schulweges ging ich an diesem Tag einen Umweg, um für mich zu sein, kam an der Post vorbei und dann kam der *Konsum*, ein Lebensmittelladen von der Größe eines mittleren Zimmers. An der Wand Regale, in der Mitte ein halbhoher Warenständer, hinten eine Brotausgabe, es gab zwei Sorten Schokolade und Fondant. Als die Verkäuferin vom Brotstand zur Kasse an der Tür ging, um eine Kundin in Kittelschürze und Gummistiefeln abzukassieren, war der Warenständer zwischen mir und ihr und versperrte die Sicht. Ohne nachzudenken, griff ich spontan zu. Ein Stapel Schokoladentafeln und eine Handvoll Riegel Pfefferminzfondant schlüpften wie von selbst gleichzeitig in jeweils eine der seitlichen Eingrifftaschen meines Anoraks. Dann ging ich weiter, sah den Brotstand an und dann das Kühlregal, dort stand ein

Plastikbecher mit rosa Inhalt. Das kannte ich, Seelachsmayonnaise, die gab es selten und ich mochte sie. Also nahm ich einen Becher. An der Kasse setzte ich umständlich meinen Schulranzen zwischen die Kassiererin und meine dicken Anoraktaschen und kramte die kleine Geldbörse heraus, die mir Großmutter zur Bezahlung eines Lehrmittels mit in die Schule gegeben hatte. Das war eine Ausnahme, üblicherweise hatte ich kein Geld bei mir.

Den Fischsalat aß ich direkt vor dem Laden mit dem Zeigefinger aus der Packung, Passanten sahen mich seltsam an, auf der Straße essen gehörte sich nicht und mit den Fingern schon gar nicht. Auf dem Heimweg traf ich die Schwester einer Klassenkameradin, ich erkannte sie an den weißblonden Haaren, die alle in dieser Familie hatten. Spontan bot ich ihr etwas von den Schätzen aus meinen Taschen an. Es waren sieben Süßtafeln und fünf Fondantriegel. Sie war verwundert und nahm nichts an und lief weg. Mir wurde klar, dass ich die Süßigkeiten niemals ins Haus bringen könnte. Mutter zog mir immer die Jacke aus und hängte sie auf und ich musste meine Tasche vor ihr ausräumen und für den nächsten Tag neu packen. Hinter der Kirche war das Ödland, eine verfallene Fläche, wo vor dem Krieg ein Haus gestanden hatte, und da führte ehemals eine Treppe hinauf. Das Haus war weg, die Treppe war weg, geblieben waren drei Stufen aus hellroten Ziegeln, wovon einer lose war, den nahm ich heraus und in einen kleinen Hohlraum dahinter verbunkerte ich die Schätze, dann lief ich heim. Ich war schon spät dran, nach der Schule hatte ich unverzüglich heimzukommen, weil das Essen schon auf dem Tisch stand und nicht kalt werden sollte. Nach wenigen Schritten kam mir das weißblonde Kind entgegen, es sah mich nicht an. Ich lief heim, holte meine Schelte fürs Zuspätkommen ab und ging nach dem Essen in unser Schlafzimmer. Durchs Fenster hörte ich jemand rufen, ich sah hinaus und da stand unten dieses Kind, meine Beute in den offenen Händen rief es laut: »Frau Müller, Frau Müller, Liese hat geklaut, Frau Müller, hören Sie!«, und hüpfte dabei aufgeregt von einem Bein auf das andere.

Großmutter schickte mich in das Bauernzimmer und wies mich an: »Du bleibst dort, bis ich dich rufe!« Sie wirkte traurig und fassungslos. Ich saß da und wartete und wusste mir nicht zu helfen, alles hatte ich falsch gemacht, die stets gütige Großmutter war böse auf mich, das war schlimm. Dass Mutter nachts heimlich weinte, war ich schon gewöhnt, aber dass die Oma jetzt Kummer durch mich hatte, war unerträglich. Was ich getan hatte, hätte ich nicht tun sollen, ich hatte gestohlen und war verpetzt worden. Wahrscheinlich hatte mein Vater doch recht, dass ich ein schlechtes Kind sei und zu nichts nütze. Mir blieb nichts anderes mehr übrig, ich beschloss mein Leben zu beenden. So wie es Mutter öfter gesagt hatte, wenn sie ärgerlich war. »Wenn du so weitermachst, steche ich mir die Pulsadern auf.« Das hatte ich mehr als genug zu hören bekommen. Das war meine einzige Option. Also ging ich zu Großmutters Nähkasten, nahm mir eine Stecknadel mit Glaskopf und setzte mich aufs Bett und tat es. Ich suchte den dünnen blauen Strich unter der Haut meines Handgelenkes und stach mit der Nadel zu. Es tat weh, aber Blut kam nicht. Ich versuchte es mehrfach, aber ohne Erfolg. Als die Zimmertür geöffnet wurde, ließ ich die Nadel fallen und ging mit in die Küche. Dort saßen alle um den Tisch und schauten mich ernst an, als ich eintrat. Großmutter sprach eindringlich mit mir, doch ich konnte sie nicht hören, alles um mich herum war wie aus Pappe und hatte nichts mit mir zu tun. In meinem Kopf war weißes Rauschen und ich beobachtete die Stellage unbeteiligt, ohne etwas zu begreifen oder zu fühlen. Erstaunlicherweise hatte das Ganze kein Nachspiel, weder in der Schule noch daheim wurde ich auf meine Schandtat angesprochen. Nur wegen des Essens im Freien sagte Großmutter mit gerunzelter Stirn: »Wenn es wieder einmal solchen Fischsalat gibt, kaufen wir welchen und den isst du dann daheim aufs Brot, wie es sich gehört. So eine Rumfresserei auf der Straße machst du nie wieder!« Ich stimmte zu.

Es war Frost, der Großvater war nachts aufgestanden, um bei den Schweinemamas im Sauenstall nachzuheizen, damit es alle warm haben. Und er machte ausgiebig Mittagsschlaf. Ihm zur Freude sollten seine Lieblingsbrötchen, wie ein in vier Teile geschnürtes kleines Baguette, auf dem Kaffeetisch stehen, wenn er aufwachte. Also wurde ich für den Großvater Zeilensemmeln holen zum oberen Bäcker geschickt. Der Weg war nicht weit und mir bekannt, auch die Brötchen kannte ich und Geld bekam ich auch. Nur ein Faktor war nicht bedacht worden: die blöde Anna. Ein armes Menschenkind, mit

Kopftuch und Schürze und unsicherem Gang schob sie laut Selbstgespräche führend einen alten Kinderwagen mit einer Puppe darin durchs Dorf. Jeder wusste, dass die Russen sie gehabt hatten und dass sie nie wieder klar wurde im Kopf. Mir als Kind gab man die Erklärung, sie wäre wohl einmal versehentlich im Hühnerstall eingesperrt gewesen und da hätte es bei ihr ausgehakt im Kopf. Sosehr ich auch darüber nachdachte, erschloss sich mir der Zusammenhang nicht. Ich hatte Angst vor ihr. Ihre Geistesverwirrtheit, umgangssprachlich ihr Blödesein, versetzte mich in Furcht, wenn ich sie nur von Weitem sah. Und genau diese Anna kam mir auf der Straße entgegen und sprach mich an. In Gedanken schon beim Bäcker, hatte ich sie nicht kommen sehen und plötzlich war sie da. Ich blieb von Entsetzen gepackt stocksteif stehen, sah in ihre blassen leeren Augen und dann auf den dreckigen Kinderwagen und die Porzellankopfpuppe darin und hörte ihr Kauderwelsch. Als sie sich zu mir herunterbeugte und mich sanft am Arm berührte, war es aus. Vom Entsetzen gepackt rannte ich blindlings los, irgendwohin, Hauptsache weg. Es dauerte eine Weile, bis ich langsamer wurde und wieder wusste, wo ich war. Die klebrig verschwitzten Münzen in meiner Hand erinnerten mich an den Bäcker. Schnellstmöglich machte ich meine Erledigung und rannte heim. Natürlich war es zu spät. Der Großvater saß bereits am Küchentisch und aß sein Brot und die Großmutter nahm mir die Einkäufe ab und sagte gütig: »Geh und wasch dir dein Gesicht« und wies mit der Hand Richtung Bad.

Meine Großmutter kümmerte sich um Mensch und Tiere gleichermaßen fürsorglich und nach Kräften. Sie hatte nach der Dorfschule noch die höhere Töchterschule besucht, was ihre Mutter sich durch nächtliche Weißnäherei (ein Herrenhemd mit Kragen und Manschetten für kaum eine Mark) mühselig vom Munde abgespart hatte. Im Krieg arbeitete sie als Krankenschwester im Lazarett und half im Dorf als Hebamme aus. Eine ihrer Schwestern lebte mit ihrem herrischen Mann auf einem Hof mit Landwirtschaft im selben Dorf. Eine andere Schwester hatte sich das Leben genommen, als sie ungewollt schwanger wurde, und eine weitere Schwester war als Kleinkind gestorben. Großmutters ältere Schwester Hanni lebte allein und verwitwet in der nahen Stadt. Tante Hanni hatte auch ein Kind bekommen, aber das war ohne Geburtshilfe nach drei Tagen und Nächten Geburtswehen tot zur Welt gekommen. Sie erzählte manchmal, dass es wie ein kleiner Engel mit blonden Locken ausgesehen hatte. Tante Hanni war meiner Großmutter sehr ähnlich, nur dass sie nicht viel sprach.

Der erste Ehemann meiner Großmutter war aus der Kriegsgefangenschaft nicht heimgekehrt und so hatte sie nach der schlechten Zeit ein zweites Mal geheiratet und bekam zu meiner Mutter Elki und deren Schwester Karin noch ein drittes Kind, Joachim, den Goldsohn.

An manchen Tagen war Großmutter zum Abendessen nicht da, da machte sie sich am Nachmittag chic mit Hut und Brosche an der Jacke und ging zur Parteiversammlung. Meine Großmutter war nicht nur einsatzfähig, verständnisvoll und tüchtig, sondern auch eine wichtige Person. Sie war Abgeordnete der Bauernpartei und ging, um sich mit Leuten zu treffen und mit denen wichtige Gespräche zu führen. Sie war sehr geprägt von ihren Erlebnissen im Krieg und den langen Hungerjahren in der schlechten Zeit und setzte sich nach Kräften dafür ein, dass die Bauern auch politisch vertreten waren und künftig Frieden herrschen sollte und alle immer satt werden sollten. Wenn sie durchs Dorf ging, wurde sie überall achtungsvoll gegrüßt. Dieses Gegrüßtwerden erlebte ich, als wir einmal etwas zur Post brachten. »Guten Tag, Frau Müller!« hier, »Guten Tag, Frau Müller!« da, es war erstaunlich und nahm kein Ende und ich fragte nach und sie erklärte mir, dass die Menschen dankbar dafür waren, dass sie für sie alle in der Stadt wichtige Dinge besprach, die gut für uns waren.

Heimzu kamen wir an Weichslers Laden vorbei und sie kaufte uns beiden je eine Stange Lakritz für einen Groschen. Die waren glänzend schwarz und dünn wie ein Bleistift und auch ebenso hart. Sie packte beide Lakritzstangen aus, gab mir meine, noch halb in Zellophanpapier gehüllt, in die Hand und sagte schmunzelnd: »Koste das mal, meine Liese, du wirst es mögen, vielleicht nicht gleich beim ersten Mal, aber bald.« Dann biss sie sich ein Stück ab und ich leckte an meinem und schüttelte mich, es war bitter und stark und ungewohnt. Großmutter lachte wieder und ich kostete wieder und wir gingen zusammen weiter. Und es kam, wie sie gesagt hatte, ich fragte künftig öfter mal nach einem Groschen für Lakritze.

>> Die 16, Plattenbau <<

Gigantischer Reichtum, meine Großmutter ging mit mir vor dem Umzug in die neue Wohnung im dortigen Wohngebiet in eine Kaufhalle. Wir brauchten alles. Alles, was in einer leeren Wohnung notwendig ist: Streichhölzer, Besen, Handfeger und Kehrblech, Fit (ein Geschirrspülmittel), Brot, Butter und noch vieles mehr. Zum ersten Mal in meinem Leben betrat ich einen Laden, der deutlich größer war als ein Wohnzimmer. Mehrere lange Reihen hoher freistehender Regale voller unzähliger Dinge, und die Krönung: Unser Korb musste nicht getragen werden, er hatte Rollen und ließ sich fahren. Dass man nicht bedient wurde und alles selbst aus dem Regal nehmen musste, kannte ich schon, aber es war halt immer der Korb zu schleppen. Doch jetzt glitten wir sozusagen schwerelos durch breite Gänge, vorbei an einer bunten Warenvielfalt. Es war großartig. Wir taten alles hinein, was Großmutter auswählte, in dieses Wunderwerk aus Draht auf Rollen und bald türmte es sich auf. So einen riesigen Einkauf hatte ich noch nie gemacht, ich war begeistert.

Von der Wohnungstür trat man in einen schmalen Flur, rechts ein schmales Bad, parallel eine schmale Küche, dann gegenüber der Wohnungstür die Stubentür und von der geräumigen Wohnstube ging es rechts in mein Zimmer und links auf den Balkon. Die leeren Zimmer in der Wohnung fühlten sich für mich an wie Schuhkartons, unglaublich weiß und viereckig und leblos. Das Haus, in dem sich unsere erste Wohnung befand, war mehrere hundert Jahre alt und die Wohnung weit über ein Jahrhundert, alles war beseelt und voller Zeitzeugnisse; als Kind konnte ich das noch nicht so ausdrücken, aber wahrgenommen habe ich es deutlich. Diese Neubauwohnung war leblos und unwirklich. Wir waren die ersten Mieter. Das Neubaugebiet war erst vor Kurzem entstanden, überall gab es noch Baugruben und dort, wo die Wege noch nicht fertig verlegt worden waren, entstand im Herbst unglaublicher Matsch, den man auf lose ausgelegten Bohlen überqueren musste.

Leider hatten wir beim Einkauf etwas vergessen und ich wurde noch einmal zu diesem Riesenladen geschickt, eigentlich nur eine gerade Straße, von der rechts und links spitzwinklig Häuserblocks abgingen, doch weil die alle identisch aussahen, war das für mich als Dorfkind verwirrend und ich verlief mich mehrere Stunden, bis ich zurückfand. Großmutter machte kein Drama, aber ihre Augen sprachen Bände. Immerhin war ich zehn Jahre alt und somit kein kleines Kind mehr, trotzdem war ich auf einem Stück Weg von nur wenigen hundert Metern verloren gegangen.

Die Zeit bei Großmutter im Haus war gegen Ende immer anstrengender geworden, die Auseinandersetzungen zwischen meiner Mutter und der Großmutter immer häufiger. Meine Mutter traf man nur lesend oder weinend an oder zum Aufbruch rüstend, um irgendwohin zu fahren, außerdem schlief sie weiterhin bis 10 Uhr morgens. Für so eine Lebensführung fehlte meiner stets arbeitenden und schaffenden Großmutter jedes Verständnis. Also hatte sie, um wieder Frieden und Ordnung in ihr Haus zu bekommen, ihre Möglichkeiten als Landtagsabgeordnete spielen lassen und das Unmögliche geschafft: Meiner Mutter und mir wurde eine Neubauwohnung mit Fernheizung und fließend warmem Wasser zugeteilt. Das Neubauviertel war eben in Entstehung und ganz nah am Stadtrand gelegen, praktisch wie drei Dörfer weiter nach wenigen Busstationen zu erreichen. Meine Mutter packte unsere paar Sachen in zwei Koffer und ich hatte noch eine Spielzeugkiste mit Bausteinen und Puppen und einem Teddy und die Mutter einen Karton mit Kosmetik und Bücher und Weihnachtsschmuck. Das waren unsere Besitztümer.

Da wir Anfang August eingezogen waren, war noch etwas Zeit, bis die Schule wieder losging, und ich war jeden Tag mit Mutti zu Hause. Es herrschte Ruhe, wenn wir nichts sagten, weil außer uns niemand in der Wohnung war. Von draußen hörte man Baumaschinen und ab und zu Hämmern oder Bohren, aber das betraf uns nicht. In Küche und Bad waren Einbaumöbel, im Flur stand Mutters kleine Frisierkommode aus der 33 und im Wohnzimmer eine Klappcouch mit zwei Sesseln, die Oma spendiert hatte. Dazwischen der Lacktisch, den mein Vater einmal aus einer Schranktür gebaut hatte und den meine Mutter deshalb nicht haben wollte, aber es gehörte sich, einen Tisch vor der Couch stehen zu haben, also stand der da, weil er eben da war. Ich hatte die Polsterliege aus der 33 als Bett, auf der hatte ich schon in der 50 geschlafen. Außerdem erhielt ich einen Schrank vom Heuboden meiner Oma, oben mit Glas, unten zwei Klappfächer für meine Spielsachen und mein Schulzeug. Und ein klumpiger Pressspanschrank, wie sie gerade in Mode kamen, wurde in mein Zimmer gestellt, der war ab nun unser gemeinsamer Kleiderschrank. Da der Vater damals Teile unseres Mobiliars an seine Kneipenkumpels verscherbelt hatte, hatten beim Umzug einige Stücke seiner Möbel zu uns gefunden. Vom Gefängnis aus konnte er auf die Ausräumung der Wohnung Nr. 50 keinen Einfluss nehmen. Auf diese Weise fand sein Schachtisch den Weg in mein neues Kinderzimmer. Er roch sogar noch nach ihm.

Das Schachspielen hatte mich sehr interessiert und er wollte es mir beibringen, aber ich war ihm nicht schnell genug im Lernen. Die wenigen Übungsstunden, die er mir gab, erinnere ich als sehr bedrängend. Er saß mir mit einer Schachuhr bewaffnet gegenüber und schrie mich an und rauchte Kette, der übervolle Aschenbecher direkt vor mir, die halb geleerte Schnapsflasche neben dem Tisch, oder es waren Saufkumpane dabei, alle tranken Bier und lachten über das achtjährige dürre Mädchen, das gern Schachspielen lernen wollte. Aber das war vorbei und immerhin hatte ich jetzt ein eigenes Schachbrett, das in die Platte des Tisches eingelassen war. Wenn ich irgendwie an Figuren kommen könnte, würde ich das schon noch begreifen.

Im Zuge der Wohnungseinrichtung wurden auch Lampen angebracht. Aus den weißen Zimmerdecken ragten in der Mitte jeweils ein Haken und einige bunte Kabel heraus. Tante Karin kam zu uns und nahm die Sache in die Hand. Im Bad war eine weiße Schraubkugel vorinstalliert, also nix zu tun, in der Küche balancierte die Tante in der Grätsche zwischen Einbauschrank und Spüle. Da sie nicht besonders groß war, erforderte das Geschicklichkeit, aber das war für die Tante ein Leichtes, zu Studentenzeiten war sie Fechterin gewesen und hatte einige Preise gewonnen. Während sie über Kopf montierte, diskutierte sie mit meiner Mutter über deren Ansichten. »Mensch Elki, das ist doch immer das Gleiche mit dir, nie bist du zufrieden, nichts kann man dir recht machen. Du hast es hier warm und bist für dich, denke nur daran, wo du herkommst.« (Sie meinte die Wohnung Nr. 50 in dem verrufenen Viertel und das Drama mit der Flucht und meinem Vater.) Meine Mutter schluchzte. »Sei doch froh, dass du jetzt hier bist, wir meinen es doch gut mit dir.« Sie sprach ernst und hatte recht und war dabei nicht böse, aber trotzdem weinte meine Mutter am Stück und sagte dann: »Ja, ich bin ja nur die dumme Elki, die nicht einmal die Schule geschafft hat und in der 6. Klasse abgehen musste. Ich kann doch nichts dafür, dass ich nicht gesund bin.« So ging das hin und her zwischen den beiden Schwestern. Die eine am Werkeln, sachlich und patent, die andere weinend, in ihrem Drama gefangen an die Wand gelehnt.

Dann wurden zum Test die Sicherungen wieder hereingedreht und die Stube leuchtete, die Küche leuchtete und im Flur ging ein Licht an. Es war fein. Die Tante meinte, dass sie bald heim wolle und fertig werden müsse, und dann fehlte für mein Zimmer eine Lüsterklemme und sie ging in den Keller, um die zu holen. Als sie wieder oben war, beklagte meine Mutter, dass es in der Küche gar keine richtigen Gardinen gebe, nur die kargen Scheibengardinen, sie wolle richtige Stores. Meine Mutter hatte es mit Gardinen. Die mussten immer genau ausgerichtet und gefältelt sein. Tante Karin meinte, die vorhandenen seien ausreichend zum Sichtschutz und das genüge. Mutti insistierte, dass sie das aber nicht so haben wolle. Tante Karin zog den Esstisch in mein Zimmer stellte ihn in die Mitte des Zimmers und sagte im Hinaufklettern: »Ja, ja, ja, so war das doch schon immer, du willst und willst, UND WENN ELKI WILL, IST DER SCHNEE SCHWARZ!«, und murmelte hinterher: »Oder auch nicht.« Nahm den Schraubenzieher in die eine Hand und die Lüsterklemme in die andere und griff zum Stromkabel. Und dann flog Tante Karin mit einem lauten Knall vom Tisch quer durchs Zimmer, prallte an die Wand und fiel auf den Fußboden. Einige Funken verglommen schnell und die Tante rappelte sich auf, schaute verwundert nach oben und dann an sich herunter und begann laut zu lachen.

Dann ging sie zum Sicherungskasten und drehte die passende Sicherung heraus und installierte meine Lampe, bevor sie heimfuhr.

Vom Balkon aus konnte ich schräg über ein Ödland und einen Weg mit einer Straße hinter einer Baugrube das Gebäude sehen, in dem meine neue Schule war. Eigentlich waren es zwei Gebäude, etwas versetzt hintereinander, aber nur im linken war meine Schule. Eine breite Treppe aus Betonteilen führte zu einem zweistöckigen Flachbau aus Glas und Beton. Es fühlte sich von außen nicht wie ein Schulgebäude an, meine bisherigen Schulen waren sehr alte Gebäude mit rundlichen Fenstern und Türen und Treppenknäufen gewesen und nicht so gewürfelte Kisten. Vom Fenster auf der anderen Seite der Wohnung aus konnte ich in den viereckigen Hof unseres Blocks sehen. Es gab unsere Straße, dann Rabatten, dann den Wäscheplatz, rechts und links davon einen Spielplatz, dann eine Wiese und danach einen schmalen Fußweg und den gegenüberliegenden Block. Alles genau abgezirkelt viereckig, identische Abstände zwischen identischen Fenstern, Häuser aus Platten, Straßen aus Platten, auch Gehwege und Beeteinfassungen waren aus diesen Betonplatten.

Wir waren weit oben im zweiten Stock, von hier aus sah ich tagelang auf diesen Spielplätzen Kinder spielen und herumlaufen. Ich stand am Fenster hinter der Gardine. An den anderen Wohnorten war ich auch immer zum Spielen auf den Hof gegangen. Doch hier war es anders als in der 33, wo ich immer allein war und es ein geschlossenes Hoftor und einen Garten gab. Oder in der 50, wo mir die alten Damen zusahen, oder bei der Großmutter, wo ich allein im Garten und bei den Hühnern spielte oder auf der Straße Rad fuhr oder mit Rico im kleinen Park Buden baute, denn hier waren viele andere Kinder. Die spielten alle miteinander und kannten sich.

Eines Tages entschloss ich mich, da hinunterzugehen. Ich fragte meine Mutter um Erlaubnis, aber sie wollte nicht. Zum Ausgleich spielte sie sogar mit mir *Mensch ärgere Dich nicht*, obwohl sie das Spiel nicht leiden konnte, und es machte auch keinen Spaß mit ihr. Sie sagte, sie wolle lieber Rommé spielen, aber wir hätten keine Karten, also ginge das eben nicht. Das Thema ›draußen spielen‹ blieb aktuell und ich diskutierte es aus, sie fand natürlich, dass die Wohnung ein viel sicherer Aufenthaltsort für mich war als der Hof, aber ich setzte mich nach einigen Tagen durch.

Am Rande der Wiese, noch halb auf dem Wäscheplatz stehend, beobachtete ich die Kinder und wartete. Wartete darauf, dass mich eines anspräche und zum Mitspielen aufforderte. Sie spielten »Doppeltes E« oder »Hascher« oder »Ländermausen», das Spiel mit dem »E« lernte ich durchs Zusehen, die anderen kannte ich bereits. Doch da konnte ich lange warten, sie waren eine eingeschworene Clique und ich gehörte nicht dazu. Ich wartete lange, Tag für Tag dieselbe Position, Tag für Tag derselbe Ablauf.

Dann kam eine Postkarte, wir mussten zur Schule kommen, um die Schulbücher abzuholen. Es war eine Woche bevor das neue Schuljahr begann. Ich war begeistert und stürzte mich auf den Lesestoff und meine Mutter war verzweifelt wegen der unerhörten Summe von 54 Mark, die sie für meine Bücher bezahlen musste. Ihre Invalidenrente war 253 Mark achtzig Pfennig und reichte gerade so für Miete, Strom und Essen. Weitere Ausgaben außer einer Hausratversicherung hatten wir nicht. Wir hätten auch kostenlos gebrauchte Bücher von der Schule leihen können, aber das kam für meine Mutter nicht infrage. »Ich will, dass du ordentliche Bücher hast, was sollen denn die Leute denken?« Welche Leute sie meinte, war mir nicht klar. Wir kannten hier keinen, gingen nirgendwohin und bekamen nie Besuch.

Mit der gleichen Begründung erlegte sie sich auch auf, jeden Tag ihr Bettzeug in eine Truhe zu räumen und das Sofa, auf dem sie schlief, zuzuklappen und die Kissen zurechtzurücken und Tisch und Sessel wieder korrekt gegenüber zu platzieren, den maschinengewirkten beigen Kunststoffläufer auf der Mitte des Lacktisches nicht zu vergessen. Dieser Lacktisch, aus einer Schranktür gebaut, hatte an den äußeren Enden der schmalen glänzenden Platte noch Messingbeschläge und wurde jeden Samstag mit Möbelpolitur abgerieben so wie der Rest der Möbel. »Das muss schon sein, was sollen denn die Leute denken, was ist, wenn wer (zu Besuch) kommt?«

Als die Schule begann, hatte ich meine Lehrbücher ausgelesen und war informiert. Im Gegensatz zur restlichen Schülerschaft war ich nicht aufgeregt, ich wusste ja, was auf mich zukam. Mit dem Schulbeginn veränderte sich die Situation auf dem Hof unseres Wohnblocks, alle Kinder hatten durch den im Fortgang der Bauarbeiten entstandenen Wohnraum neu zugezogene Kameraden in der Klasse und mussten sich damit arrangieren und so wurde ich in die Spielclique auf unserem Innenhof integriert. Bald musste meine Mutter mehrfach rufen, wenn ich reinkommen sollte. »Liese, LIESE, komm hoch, es gibt Essen!«

Manchmal fuhren wir zu der Zeit noch in die Stadt oder in den Stadtpark, doch allmählich wurde das immer seltener. Für den Stadtpark oder den Zoo packte Mutti für uns einen Bakelitschraubtopf mit Gurkensalat ein und dazu gab es Butterstullen, verpackt in einen leeren ausgewaschenen Milchbeutel, stets irgendwie von Hand mehr abgesäbelt als abgeschnitten und unregelmäßig mit Stücken kühlschrankkalter Butter belegt, dazu von Streichversuchen halb zerrissen und meist auch noch asymmetrisch aufeinandergeklappt. Ich hasste sie und schlecht wurde mir immer noch davon. Doch aushäusig zu essen war teuer und selten möglich. Wenn der Hunger irgendwann aufkam, musste gegessen werden. Nach der Mahlzeit auf der Parkbank, wo natürlich nicht gekleckert werden durfte, kam der obligatorische feuchte Waschlappen aus der Tüte, damit alles recht sauber und ordentlich war, musste ich mir Gesicht und Hände waschen lassen. Als alle Utensilien wieder verstaut waren, liefen wir zwei da Hand in Hand zwischen gepflegten Bäumen und gestutzten Hecken herum und sahen uns die Springbrunnen an. Es gab welche mit Fontänen und einen mit Mosaik, ich fand die alle wunderbar. Manchmal waren wir auch im Zoo, doch eher selten, Mutti ekelte sich vor vielen Tieren und war nur um meinetwillen da und ich bekam Panik, sobald Löwen oder andere Großtiere brüllten.

Obwohl wir nicht mehr auf dem Land lebten, war uns die Redewendung »In die Stadt fahren« für etwas außerhalb unseres Kiezes zu erledigen geblieben. Meine Großmutter hatte etwas Geld gegeben, damit wir uns Geschirr kaufen sollten, meine Mutter wollte gern Zusammenpassendes auf dem Tisch und nicht, wie sie sagte, »aus jeden Dorf einen Hund«. Also fuhren wir zum *Centrum Warenhaus.* Es folgte stundenlanges Anstehen in einer Warteschlange, die an der Straßenbahnhaltestelle begann, die Straße entlang unter den Arkaden und um die Ecke bis ins Kaufhaus hinein und dann die Treppe hinauf ging.

Schließlich kamen wir zu der Haushaltswarenabteilung. Die hatten gerade Lieferung bekommen und man konnte zwischen einem Speiseservice mit rotem Mäander und einem mit blasslila Blüten wählen. Und das möglichst zackig, die misslaunige Verkäuferin ermahnte uns barsch, dass hinter uns noch weitere Leute warteten. Wir nahmen das mit den Blüten, zahlten an der Kasse einen unerhörten Betrag und erhielten einen mit Strick verschnürten Karton zugeteilt. Dann waren die Leute hinter uns an der Reihe. Wie meine hinkende Mutter und ich dürres Dinglein den schweren Brocken bis zur Straßenbahn gebuckelt haben und von der Haltestelle quer durchs Wohngebiet zu uns in die Wohnung brachten, weiß ich nicht mehr, aber wir schafften es.

Daheim kleideten wir uns wie immer zuerst um und wuschen uns Gesicht und Hände. Mutter packte in der Küche alles gleich aus und stellte es zum Abwaschen hin und ich musste umgehend die Kartonagen entsorgen. So eine Unordnung wollte sie nicht im Hause haben. Ich hatte gar nicht gewusst, dass Pappe und Holzwolle so schwer sein können. Der Container war ziemlich voll und ich stellte das Zeug oben mit hinein und rannte wieder hoch in den zweiten Stock. Beim Begutachten des frisch gespülten Speiseservices stellte sich heraus, dass die flachen Teller fehlten. Es gab tiefe Teller und eine Servierplatte und eine Sauciere und eine Suppenterrine, nur die Essteller fehlten. Meine Mutter brach in Tränen aus und sagte, wir wären betrogen worden. Und der Sermon begann: was sie bloß ihrer Mutter, die das Geld gegeben hatte, sagen solle. Sie sei ja nur die dumme Elki, ein Mensch zweiter Klasse, und hätte schon wieder alles falsch gemacht. Und sie könne ja nichts dafür, dass sie nicht gesund sei so wie alle anderen, und wenn es so weitergehe, drehe sie noch den Gashahn auf.

Ich stand da, geflasht von den Erlebnissen des Tages und Mutters Auftritt, und überlegte. Statt mich in den Sumpf ihres Dramas ziehen zu lassen, dachte ich nach, was geschehen war. Die Kartons waren alle zugeschnürt, die die Verkäuferin im *Centrum Warenhaus* ausgegeben hatte. Also wie sollte jemand uns persönlich betrügen wollen? Fand ich unlogisch. Das hing mit dem Karton zusammen. Also überzeugte ich die Mutti, dass ich, obwohl es schon dunkel war, noch einmal nach draußen ging und im Container nach dem Karton schaute. Schließlich willigte sie ein, wartete aber zu meiner Sicherheit an der einen Spalt weit geöffneten Wohnungstür und ich huschte hinunter und hinaus. Unversehrt und gut verpackt fanden sich die gesuchten Teller am Boden des Kartons unter platt gedrückter Holzwolle und ich nahm sie heraus und trug sie nach oben.

In der Schule fand ich keinen Anschluss, die Kinder bildeten Grüppchen, die Mädels standen in den Pausen eng gedrängt und flüsterten und die Jungs foppten sich rüpelhaft und das war beides nichts für mich, ich hielt mich abseits. Wo der Unterricht mich interessierte, zeigte ich Mitarbeit, wenn nicht sah ich zum Fenster hinaus, gute Noten bekam ich sowieso. Ein Mädchen, dessen Westklamotten weder über ihr Gesicht noch über ihren Charakter hinwegtäuschen konnten, begann mich zu hänseln wegen meines Aussehens, weil ich klapperdünn in altmodischer Kleidung umherging und weil ich meist nur Butterbrote dabeihatte. Obst und Gemüse frisch zu kaufen hatte meine Mutter nicht auf dem Schirm und wir hatten niemand der uns Pakete mit Jeanshosen, Bananen und Kaffee schickte, so wie viele meiner Mitschüler. Sie tauschten in den Pausen heimlich Kaugummibildchen und zeigten sich gegenseitig ihre Autoquartettkarten. Aber da konnte ich nicht mithalten und verboten war es auch.

Wie in anderen Schulen auch wurden in dieser polytechnischen Oberschule für die Kinder zum Frühstück Milchpäckchen und mittags warmes Essen angeboten, doch obwohl das alles staatlich gestützt und preiswert war, das Päckchen Milch kam 23 Pfennig und die Speisung 75 Pfennig pro Tag, konnten wir uns das nicht leisten. Die anderen gingen zur Milchpause und ich blieb auf meinem Platz und die Kinder gingen zur Speisung und ich ging nach Hause und es gab Kartoffeln. Manchmal gekocht und manchmal angebrannt, aber immer mit Kümmel und zu viel Salz. Es war widerlich und mir war danach schlecht. Der Stress in der Schule nahm von Woche zu Woche zu. Die Mobberin und ihre Gruppe strapazierten mich mit Sticheleien und Einzelne begannen mich bei Gelegenheit zu kneifen oder zu schubsen. Gaben mir Schimpfnamen oder verlachten meine Mutter. Mittlerweile hatten sie mitbekommen, dass kein Vater zu unserer Familie gehörte, und dass meine Mutter sehr klein war und hinkte, nahmen sie zum Anlass, gemein zu sein. Das ging von morgens an und es fand vor der Schule auf der Treppe, in der Aula und in der Garderobe statt, in beinahe jeder kleinen Pause, und manchmal erwischte mich noch eine Gruppe von denen auf dem Heimweg und rief mir Gemeinheiten nach, so dass es vorbeigehende Passanten hören konnten. Einzeln traute sich keiner, ich war das zweitgrößte Kind in der Schulklasse.

Ich wusste nicht, was ich tun sollte, meiner Mutter konnte ich von solchen Vorfällen nichts erzählen, die weinte sowieso jede Nacht.

Unsere Situation mit den Klamotten und dem stets mangelnden Geld belastete sie genug. Da war einfach keiner, den ich hätte fragen können. Ich wusste mir nicht zu helfen. Daheim das tägliche Drama meiner Mutter, das karge Essen, von dem mir schlecht wurde, nachts ihr lautes Weinen, dann meine Albträume von brennenden Ruinen und fliegenden Hexen, die nach mir griffen. Allmorgendlich nicht in die Gänge kommen und Mutters Drängen, dass ich etwas essen sollte. Doch wenn ich wollte, dass mir nicht bis vormittags übel war, hatte ich keine Wahl, ich musste das Frühstücksbrot verweigern. Dann vor der Schule begann das alles von vorn, und zwar von Montag bis Samstag.

Samstags musste ich mich beeilen, vor Ladenschluss um 12 Uhr die Kaufhalle zu erreichen, um Brot fürs Wochenende zu kaufen. Mehr als einmal drängten sich dort die Bewohner unseres Neubauviertels vor dem Brotständer und es war keines mehr da. Wir warteten alle, bis kurz vor Ladenschluss noch ein Ständer herausgefahren wurde. Er war mannshoch und etwa einen Meter breit und tief. Und es war das, was da war. Mehr würde es vor Montag nicht zu kaufen geben. Die Leute stießen mit den Ellenbogen und drängelten sich und ich war mittendrin und griff zu. Ohne Brot nach Hause zu kommen war keine Option, auch wenn ich dann blaue Flecken und Kratzspuren an den Händen hatte, habe ich mehr als einmal um Brot gekämpft. Oft war Mutter die Sorte nicht recht. Sie klagte, ich hätte mir mehr Mühe geben sollen, ich sei ja wirklich zu nichts nütze, und sie weinte und hörte mir nicht zu. Also beließ ich es dabei und ging in mein Zimmer. Ich war erfolgreich gewesen, hatte Brot mit heimgebracht, das zählte für mich.

Daheim und in der Schule herrschte die gleiche trockene warme Luft, da entwickelte ich als Landluft und Altbauklima gewohntes Kind immer wieder Nasennebenhöhlenentzündungen, die bald chronisch wurden. Dadurch bekam ich dauerhaft schlecht Luft.

Es gab diesen Druck von allen Seiten und ich hatte keinen Ausweg, hielt einfach durch und machte täglich weiter. An einem Tag, als mich wieder Mitschüler in der Pause ins Visier nahmen und mich jemand am Pullover zerrte, war das der Tropfen, der das Fass zum Überlaufen brachte, und ich schlug zu. Ich setzte ich mich mit aller

Kraft zur Wehr, schlug um mich und schrie sie an. Keiner hatte das Stundenklingeln gehört, die Pausenzeit war um und plötzlich stand die Lehrerin im Raum. Üblicherweise hatten alle Kinder in ihren Bänken zu sitzen und, sobald der Lehrer das Pult erreicht hatte, aufzustehen. Bei manchen Lehrern grüßten wir im Chor. Bei anderen brigadeweise. Der Lehrer erwiderte den Gruß und befahl: »Setzen!« Erst dann konnte der Unterricht beginnen.

Genau diesen Ablauf sah die Lehrerin durch mich gestört und packte mich am Ohr und zerrte mich durchs Klassenzimmer in Richtung Tür. Ich versuchte mich zu befreien, aber ihr Griff war hart. Sie packte mich mit der anderen Hand noch am Oberarm und es tat irre weh. Mit der Hand am Ohr hatte sie auch Haare von meinen Zöpfen gepackt und sie drehte die Hand absichtlich fest ein, aber als ihr Unterarm dabei zufällig beinahe meine Wange berührte, packte ich sie mit den Zähnen und wehrte mich. Ich biss so fest ich konnte zu und sie begann zu schreien und ließ mein Ohr los, dann löste ich meinen Biss. Sie knallte die Tür zu und stieß mich vor dem Klassenzimmer in Richtung Fensterfront und befahl mir zu warten und ging zur Schulschwester. Als sie mit verbundenem Arm zurückkam, wies sie mich an, beim Direktor zu erscheinen, und ging in die Klasse.

Beim Direktor wurde ich gescholten und zu einer zweiseitigen Stellungnahme verdonnert. Eine Art schriftlicher Selbstbezichtigung, die ich am nächsten Tag vor dem versammelten Schulappell vorlesen sollte. Meine Mutter weinte wieder einmal, als ich von der Schule heimkam, also erzählte ich ihr nichts von der Stellungnahme und sagte, dass ich Hausaufgaben machen würde, und stoppelte diese Stellungnahme zusammen. Ich hatte keine Ahnung, was genau ich schreiben sollte, nur dass ich meine Schuld zugeben und eingestehen sollte, dass ich kein guter Schüler sei, weil ich so etwas getan hatte und ich versprechen musste, dass es mir leid tue und dass ich das nie wieder mache. Ich habe noch nie gern gelogen und der Text fühlte sich total falsch an, denn ich fühlte mich im Recht. Doch die paar ausgerissenen Haare an meinem Kopf waren nicht zu sehen und das Ohr war auch nicht mehr sehr rot, aber die Lehrerin hatte mein Bissmal am Arm. Also war ich schuldig.

An unserer Schule waren zehn Klassenstufen jeweils in Klasse a-d zu je 30 Kindern, dazu kam der Lehrkörper. Ich hatte also einen

Auftritt vor etwa tausend Leuten vor mir und hatte laut zu sprechen, damit mich jeder verstehen konnte. Und ich stand gerade und ich sprach laut und deutlich und ohne zu stocken. Danach musste ich diese Stellungnahme im Lehrerzimmer abgeben, damit sie meiner Schulakte hinzugefügt werden konnte. Die anderen Schüler gingen in die Hofpause und danach zurück in die Klassenzimmer.

Ich ging zum Lehrerzimmer und klopfte an, die Tür öffnete sich, es waren nur der Chemielehrer mit den vergilbten Haaren und der schmuddelige Werklehrer zu sehen. Ein Schachspiel mit einer begonnen Partie stand auf dem Tisch, beide Lehrer rauchten und sahen in ihre Unterlagen. Von der Seite trat eine kleine Fachlehrerin, die ich nicht kannte, zu mir und sagte strapaziert: »Gib schon her!«, nahm mir die Zettel aus der Hand und ließ mich stehen. Keiner hatte Interesse an mir und das schöne Schachspiel stand vor mir und ich atmete ein und ich atmete aus und ich griff zu, drehte mich um, verließ den Raum und schloss die Tür. Eilig ging ich zum Klassenraum zurück und wagte noch einen Blick auf meine Beute. Es war ein schwarzes Pferdchen. Dann betrat ich das Zimmer, die Augen der ganzen Klasse waren auf mich gerichtet, um zu sehen, ob ich mich auch schäme nach der Stellungnahme, meine Hand umschloss fest die Schachfigur und siegreich grinsend ging ich zu meinem Platz und setzte mich. Von da an war Ruhe, sie ließen mich in Frieden, Lehrer und Schüler gleichermaßen.

In der Schule gab es außer dem Unterricht noch verschiedene Veranstaltungen, an denen nach dem Unterricht teilgenommen werden musste. ›Pioniernachmittage‹ nannte sich das. Wir hatten anfangs im Jungpionierhemd mit einem umgelegten blauen Halstuch zu erscheinen und wir hatten unsere Mitgliedskarte bei uns zu führen und mussten die Gebote der Jungpioniere herunterexerzieren. Immerzu Lieben und Achten und Ehren des Staates und des Friedens und der Eltern und wie froh und tüchtig wir alle seien. Es nahm kein Ende, verbrauchte den Nachmittag und war unumgänglich. Später, als Thälmannpionier, dasselbe in Dunkelbunt, nur jetzt mit Gelöbnis und einem roten Dederonhalstuch. In späteren Jahren gab es dann ein blaues Hemd mit Schulterklappen, aber ohne Halstuch und dafür Diskussionen über politische Theorien, und dann nannte es sich ›Freie Deutsche Jugend‹. Ich absolvierte es, aber es ging auch an mir vorbei, da gab es für mich ganz andere Dinge im Alltag zu bewerkstelligen, als in Einheitskleidung irgendwo Worte herunterzubeten.

Ende Herbst fuhren Mutti und ich noch einmal ins Zentrumwarenhaus, um für jeden von uns einen Mantel zu kaufen. Wieder hatte die Großmutter Geld gegeben, Mutti wünschte sich etwas Modernes und ich fror in meinem viel zu kleinen Anorak vom letzten Winter. Wieder die ewige Prozedur, um ins Kaufhaus und zur gewünschten Abteilung zu kommen, aber wir fanden nichts. Es war unglaublich stickig und eng zwischen den vielen Menschen und permanentes Durchdrängeln müssen war zusätzlich nervig, weil ich beständig auf meine Mutter achten musste, dass sie nicht stürzte oder umgestoßen wurde, sie stand nicht wirklich fest auf ihren Beinen und wurde auch oft übersehen. Schließlich schafften wir es zum Treppenhaus und gingen die endlose Rundtreppe hinab, ich immer eine Stufe vor ihr, sie mit der einen Hand stützend und mit der anderen Leute abhaltend, die sich zwischen uns durchdrängen wollten. Es dauerte, bis wir wieder im Freien an der Straßenbahnhaltestelle waren. Im einsetzenden Schneegestöber warteten wir, bis die richtige Bahn kam, fuhren zum Hauptbahnhof und stiegen in den Bus um.

Am Lessingplatz gab es in dem alten Laden mit den blanken Holzdielen dann doch etwas für meine Mutter, die Verkäuferin brachte ein Kleidungsstück extra aus einem der Lagerräume zu uns und wisperte strahlend: »Da hätte ich noch ein Stück, was nicht in den Export (nach Westdeutschland) gegangen ist, etwas sehr Elegantes!« Mutti war begeistert, es war genau ihre Größe und passte perfekt. Auch die Länge des Saumes und der Ärmel waren genau so, wie es sein sollte, das war selten, meist musste sie alles noch von Hand kürzen, bei diesem Teil war es genau richtig. Als sie den Preis erfuhr schaute sie zu Boden und schluckte. Sie drehte sich noch einmal vor dem Spiegel hin und her und sagte dann das ihr die Farbe doch etwas zu grell sei und das wir ein anderes Mal vorbeikommen würden. Sie schlüpfte aus dem feinen Stück heraus, warf sich hastig ihren alten Mantel über und zog mich am Arm aus dem Geschäft. Wir gingen zur Haltestelle und stiegen in den O-Bus und fuhren auf die andere Seite der Stadt. Sie sah die ganze Fahrt über aus dem Fenster und putzte sich immer wieder die Nase.

Am Gerkeplatz gingen wir zuerst in ein Kaffeehaus. Es war spröde eingerichtet und schlecht beheizt und der Kellner schmuddelig und hochnäsig. Mutter nahm eine Tasse Kaffee und ich bekam ein Glas Schwarztee. Hinter vorgehaltener Hand flüsterte sie mir ins Ohr: »Wir müssen Geld sparen, wer weiß, was es kostet, wenn wir doch noch Wintermäntel bekommen. Wir essen hier nichts!« Sie gab mir einen Kuss auf die Wange und begann Zuckerwürfel auszupacken. Sie gab uns jedem mehrere Würfel ins Getränk und bedeutet mir umzurühren und zu trinken. Der Kellner kam und schaute pikiert und fragte nach unserer Speisenbestellung. Mutter sagte: »Wir gehen, es ist uns hier zu kalt zum Sitzen!«, ließ die Rechnung kommen, klappte die Handtasche auf, suchte umständlich das Portemonnaie hervor und zählte dem Schnösel die Pfennige für Kaffee und Tee aufs vergilbte Tischtuch und nahm heimlich noch die letzten zwei Stück Zucker aus der Dose und steckte sie ein.

Zum Bekleidungsfachgeschäft war es nicht weit, es war ein Eckladen mit rechts und links halbrunden Schaufenstern, dazwischen mittig einige Stufen zum holzgetäfelten Einlass. Trotz der feinen Fassade gab es nicht viel Auswahl, die Hälfte des Ladens war leer. Wir schauten uns enttäuscht um und entdeckten dann an einer Kleiderstange vor einer dunklen Holzwand zwischen einer Charge graugrüner Anoraks und brauner sackartiger Überzieher etwas, das uns gefiel. Wir nahmen beide das gleiche Modell, einen Mantel aus Wollstoff in Lachsrot mit goldenen Knöpfen und einem ausgestellten schwingendem Saum, großem Revers und Manschetten an den Ärmeln. Mein Mantel war eine Nummer größer als ihrer, mittlerweile überragte ich meine Mutter. Alles wurde verpackt, die Kasse klingelte und Mutter zählte Geldschein um Geldschein auf den Ladentisch und dann noch einige Münzen. Die Heimfahrt war anstrengend, die in Papier gewickelten Mäntel schwer an dem Bindfaden zu tragen. Doch immerhin hatten wir etwas bekommen und das Geld hatte gerade so gereicht und wir hatten sogar noch Reiseproviant, den Würfelzucker. Wir aßen den und fuhren siegreich heim.

Der Mantelkauf war unsere letzte größere Unternehmung, meine Mutter zog sich immer mehr zurück, sie las viel und nachts weinte sie, das Haus verließ sie nicht mehr. Die Einkäufe erledigte ich und den Müll brachte ich auch raus. Das hieß hier nicht mehr Aschengrube, sondern Müllcontainer, und das war auch nicht ein ummauertes Eck mit einem rostigen Deckel, sondern ein blankes Behältnis auf Rollen, der Deckel halbrund wie von einer Schatztruhe im Märchen. Das Einkaufen ging mit Zettel, da stand genau, was ich zu holen hatte, und das Geld war abgezählt. Auch verlief ich mich nicht mehr, weil mittlerweile Schilder mit richtigen Straßennamen aufgestellt worden waren. Ich hatte immer das Gleiche zu kaufen: Brot, wenn möglich geschnitten, und Butter und Kartoffeln, Grieß und Grusinischen Tee und ein kleines Päckchen Kaffee für meine Mutter. Manchmal 6 Eier, eine Tüte Milch, Kunsthonig (aus Zucker mit 10 % Bienenhonig), Fit zum Geschirrspülen und Fewa oder Spee für die Wäsche. Vom Fleischer holte ich am Wochenende ein halbes Pfund Schweinekamm und einen halben Ring Leberwurst, das musste reichen. Manches Mal ließ ich das Fleisch weg und nahm mehr Leberwurst und holte mir ein Stück rohe Leber, das ich gleich vorm Laden aß. Ich log die Mutter daheim an, es hätte keinen Schweinebraten gegeben, es tat mir zwar leid, das zu tun, aber es gab so oft etwas nicht zu kaufen, dass mir das als die plausibelste Ausrede erschien. Auf Fleisch wurde mir niemals schlecht und auf Rohes hatte ich besonderen Appetit. Und wenn es ab und zu Leber zu kaufen gab, konnte ich mich einfach nicht beherrschen. Bei einer Küchensache allerdings war ich ganz auf Mutters Seite, sie machte traumhafte Bouletten. Dazu brauchte sie ein Viertel (-pfund = 125 g) Gewiegtes (Gehacktes halb vom Rind und halb vom Schwein) und ein Viertel Hackepeter, das wurde vermengt mit einem Ei und einer gehackten Zwiebel und minimal Pfeffer und Salz. Diese Bratlinge wurden in Butter gebraten und waren einfach köstlich. Jeder bekam einen auf den Teller und dazu die üblichen Kartoffeln. Ich hätte mich reinlegen können, leider machte es Mutter viel Arbeit, also gab es das selten.

Das Einkaufen an sich war ganz nett, ich war außer Haus und hatte etwas zu tun, gerne hätte ich noch andere Dinge gekauft wie Fischpaste oder Carnito oder Fips-Fruchtlimonade oder Vierfruchtmarmelade, aber das Geld reichte dafür nicht. Das Heimlaufen war dann eher weniger schön, das hässliche Dederon-Trageelement und das Einkaufsnetz schlugen, verbeult vom Inhalt, gegen meine Beine, die Griffe schnitten mir in die Hände ein und Klassenkameraden, die ich traf, grinsten mir ins Gesicht.

Einmal bin ich wegen des Ausgelachtwerdens heim gerannt und habe nicht auf den Einkauf geachtet, weil ich mich so schämte, und da platzte der Milchbeutel und übergoss Brot und Grieß. Das gab dann daheim Schelte und keine Milch in dieser Woche. Das nasse Brot wurde in Stücke geschnitten und in der Pfanne gebraten, aber den Grießvorrat warf Mutter erbost in den Müll. Sie echauffierte sich immer über alle Maßen, wenn ich wieder etwas angestellt hatte. »Warum bist du nur so ungezogen, warum kann man sich nie auf dich verlassen. Du bist wie dein Vater. Irgendwann drehe ich den Hahn auf, wenn das so weitergeht mit dir!« Alle Erklärungen meinerseits wurden als Frechheiten abgetan.

Dieses immer abzusehende Ende der Einkäufe, dass ich schuld war, wenn etwas nicht klappte oder ich etwas nicht kaufen konnte, weil es das zurzeit im Laden nicht gab, brachte mir auch etwas Handlungsspielraum. Manchmal gab es Dinge zu kaufen, die es vorher noch nie gab, und so erweiterte ich unser Spektrum um tiefgefrorenen Kartoffelbrei, Moskauer Eis, Feinkostsalat, Salmiakpastillen und Ähnliches. Ich rechnete durch, was ich austauschen könnte, und tat es. Daheim brachte ich die Begründung, dass es eben keine Butter gegeben habe und ich stattdessen Griebenschmalz hätte nehmen müssen, und empfing meine Schelte und gut. Ich kaufte ein Gewürz namens Muskat und fand es großartig. Das ewige Salz, Pfeffer, Kümmel war ich so leid. Einmal trieb ich es allerdings zu weit, ich gab unser ganzes wöchentliches Einkaufsgeld für ein Kartenspiel aus. Ein Fehldruck eines für den Export in den Westen hergestellten Kartenspiels wurde in unserer Kaufhalle für stolze 18 Mark und 75 Pfennig angeboten. Es war das letzte im Karton und ich wollte es unbedingt. Also legte ich alles andere zurück ins Regal, nahm nur ein halbes Brot und statt Butter Margarine, damit wir über die Woche kamen. Mein Glück war groß und das Drama daheim entsetzlich. Mutter schrie und weinte verzweifelt und wollte die Spielkarten haben und tobte sondergleichen, ich hatte die Karten auf den Wäscheschrank gelegt und etwas nach hinten geschoben; selbst wenn sie wollte, hätte sie dort nicht nachsehen können, sie war schlichtweg zu klein.

Eine Reise unternahmen wir noch zu meiner Tante Dede. Eigentlich hieß sie Thea, aber das hatte ich als kleines Kind nicht aussprechen können, sie war meine Lieblingstante, also hörten alle den Namen sehr oft in meiner Version. So war Thea der Name ›Dede‹ innerhalb der Familie geblieben. Sie lebte mittlerweile schon lange in einer anderen Stadt und hatte zur Hochzeit ihres Sohnes, meines Onkels Toni, eingeladen. Weder an die Anreise noch an die geliebte Tante oder die Feier kann ich mich erinnern, nur an die Übernachtung und den Tag der Abreise. Die Erwachsenen feierten noch und ich musste abends vor allen anderen schlafen gehen. Mutter brachte mich zu Bett, gab mir einen Gutenachtkuss, deckte mich zu und schloss die Tür. Ich war allein in diesem fremden kalten Schlafzimmer, die Hand vor Augen nicht zu sehen, das dicke Federbett auf mir roch fremd und machte knisternde Geräusche, ich fürchtete mich. Früher im Altbau hatte Mutter die Tür einen Spalt angeklappt, dass ein Streifen Licht hereinfiel, und jetzt im Neubau wurde es nie richtig dunkel.

Stocksteif lag ich unter dem Deckbettmonster und traute mich kaum zu atmen, die Menschen im Haus waren nicht genau zu hören. Wenn diffuse Geräusche an mein Ohr drangen oder jemand durch den Flur lief, hoffte ich jedes Mal, es wäre meine Mutter, die die Tür öffnen würde und hereinkäme, doch nichts geschah. Auch traute ich mich nicht, sie zu rufen, und schlafen ging wie immer gar nicht. Dann wurde leise die Tür geöffnet, ich lag ganz still, wer weiß, wer das war. Es wurden im Halbdunkel mehrere Teller auf die Marmorplatte des Waschtisches neben der Tür gestellt. Dann wurde die Tür sorgsam leise wieder geschlossen. Mir stieg ein unglaublich feiner Duft in die Nase und nach einer Weile begriff ich, dass sie Speisen hier kalt gestellt hatten für die Feier am nächsten Tag. Daheim hatte es niemals herumstehende Speisen, geschweige den Kuchen oder gar Torten gegeben. Jetzt waren sie hier bei mir, ich steckte die Beine aus dem Bett, es war kalt. Barfuß tappte ich über die Dielen und tastete im Dunkeln nach den Köstlichkeiten. Licht zu machen traute ich mich nicht und meine Füße waren so kalt, dass ich schnell wieder ins Bett wollte. Also griff ich einige Male zu und stopfte mir den Mund voll und hüpfte mit vollen Backen wieder zurück ins Bett. Den Mund voller Obstkompott und Buttercreme lag ich glücklich und wohlig im Bett, und als ich alles heruntergeschluckt hatte, leckte ich meine Finger gründlich sauber und schlief ein.

Am nächsten Morgen die peinliche Entdeckung, ich hatte offenbar von mehreren in Stücke geschnittenen Torten genau die Mitte erwischt, so dass es nicht ein unangefressenes Stück mehr gab. Die Blicke der anderen waren eine beleidigte schuldzuweisende Mauer und ich schämte mich in Grund und Boden. Großmutter räumte noch ein: »Ach Liese, hättest du dir ein Stück genommen, hätte keiner etwas dagegen gehabt, aber doch nicht so!« Den Rest der Feierlichkeiten wurde ich bei einer alten Nachbarin geparkt. Sie war uralt und hatte langes weißes, hochgestecktes Haar und trug eine blaugeblümte Kittelschürze, offenbar hatte die Familie ihr nichts von meiner Untat erzählt, denn sie war sehr freundlich zu mir. Wir setzten uns in einer Art Diele zwischen allen Zimmern an einen Tisch. Auf dem blauweiß gemusterten Wachstuch stand ein Teegeschirr mit Zuckerdose und Kanne, sie holte für mich eine weitere Tasse und brachte auch einen kleinen Teller Kekse mit. Dann saßen wir zusammen und jede nippte an ihrer Tasse und sie öffnete ihr Nähzeug und begann etwas zu stopfen. Es war sehr still in den alten hohen Räumen, nur die Uhr tickte. Nach einer Weile ging sie noch einmal in einen anderen Raum und ließ die Tür offen und dann kam er angeflogen, ein zahmer blauer Wellensittich war ihr Hausgenosse und der war es gewöhnt, sich frei zu bewegen, und hatte keine Scheu vor mir. Bubi tippelte über den Tisch, hantierte mit der kleinen Nähschere und tschilpte und brabbelte. Dann flog er hinauf zur Lampe und knibbelte am Stuck. Danach kam er zurück und versuchte die Zuckerdose zu öffnen und pickte einige Krümel auf. Ich war begeistert, er hatte mein Herz im Sturm erobert. Die Hühner meiner Großmutter hatten mich schon sehr angezogen, aber jetzt ein handzahmer Quatschkopf in der Wohnstube, ich war hin und weg. Als Mutter mich dann auf den Abend zu abholte, um noch ein Stück spazieren zu gehen vor der Heimreise, wollte ich mich gar nicht trennen. Die nette Nachbarin sagte zum Abschied: »Sei doch nicht traurig, mein Kind, vielleicht bekommst du auch mal einen Wellensittich, vielleicht zum Geburtstag«, und sah meine Mutter an, die sah weg.

Wir gingen ein Stück spazieren und in einem kleinen Geschäft lag in der Auslage im Schaufenster ein winzig kleines Rommé-Kartenspiel und auf dem Deckblatt waren kleine Vögel. Schon wieder war ich schockverliebt und dachte, meine Glückseligkeit hinge davon ab, es zu besitzen. Aber nicht nur dass es Sonntag war und der Laden geschlossen hatte, das Kartenspiel war auch enorm teuer. Die Mutter seufzte: »Ach komm, das ist nichts für uns, so was können wir uns nicht leisten«, und zog mich weiter. An der nächsten Ecke blieb sie stehen, sah mich an, runzelte die Stirn und sagte: »Außerdem haben wir ein Kartenspiel zu Hause, du wirst schon wissen wo. Und nächstes Wochenende zeige ich dir, wie das Romméspielen geht.«

Bei den Pionierveranstaltungen in der Schule wurden Arbeiterkampflieder gesungen. Was das genau sollte, habe ich nicht begriffen, denn wir hatten ja schließlich einen Arbeiter-und-Bauern-Staat und keinen Krieg mehr, aber das Singen machte mir Freude, und als dann Heimatlieder auch miteinstudiert wurden, bekam ich sogar mal einen Preis. Mein Vortag von »Unsere Heimat, das sind nicht nur die Städte und Dörfer« stieß auf große Bewunderung, im ganzen Raum war es mucksmäuschenstill, als ich sang.

Im Rahmen des Deutschunterrichtes fuhren wir mit der Straßenbahn in den benachbarten Stadtteil und besuchten eine Leihbibliothek. Es war ein tolles Erlebnis. Die gesamte untere Etage einer Villa war voller Bücher. Am Eingang wurden unsere Namen und Adressen notiert und jedes Kind erhielt einen Zettel, den die Eltern daheim unterschreiben sollten. Mit diesem Zettel durften wir wiederkommen und kostenlos Bücher mit nach Hause nehmen zum Lesen. Eine Zeit lang ging das auch, aber dann war meiner Mutter die Straßenbahnfahrt hin und zurück für 20 Pfennig zu teuer und außerdem war ich den ganzen Nachmittag dafür außer Haus und sie wollte mich lieber daheim wissen und um sich haben. Wir spielten Rommé und sahen fern und ich ging zur Schule und Einkaufen, das wars für Monate, meine Mutter ging nirgendwo mehr hin und wir blieben immer zu Hause, es war nie irgendetwas los. Oft stand ich sonntags am Balkonfenster und sah auf die Passanten und die wenigen Fahrzeuge draußen und dachte: *Irgendetwas muss es da doch noch geben, das kann doch nicht alles sein.*

Und dann passierte doch etwas. Ich kam etwas später als sonst vom Einkaufen, schleppte Taschen, und kurz bevor ich zu unserem Block abbiegen musste, stand da ein Bus an der Straße. Dort parkte sonst nie ein Fahrzeug, erst recht kein so großes. Ein roter, mit Gelb gemusterter Bus ohne Fenster, auf dessen geriffelter Oberfläche FAHRBÜCHEREI stand. Sofort stieg ich ein, schämte mich wegen der Einkaufstaschen, aber erkundigte mich, wie es funktionierte, und erhielt den Unterschriftzettel und rannte heim. Es war kurz nach halb sechs und bis um 18 Uhr würde diese fahrende Bücherkiste dort parken. Das mütterliche Drama kürzte ich aus Zeitgründen sehr stark ab, indem ich hoch und heilig alles versprach, was sie verlangte und traf kurz vor knapp wieder in der Bücherei ein, erhielt meinen Leseausweis und griff mir zwei Bildbände und ein Lexikon, das direkt neben dem Tresen stand, und flog förmlich heim. Die Fahrbücherei wurde mein Drehundangelpunkt in der Freizeitgestaltung. Ich las. Und zwar alles, was mir in die Hände kam. Märchen, historische Geschichten, Reiseberichte, wissenschaftliche Abhandlungen, Gedichte, Bildbände, utopische Romane, Gruselstorys, Kochbücher, Liebesromanzen, Tierbestimmungsbücher, Krimis, Biographien, Erlebnisberichte, Pflanzenbücher und so weiter. Ich las die gesamte Fahrbibliothek aus. Dafür brauchte ich zwei Jahre.

Außer den Bücherwelten war mein Alltag das Leben mit meiner unglücklichen, mit sich und dem Leben hadernden Mutter und den Erledigungen, die sie mir stets aufs Neue auftrug: »Liese, nun stell dich nicht so an, du weißt doch, dass ich es mit meinen kranken Beinen nicht machen kann, und es muss gemacht werden, nun komm!« Die zu erledigenden Dinge waren: alle sechs Wochen Gardinen abnehmen und in der Badewanne von Hand waschen, Fenster putzen, die Gardinen wieder aufhängen, nachdem Mutter sie mit viel Aufwand trockengebügelt hatte. Außerdem musste ich Müll rausbringen und einkaufen. Alles andere in unserer Wohnung machte sie. Zwar stand sie auf Kriegsfuß mit dem Haushalt, aber hielt alles am Laufen, weil ja irgendwer kommen könnte, was aber nie geschah. Nur einmal war ein Lehrer zu einem Gespräch gekommen, da meine Mutter nie zu Elternabenden in die Schule ging. Nach einer Viertelstunde hatte er erfasst, dass mit meiner Mutter nicht zu reden war und wir zwar arm waren, aber alles tiptop sauber und aufgeräumt ausschaute, und ging wieder. Vielleicht war das genau diese eine Situation, für die meine Mutter ihr Leben lang den Haushalt erledigt hat. Und damit war dann in der Schule abgehakt, das Kind ist seltsam und klapperdürr und schlecht gekleidet, aber zu Hause bei denen kannst du vom Fußboden essen.

Dass die Mutter unsere Wäsche von Hand am Waschbecken

wusch, widerstrebte meiner Großmutter und so besorgte sie uns eine Waschmaschine, die schmal genug war, in unserem Bad im Gang neben der Badewanne stehen zu können. Es war ein Kombigerät: Wenn man den Blechdeckel hochklappte, zeigte sich links ein eckiger Bottich aus Metall und rechts eine runde bewegliche Trommel. Am Boden des Bottichs war eine drehbare Plastikschraube. Das hieß ›Wellradwaschmaschine‹ und drehte die Wäsche einfach im Kreis. Nach dem Waschgang hob man die nassen Wäschestücke nach nebenan in die Schleuder und dann fuhren sie weiter Karussell. Etwas weniger anstrengend, als von Hand zu waschen, war es schon, aber meine Mutter kam nicht damit zurecht. Einmal setzte sie Handtücher zum Kochen an und als sie wieder ins Bad kam, qualmte es aus der Maschine und nach dem Deckelöffnen war ein kleines Feuer im Bottich zu sehen. Mutter hatte die Handtücher hineingelegt, die Heizung fürs Wasser angestellt und auch das Wellrad in Gang gesetzt, nur das Wasser hinzuzufügen hatte sie vergessen. Künftig wusch sie weiter von Hand, benutzte aber die Schleuder. Von solchen Highlights abgesehen lief alles wie immer, weiterhin wurden mir fertig gestrichene Brote vorgesetzt und fast jeden Mittag gekochte Kartoffeln, täglich wischte sie die Böden der gesamten Wohnung und wischte auch Staub und niemals stand ein ungewaschenes Stück Geschirr in der Spüle oder ein Topf auf dem Herd. Es war steril und leer wie in einem Weltraumlabor in unserer Küche.

Aber dann war da mein Leben in der Bücherwelt aus der Bibliothek. Ich bereiste Afrika in einem Bildband, parallel dazu war ich mit Till Eulenspiegel im Mittelalter und lernte in einem Tierbestimmungsbuch, wo Wellensittiche in die Reihe anderer Papageien eingeordnet waren, und merkte mir, wer wo lebte und was fraß, Erlebnisberichte von Zirkusleuten interessierten mich wegen der Tiere und dem Unterwegssein. Stanislaw Lem war gruselig, Edgar Allan Poe nicht minder. Meiner Mutter brachte ich Taschenbücher von Edgar Wallace mit, sie mochte sie, ich aber nicht. Das ging nur bei einer Bibliothekarin, die nicht so genau auf den Ausweis sah und mich aufgrund meiner Größe und meines Auftretens für wesentlich älter hielt, als ich war. Ansonsten wurde Erwachsenenliteratur nicht an Kinder ausgeliehen.

In der Schule führte ich ein Außenseiterdasein, kaum einer sprach mit mir, nur wenn sie ihre Hausaufgaben nicht verstanden hatten, kamen manche zu mir um meine abzuschreiben. Ich ließ das zu, was ging mir verloren? Nichts. In den meisten Fächern sah ich zum Fenster hinaus, um mich nicht zu langweilen, es gab immer Vögel zu beobachten oder das Wetter, in Mathematik musste ich mich etwas bemühen, die Aufgaben mit Unbekannten und Koordinatensystemen erschlossen sich mir nicht. Und Geographie verweigerte ich, eine Landkarte, auf der es nur die DDR gab und alles rundherum grau schraffiert war, konnte nicht richtig sein. In Geschichte und Staatsbürgerkunde diskutierte ich gern und in Physik und Chemie hatten die jeweiligen Lehrer und ich Freude an meiner Betrachtung der Dinge. Der Biologieunterricht inklusive Aufklärung fiel aus, weil die Lehrerin schwanger war.

Dann kam eine Reihe von seltsamen Erlebnissen, in deren Folge ich nicht mehr so gern das Haus verließ, auch meine schulischen Leistungen wurden schlechter. Ich verlor das Interesse an vielen Sachen. Stand häufig neben mir und alles schien mir wie ein Film, der für andere gemacht war, und ich lief nur so mit. Zuerst war es dieser unsympathische Turnlehrer, der uns Mädchen immer so seltsam Hilfestellung gab. Plötzlich waren Gymnastik oder Ballspiele nicht mehr von Bedeutung. Stunde um Stunde mussten wir über den Barren oder über den Bock springen. Seltsame Kisten, vor denen eine Platte mit Sprungfeder und dahinter eine Matte zum Abpolstern des Sprunges aufgebaut waren. Der Bock war wie ein Lederkoffer mit vier Beinen, die auf unterschiedliche Höhe eingestellt werden konnten. Wir standen in einer Reihe an und das Mädel, das dran war, nahm Anlauf auf dem Parkett und Schwung auf dem Sprungbrett und hüpfte entweder mit angehockten Beinen oder in der Grätsche über diesen Bock. Die Jungs hatten anderen Sportunterricht und waren mit ihrem Lehrer auf dem Sportplatz.

Unser Lehrer stand direkt neben dem Gerät, um der jeweiligen Schülerin Hilfestellung zu geben. Meist griff er am Oberarm zu, manchmal aber auch am Rumpf oder am Hintern. Mir wurde jedes Mal schlecht, bevor ich dran war. Und einmal, als Grätsche angesagt war, schloss ich direkt im Sprung vor dem Bock die Beine, als ich die Hände des Lehrers auf mich zukommen sah, und krachte mit aller Kraft von Masse und Beschleunigung gegen das Turngerät und stürzte damit um. Der Lehrer stand daneben, er hatte mich nicht gehalten. Ich lag auf dem Matte und bekam keine Luft und er stand daneben.

Wenige Tage später war ich im Nachbarkiez, um in einem Kurzwarenladen Nähseide und Sternchenzwirn zu kaufen. Auf dem Heimweg musste ich mächtig in die Pedale treten, weil ich außerdem noch Zeit in einem Buchhandel verbracht hatte und es schon dunkel wurde. Ohne auszuweichen, fuhr ich mit dem Rad über einige kleine Steine und der Reifen sprang von der Felge. Ich kam gerade so zum Stehen, ohne zu stürzen. Es war kurz vor Beginn unseres Neubaugebietes an der Gärtnerei Gronzki. So konnte ich nicht weiterfahren. Ich stieg ab und schaute auf mein Hinterrad, da kam ein anderer Radfahrer, ein freundlicher Mann, der anhielt und mir Hilfe anbot. Er drehte mein Rad auf Sattel und Lenker und begann an dem Hinterrad herumzuwerkeln und sagte dann, ich möge mir das anschauen, was er tat, damit ich es das nächste Mal selber könne. Er schnappte mit einem krummen Metallwerkzeug den Mantel wieder in die Felge und kommentierte das Ganze: »So muss das gemacht werden, Mädchen, jetzt musst du nur noch Luft aufpumpen!« Ich trat etwas näher, um im Halbdunkel besser zu sehen. Da griff er das Rad und drehte es wieder richtig herum und dann griff er mich und drückte mich an den Zaun und fasste mich überall am Körper an, ich konnte nichts tun. Stand stocksteif und tonlos da neben meinem Fahrrad an dem Zaun und er grunzte und rieb sich an mir. Dann bog plötzlich zwischen Gärtnerei und Friedhof die hell erleuchtete Straßenbahn um die Ecke und quietschte in den Schienen. Ich kam zu mir, riss mich von dem Mann los, ergriff mein Fahrrad, schnappte meine Einkaufstasche vom Boden und hastete die zweihundert Meter vorwärts ins Neubauviertel.

Hier waren viele Straßenlaternen und ich schob mein plattes Rad so wie es war nach Hause. Der Mutter konnte ich nichts davon erzählen, sonst hätte sie ein Endlosdrama gemacht und es ging mir eh schon nicht gut. In den kommenden Monaten erzählte ich der Mutter, dass ich das Rad nicht reparieren könne, was wusste sie schon von Fahrrädern, und ging nur zur Kaufhalle einkaufen und sonst nirgendwohin. Dieses Unwirklichkeitsempfinden, dass alles, was passiert, nicht echt ist, drangsalierte mich jeden Tag und der krasse

Gegensatz, das Bewusstsein, dass jederzeit alles geschehen kann und dass ich nirgendwo in Sicherheit bin, war wieder da.

Wieder einmal brachte meine Großmutter ein Wunder zustande, ich wurde erneut auf Kur geschickt. Ich dachte, wegen meiner Dürrheit, aber dass in dieser Zeit Tante Dede an Krebs starb und beerdigt wurde, erfuhr ich erst im Nachhinein. Meine Kur und was da an medizinischen Maßnahmen wie Trockenbürsten und Gymnastik lief, war bald vergessen; was zurückblieb, war eine große Traurigkeit. Nichts ging mehr, ich lief durch eine Kulisse meines Lebens, meine Noten stürzten in den Keller und ich begann zuzunehmen. Die Einkäufe erledigte ich nur noch widerwillig, ich diskutierte mit meiner Mutter jeden Handgriff, den ich tun sollte. Ihr alltägliches Drama aus Geschrei und Tränen nervte mich enorm, trotzdem setzte ich mich zur Wehr. Ich wollte einfach nicht mehr mitmachen. Eine Zeitlang gab sie noch die Vorstellung einer Ohnmacht; wenn ich von der Schule kam, lag sie auf dem Küchenfußboden und regte sich nicht. Beim ersten Mal war ich sehr erschrocken und wusste nicht, was ich tun sollte, beim zweiten Mal ebenso. Ich holte eben ein Kissen und legte es ihr unter den Kopf und setzte mich zu ihr. Ab dem dritten Mal bettete ich sie auf und ging dann in mein Zimmer und las. Ich wusste nicht, was ich hätte tun sollen, wusste keinen, den ich fragen sollte oder wo ich hätte hingehen sollen.

Im kommenden Winter bekam ich einen Wellensittich geschenkt, er war blau und ich nannte ihn Bubi und binnen kürzester Zeit hatte ich ihn gezähmt und brachte ihm das Sprechen bei. Mutter hasste es wenn er in ihren Gardinen herumkletterte, aber wirklich böse sein konnte sie ihm nicht, sie hatte als Kind während ihrer jahrelangen Bettlägerigkeit selbst solch einen Vogel gehabt. Da es in der Sämereienhandlung nicht immer Futter und Sand zu kaufen gab, musste ich gelegentlich wieder in den benachbarten Stadtteil fahren um in einer Zoohandlung die benötigten Sachen zu bekommen. Wellensittiche gab es dort auch und ihr freundlich zugewandtes Verhalten untereinander gefiel mir. In diesem Viertel waren auch der Buchladen und die Kurzwarenhandlung und weitere Geschäfte, ich gewöhnte mir das Durch-die-Läden-Schlendern an, es war so schön; der Mutter daheim erklärte ich den Zeitverzug mit Schlangestehenmüssen.

Sittich Bubi erhielt bald Gesellschaft, eine gelbe Schecke war mir im Zoohandel besonders aufgefallen, ich nannte sie Susi. Als dann im Klassenverband jemand seinen Wellensittich abgeben wollte, weil der zu viel Dreck machte, überzeugte ich meine Mutter, dass wir den retten müssten, und so kam Emmi ins Haus. Sie war blassblau und sehr sanft und klein und wurde von der eifersüchtigen Susi oft gehackt. Also holten wir Flori von einem Züchter. Flori war grau und freundlich zu Emmi und alles war im Lot im Vogelheim. Alle diese Vögel wärmten mir das Herz und hatten regelmäßig Freiflug und dadurch bekam endlich die ewige Putzerei meiner Mutter einen Sinn.

Von der Schule her wurden Kinder zum Leistungsschwimmen gesucht, da machte ich eine Weile mit und erlangte mit Leichtigkeit meine Schwimmstufe. Dann geschah ein Missgeschick und ich zog mir eine arge Quetschung der Brust durch einen Garderobenhaken zu. Ich war schwungvoll auf die Bank der Umkleide gestiegen, um den Badeanzug über die Trennwand zu hängen, und hatte dabei nicht an meine mittlerweile etwas größere Oberweite gedacht. Mir wurde schlecht vor Schmerz. Von da an waren meine Brüste nicht mehr symmetrisch, ich schämte mich, dass ich so ungeschickt war, und behielt das für mich. Meine Mutter brauchte ich nicht zu überzeugen, mich beim Schwimmen zu entschuldigen, sie wollte eh nicht, dass ich außer Haus war. Kurz darauf verschwanden auch die dauernden Nebenhöhlenentzündungen. Der Staffelstab wurde weitergereicht, ab jetzt hatte ich Heuschnupfen mit heftigen Niesattacken und konnte kaum aus den Augen schauen.

Später hatte ich eine Freundin in der Schule, sie sprach mit mir und lud mich auch zu sich nach Hause ein. Dass sie eigentlich nur einen Komplizen gesucht hatte, wurde mir erst später klar. Sie überredete mich, die Schule zu schwänzen, und gemeinsam fuhren wir in die Stadt. Durch die körperlichen Veränderungen der Pubertät passten mir meine Kleider nicht mehr gut und sie setzte mir die Idee in den Kopf, dass wir Klamotten klauen könnten. Es war so absurd wie abenteuerlich und wir taten es. Einige schöne Sachen wanderten in meinen Besitz über, bis wir erwischt wurden. Wir wurden festgesetzt und von der Polizei im Hinterzimmer des Ladens einzeln vernommen. Ich saß da und schwieg und sie erzählte bereitwillig alles bis ins

Detail, was ich in den letzten drei Tagen genommen hatte und wie wir vorgegangen waren. Es war ein schwerer Verlust für mich, die schönen Sachen wieder herausgeben zu müssen; hätte sie nicht alles ausgeplaudert, wäre mir noch etwas geblieben, dachte ich. Sie kam mit etwas Schelte davon, mir wurde alles weggenommen und ich wurde mit Arbeitsstunden in einem Straßenbahnhof bestraft.

Zwischenzeitlich war noch die Jugendweihe, eine Festveranstaltung, bei der Jugendliche in den Kreis der Erwachsenen aufgenommen wurden und Geschenke von der Familie erhielten. Aufgrund der letzten Ereignisse wurden mir vom Familienrat meine Jugendweihefeier daheim und die Geschenke gestrichen. Nur an der offiziellen Veranstaltung im Kulturhaus durfte ich teilnehmen. Die anderen Mädchen waren schön frisiert und trugen sogar Nagellack und Schminke, ich nicht.

Als die Schulferien begannen, musste ich täglich im Straßenbahnhof antreten und Straßenbahnen putzen. Es war widerlich, aber einer der Lehrlinge sah ab und zu bei mir im Wagen vorbei und machte Scherze. Er war sympathisch und deutlich größer als ich und gab nicht auf; ich gewöhnte mich an ihn. Nach einigen Wochen überredete er mich, dass ich mit ihm zum Kiessee komme und wir dort baden gehen. Ich hielt die Verabredung ein und brachte auch Badesachen mit. Nur dass es da kein Wasser gab und auch keine anderen Leute. Er griff meine Hand und zog mich hinter sich ins tiefe Gras und begann sich auszuziehen. Ich stand verwirrt herum und er sagte: »Nun mach schon, zieh die Klamotten aus.« Ich tat, was mir gesagt wurde, und dann sollte ich mich ins Gras legen und das tat ich ebenso. Es war, als würde mich das alles nicht betreffen. Er legte sich auf mich und tat etwas mit mir und ich war nicht da. Es gab viel zu sehen. Viele hohe gelbe Grashalme hinter mir und neben mir und dann stand er irgendwann auf, zog sich an und ging. Also stand ich auch auf, zog mich an und ging nach Hause.

Am nächsten Morgen saßen alle Mitarbeiter des Straßenbahnhofes vor der Schicht an einer langen Bank und frühstückten. Wie in den letzten Wochen auch kam ich herein und setzte mich dazu. Da stand dieser Lehrling breit grinsend halb auf, zeigte quer über den Tisch auf mich und rief mit vollem Mund: »Und die dort, die habe ich gestern entjungfert.«

Mittlerweile war ich in die 9. Klasse gekommen und viele der anderen Mitschülerinnen gingen schon zur Disko und erzählten davon, wie toll es da war. Ich konnte mir das alles nicht vorstellen und hatte eh keine coolen Klamotten. Als eines Tages kurz vor den Weihnachtsferien Heidi in der Hofpause auf mich zu kam und fragte: »He Liese, willst du Freitagabend nicht mit zur Disko ins ›Kombinat‹ kommen, ich borg dir auch was zum Anziehen?«, war ich eher erstaunt als erfreut. Heidi bequasselte mich, ich bequasselte meine Mutter und ging mit den anderen Mädels zur Disko. Der Hinweg war fast wie auf dem Schulhof in der großen Pause, die Mädels liefen eingehenkelt und schwatzten und ich ging mit etwas Abstand und hing meinen Gedanken nach. Die geborgten Stiefel von Heidi drückten etwas, aber ihre Bluse war sehr schick und passte mir gut und ich hatte Ohrringe drin und fühlte mich sehr chic mit alledem.

Im Kultursaal der großen Fabrik waren Tische und Stühle an den Rand gerückt worden, es gab einen Tisch, wo Getränke ausgegeben wurden, laute Musik lief und buntes Licht flackerte. Es gefiel mir, aber dass die anderen gleich auf die Tanzfläche hüpften und herumwackelten, ging mir doch zu weit. Ich sah mir alles an und war da, das genügte mir.

Heidi henkelte mich irgendwann unter und nahm mich mit zur »Bar«. Sie kaufte uns jedem eine Limonade und im Gedrängel stießen wir mit zwei Jungs zusammen. Eddie, der Größere, war sehr sympathisch und ständig am Herumalbern und Biertrinken, Ronald drahtig und am Diskutieren auch er trank Bier. Beide hatten gerade mit der Lehre begonnen und waren nur wenig älter als wir. Wir tanzten und lachten. Die Veranstaltung neigte sich ihrem Ende zu und Eddie ging zu einer anderen Fete und Ronald brachte mich nach Hause bis zur Haustür und wollte knutschen.

Von nun an kam Ronald oft nach der Arbeit zu Besuch und wir standen vor der Haustür und redeten und knutschten. Mutter fand das ungehörig und rief uns nach oben. Bei angelehnter Zimmertür unterhielten wir uns, während meine Mutter nebenan saß und ihre Heimarbeit machte. Ein Zuverdienst, wo einmal im Monat Kartons, Klammern, Minitütchen, Preisschilder und ein großer Pappsack voller Plastikzahnstocher geliefert wurden. Zur Verabschiedung brachte ich Ronald immer zur Haustür und da gabs wieder eine Kusselei. Als es wärmer wurde, trafen wir uns im Freien und gingen auch spazieren und so weiter. Ich war seine erste Liebe, er meine, und wir verliebten jungen Menschen hatten keine Ahnung von Verhütung.

Es kam, wie es kommen musste, ich wurde schwanger. Meine Mutter war am Weinen und die Familie trat auf den Plan. Tante Karin traf ich auf dem Weg zum Einkaufen und die wusch mir gehörig den Kopf, und dass ich das Kind nicht bekommen würde, sei doch klar und so weiter.

Dass plötzlich alle mit mir redeten, war mir neu, und warum sie so böse wurden, verstand ich nicht. Allerdings hatte ich mir auch nie über das Thema Gedanken gemacht. Im Familienkreis war niemand schwanger, auch kannte ich niemanden, der ein Baby hatte, und aufgeklärt worden war ich weder in der Schule noch daheim. Was war so schlimm daran, ein Kind zu bekommen? Allgemeine Vorhaltungen und Schelte, von allen Seiten hagelte es auf mich ein. Schließlich das Gebot der versammelten Familienrates der Tanten, die Großmutter voran: »Du wirst dieses Kind wegmachen lassen. Fertig!«

Der Termin beim Gyn kam, ich wurde untersucht und Blut wurde abgenommen. Ich wurde für gesund und gebärfähig befunden. Dann trug ich die Sache vor, dass die Familie beschlossen habe, dass es weggemacht werden solle. »Aber ich will das nicht.« Jetzt war es raus, mir wurde ganz anders, aber es war gesagt und fühlte sich richtig an. Der Doktor sah mich noch einmal an und meinte, ich sei noch recht jung, aber körperlich durchaus in der Lage, ein Baby zu bekommen. Ich merkte an, dass ich in der Schule gut sei, auch meinen Abschluss nicht gefährden würde. Er meinte, dann sei doch alles gut und mich könne niemand zwingen, das Kind abzutreiben, es bliebe letztendlich meine Entscheidung. Ich war erleichtert und froh. Es war meine Entscheidung und ich würde mein Kind behalten. Die Familie machte mir wochenlang die Hölle heiß, aber ich hielt stand. Dann war ich im vierten Monat und die Austragung unumgänglich.

Ronald und ich gingen spazieren in Parks und auf Friedhöfen und hier und da tauchten schöne Namen auf Grabsteinen auf, die uns gefielen. Ich hatte nachts keine Albträume mehr, ich träumte von diesem Kind, es hatte helle Locken und helle Augen und lief in einem roten Mäntelchen die Straße entlang. Ich freute mich sehr auf mein Mädchen und es ging mir gut. Der Sommer war um, die Schule begann wieder und wer es bis dahin noch nicht wusste, konnte es jetzt sehen: Die Liese hat einen dicken Bauch und ist schwanger. Ich ging ganz normal zur Schule und bekam gute Noten, nur musste ich nicht mehr am Sportunterricht teilnehmen. Der kleinen Sportlehrerin, die seit diesem Schuljahr neu bei uns unterrichtete, stand der Hass ins Gesicht geschrieben, wenn die anderen Schüler ihrem Drill folgen mussten, während ich am Rand auf einer Holzbank saß und Babysachen häkelte. Ronald war sehr gut in der Schule gewesen und machte mir meine Mathehausaufgaben, die höhere Mathematik erschloss sich mir einfach nicht, ansonsten machte die Schule mir keine Probleme.

Der Winter kam, das Baby wuchs im Bauch und ich bekam Hexenschuss, konnte nur noch an der Wand gestützt laufen, aber das verging nach einigen Tagen. Bei der Schwangerenberatung drückte die Schwester einen Holztrichter auf meinen Bauch und horchte daran und notierte die kindlichen Herztöne. Manchmal musste sie lange dafür suchen oder fand sie nicht. Jedes Mal wurde ich nach Kindesbewegungen gefragt, aber ich konnte nichts berichten, denn da war nichts Genaues wahrzunehmen. Auch der Bauchumfang wurde gemessen. Nach den Herbstferien ging ich nicht mehr zur Schule und arbeitete zuhause weiter die Lehrbücher durch.

Ronald war bei uns eingezogen, seine Mutter war nicht für unsere Verbindung und auch gegen das Kind. Trotz der allgemeinen Widerstände beider Familien ging es uns vieren recht gut. Ronald ging zur seiner Ausbildung als Elektriker; ich lernte und häkelte Babysachen und versorgte meine Vögel. Das Kind war in meinem Bauch gut aufgehoben. Meine Mutter hatte das Weinen aufgegeben und mühte sich mit ihrer Heimarbeit, kurz vor dem Abholtermin half ich ihr immer einige Tage, die Zahnstocher einzutüten und zu verpacken. Und durch die 80 Mark von der Heimarbeit und den Fuffi, den Ronald von seinem Lehrgeld als Kostgeld abgab, konnten wir schöne Sachen einkaufen. Es gab jetzt immer Eier im Haus und ich kaufte mir dauernd Möhren aus Appetit und Schinkenspeck und Mortadella. Wir hatten es schön miteinander. Eddie, Ronalds bester Freund, wohnte um die Ecke, den konnte er besuchen. Meine Großmutter hatte das Landleben aus Altersgründen aufgegeben und war mit dem Opa auch in unser Neubauviertel gezogen. Tante Hanni wohnte im

Nachbarbezirk und Onkel Joachim weiter auf dem Dorf bei den angeheirateten Leuten.

Der Geburtstermin näherte sich und nichts geschah, mittlerweile hatte ich auch sanfte Kindesbewegungen und leider auch tiefrote Schwangerschaftsrisse um den Bauchnabel. Dass mein weißer glatter Bauch so aussah, fand ich sehr schade, die Schwestern bei der Schwangerenberatung lachten nur darüber. Ronald kam eines Abends von der Schicht und brachte uns Verlobungsringe mit, er hatte sie selbst aus einem Kupferrohr geschnitten und glatt geschmirgelt. Den Antrag machte er mir abends allein in der Küche und ich nahm ihn an. Das Leben hatte begonnen, ich würde ein Kind und einen Mann haben und die Schule beenden und dann arbeiten gehen – das war doch etwas!

Als der Geburtstermin zwei Wochen überschritten war, wurde ich ins Klinikum zur Fruchtwasserspiegelung geschickt. Das war eine lange Straßenbahnfahrt und nach der Ankunft knapp einen Kilometer zu laufen, bevor ich in einem mit hochschwangeren Frauen überfüllten Wartezimmer auf die Untersuchung warten musste. Damit die Gerätschaft zur Spiegelung des Fruchtwassers funktionierte, musste die Blase voll sein. Ich wartete zwei Stunden mit voller Blase, bis ich dran war. Alles war gut und ich sollte am übernächsten Tag wiederkommen. So ging das mehrere Mal.

Schließlich war ich am Ende der 45. Schwangerschaftswoche und wachte morgens vor vier auf und hatte erste Wehen. Wirklich sicher war ich mir nicht, ob der steinhart gespannte Bauch und das Ziehen im Rücken tatsächlich der Beginn der Geburt waren oder nicht, also blieb ich still neben Ronald im Bett liegen. Stand normal mit allen auf, frühstückte ein halbes Schinkenbrot und trank ein Glas Schwarztee, dann fuhren wir zu unserem Termin um 11 Uhr zur Spiegelung. Auf dem Weg zur Straßenbahn kamen die Wehen dann alle paar Minuten und wurden stärker, ich lief dann etwas langsamer und atmete tief durch, aber sagte Ronald nichts.

Im Wartesaal fiel ich nicht weiter auf, viele schnauften da etwas und hatten mit sich zu tun, bei der Untersuchung sagte ich keinen Mucks, auch nicht als eine Wehe kam und der Arzt meinte, das Fruchtwasser sei trüb und ich müsse dableiben und die Geburt würde jetzt eingeleitet. Ich wurde gleich vom Untersuchungszimmer in die Entbindungsabteilung gebracht konnte Ronald nicht Tschüss sagen. Und der wurde heimgeschickt, meine Tasche zu holen.

Lange musste ich im Vorbereitungszimmer warten, bis ein Kreißsaalbett frei war. Am Nachmittag war es dann so weit und die erste Hebamme, eine blonde junge, brachte mich hin und war sehr nett und redete mir gut zu. Der Wehenschreiber zeigte, dass ich alle fünf Minuten Wehen hatte, aber die Intensität war wohl zu gering und deshalb wurde mir ein Tropf gelegt. Eine harte lange Nadel aus dickem Metall wurde in meine Armbeuge gestochen, ab da konnte ich den Arm nicht mehr anwinkeln. Ich atmete mich durch die Wehen und hielt mich am Metallgestänge des Bettes fest. Einmal kam die Blonde noch und massierte mir den Rücken. Über der Tür des Kreißsaals war eine große Uhr,die tickte durch die Stunden.

Die Frau im Nachbarbett bekam kreischend ihr Kind und die zwei wurden auf die Wochenstation verlegt. Es wurde Abend und ich hatte Durst. Später war Schichtwechsel, eine andere Hebamme begann ihren Dienst. Sie war alt, barsch, klein, und fett und machte andauernd eine rektale Untersuchung, um zu ertasten, wie weit der Muttermund sich geöffnet hatte. Sie war erbarmungslos. Kam ins Zimmer, schob Decke und mein Hemd weg und untersuchte. Ohne Vaseline, ohne Vorwarnung. Der Durst war arg, aber sie gab mir nichts zu trinken. Mein Kreislauf kippte immer wieder weg, ich versuchte mich zu drehen und beugte den Arm mit dem Tropf in einer Wehe und dann war die garstige Nadel raus. Blut tropfte aufs Bettlaken, bildete eine kleine Lache. Sie schimpfte mit mir, dass ich nicht aufpasse und das Bett schmutzig mache.

Eine neue Frau lag im Nachbarbett und bekam lautstark ihr Kind und wurde verlegt. Zur Nacht kam ein dunkelhaariger Doktor und legte den Tropf neu und sagte, ich bekäme jetzt etwas zum Schlafen. Ich schlief nicht, die Wehen kamen weiter und wurden stärker. Gegen Mitternacht hatte ich die Schnauze voll und rief nach der Schwester, aber es kam niemand, ich sah durch die offene Tür in den halbdunklen Flur, da war keiner. Die Wehen gingen immer stärker weiter und die Pausen dazwischen waren minimal und es setzten Oberschenkelkrämpfe ein, bei jeder Wehe krampfte meine Beinmuskulatur. Ich wusste mir nicht zu helfen und rieb und knetete mit den Händen, damit es aufhören solle, aber es half nicht. Schließlich kratzte ich mir mit den Fingernägeln die Haut blutig, von den Knien bis zur Leiste, bei jeder Wehe, das half etwas.

Die Uhr zeigte vier, da kam eine neue Frau ins Bett nebenan und mit ihr eine andere Hebamme. Diese kam zu mir und sprach mit mir und ordnete mein Bett und zeigte mir, wie ich atmen müsse, und dann vergingen die Krämpfe. Sie war sehr freundlich, hatte aber mit ihrer Patientin zu tun und keine Zeit für mich. Sie maß noch einmal meinen Blutdruck, der war 75 zu 50 und der Puls bei 95, aber die kindlichen Herztöne sackten immer wieder unter fünfzig, sobald ich auf der Seite lag. Sie notierte alles und ermahnte mich, so gut es ginge auf dem Rücken zu liegen. Dann ging sie hinter den vergilbten Paravent, der zwischen den Betten stand. Ich legte mich auf den Rücken und mein Kreislauf klappte weg, mir wurde flau und ich sah alles rundum in flimmerndem Schwarzweiß im Tunnelblick. Aber die Herztöne meines Kindes auf dem Monitor wurden bei über 100 angezeigt. Also blieb ich so liegen und hielt durch. Als die Nachbarin unter Gequietsche ihr Kind geboren hatte und verlegt worden war, war ich wieder allein. Ich atmete und schwieg und hielt mich mit allen Kräften am Bett fest. Die Wehen kamen fast ohne Pause und ich lag still da und atmete.

Der Zeiger der Uhr rückte auf sechs, ein Arzt kam herein und machte Licht an, die Schwestern erschienen, huschten eilig umher. Dann kamen Studenten herein und weitere Weißkittel und standen um das Fußende meines Bettes herum. Es wurden Beinbügel seitlich am Bett befestigt und das untere Ende der Liegefläche abmontiert. Ich bekam Angst, keiner sprach mit mir, meine Kniekehlen wurden in die Bügel eingehängt und die Waden mit Lederriemen festgeschnallt. Jetzt war ich gezwungen, ganz auf dem Rücken zu liegen. Mein Kreislauf verursachte massive Übelkeit, ich konnte nicht mehr richtig sehen und mein Bewusstsein drehte ständig weg.

Nach einer Weile hörte ich Hantieren und Gerätschaften klappern. Von rechts und links traten Schwestern an mich heran, der Arzt sagte, ich solle jetzt pressen, und dann kam die eine Schwester aufs Bett und kniete sich von oben auf meinen Bauch, ihre Knie bohrten sich in meinen Leib, ich dachte, ich zerbreche. Es ging nicht voran und dauerte und ging hin und her und dann kniete sich auch die andere Schwester auf mich, der Schmerz war arg, aber ich konnte mich nicht dazu entschließen, auch nur einen Ton von mir zu geben, und ich sah die ganze Szene als Beobachter in hellrotem Licht und dann war Dunkelheit.

Von den Stichen, mit denen der Arzt dem Dammschnitt nähte, kam ich wieder zu mir, acht auf der einen Seite und acht auf der anderen. Wieder ging es mir einfach zu weit, einen Laut von mir zu geben. Doch irgendetwas stimmte nicht, nirgendwo war mein Kind, ich sah es nicht, ich lauschte, konnte es aber nicht hören. Als die anderen Frauen entbunden wurden, hatte deren Geschrei aufgehört und dann das Babygeschrei begonnen. Um mich war Stille. »Wo ist mein Kind? Bitte, ich will mein Kind sehen!« Keiner antwortete. Das Unterteil des Bettes wurde wieder installiert und die Bügel entfernt. Ich wurde angewiesen, mich auf die Seite zu legen, und wurde zugedeckt. Eine im weißen Kittel kam herein und scheuerte die Fliesen um die Tür und unter der Uhr. Überall waren rote Spritzer; in der Nacht, als ich immer auf die Uhr gesehen hatte, waren die Fliesen noch weiß gewesen. Das Personal hatte den Raum verlassen, ich war allein.

Nach neun kam der junge Arzt mit den dunklen Locken, beugte sich zu mir herunter und sagte leise: »Hallo Fräulein Müller, Ihr Kindchen ist nicht gesund, es ist jetzt auf der Kinderstation«, und ging wieder. Ich lag da, wusste nicht, was meinem Baby geschehen war, und staunte, dass nicht mehr alles wehtat, sondern nur noch mein Beckenboden und mein Inneres und mehr nicht. Ich lauschte dem Ticken der Uhr.

Es war Sonntagvormittag, die grimmige Alte hatte wieder Dienst, kam grußlos an mein Bett, verlangte, dass ich mich aufsetzte, und stellte eine Schüssel laues Wasser mit einem Waschlappen drin und einem Stück Seife dazu neben mich ins Bett und beaufsichtigte, wie ich mich wusch. Ich konnte mich nicht aufrecht halten und auch nicht sitzen, es dauerte alles ewig und ich fror. Sie gab mir ein frisches Hemd und dann wühlte sie in meiner Tasche und gab mir meinen Bademantel und hieß mich aus dem Bett zu steigen. Ich wusste nicht wie, der Schmerz war reißend und mir taten die Rippen und das Becken weh. »Nun machen Sie mal hinne, da sind noch andere zu versorgen!« Ich schaffte es und folgte ihr an der Wand entlang. Alles schwankte, sie ging vor mir, trug meine Tasche, stellte sie neben einen Tisch, auf dem ein geschmückter Tannenbaum stand, und wies mit der Hand auf einen Teller Essen, der da stand, und auf den Stuhl daneben und ging.

Ich setzte mich auf die Kante, so gut es ging, und aß Kartoffeln mit Mehlsoße und Fleisch, die Alugabel kratzte über den Plastikteller. Alles war unwirklich, das geschah nicht in echt, ich beobachtete nur. Nach einigen Minuten kam eine andere Schwester, ergriff meine Tasche und bedeutete mir, ihr zu folgen. Ich stopfte mir schnell noch das restliche Fleisch in den Mund, hievte mich hoch und folgte ihr. Den Flur entlang, durchs Treppenhaus, vier Treppen Stufe für Stufe, in die zweite Etage und den Stationsflur entlang zum Zimmer 10. Dort bekam ich das Bett an der Tür, das Zimmer war groß und hatte vergilbte weiße Ölwände und eine gekalkte Decke.

Am nächsten Morgen kam eine Schwester an mein Bett, ich döste. Sie klopfte so hart ans Fußende, dass ich aufschreckte, und fragte: »Fräulein Müller, hat Ihnen schon jemand gesagt, dass Ihr Kind tot ist?«

»Nein«, antwortete ich.

Sie sagte: »Dann wissen Sie es jetzt«, und ging.

Ich lag in einem Zwölfbettzimmer, alle anderen Frauen bekamen fünfmal am Tag ihre Babys zum Stillen, ich bekam nichts. Die Babys der anderen wurden jedes Mal an mir vorbeigetragen in den Raum herein und zu der jeweiligen Mutter gebracht und danach wieder abgeholt.

Einmal musste eine Frau dringend zur Toilette, es war die kleine Dunkelhaarige von hinten rechts, und legte mir ihr Baby aufs Bett, ich solle kurz aufpassen. Fassungslos setzte ich mich auf und starrte das kleine Wesen an. Anfassen konnte ich es nicht. Es war winzig und zart und nur der Kopf schaute aus dem strammen Wickelkissen heraus. Später verließ ich immer das Zimmer, bevor die Babys kamen.

Am nächsten Tag kam eine Schwester mit zwei Mullwindeln, die sie zu Schnüren drehte und über Kreuz um meinen Oberkörper um meine Brüste schlang und mit Ruck sehr fest verknotete. »Damit sich keine Milch staut«, sagte sie »Und trinken sollten Sie so wenig wie möglich«, ermahnte sie mich noch, bevor sie ging.

Es gab in diesem Zimmer drei Waschbecken mit einem Vorhang als Sichtschutz, dort wurde sich gewaschen. Zum WC-Trakt mussten wir den Gang herunterlaufen und oft Schlange stehen, weil der für die ganze Wöchnerinnenstation war. Das Ganze war äußerst schmerzhaft, weil ich weder normal gehen noch richtig stehen konnte. Bei einer morgendlichen Visite stellte der Arzt fest, dass ich das Nahtmaterial nicht vertrug und alles wieder am Aufgehen war, und verordnete Sitzbäder. Täglich musste ich in einem Raum mit hölzernen Dielen in einer alten emaillierten Sitzwanne mein Hinterteil baden. Das Hinsetzen und Aufstehen war das Schlimmste, jedes Mal spürte ich, wie die Wundränder sich bewegten oder auch verbliebene Nähte aufplatzten. Es hieß, sich ohne weitere Unterstützung aus dem Stand in die Sitzbadewanne am Boden herunterzusetzen und danach wieder aufzustehen. Als alles komplett offen und entzündet war, kam mir die Vermutung, dass ich den Badezusatz nicht vertrug. »Eigentlich kann das nicht sein, den Kamillenzusatz nehmen wir schon immer, davon kommt das nicht. Wer weiß, was Sie gemacht haben!« Dann brachte die immer noch schimpfende Schwester eine Kompresse mit Salbe und ich hatte mich nach vorn zu beugen und sie pappte die Kompresse irgendwie in die Richtung meiner Wunde zwischen meine Beine.

In diesem Raum war ein Fenster und von da aus begann ich zur Stillzeit die Vögel mit meinem Frühstücksbrot zu füttern. Vor dem Fenster der Badekammer gab es eine Menge Spatzen mit Appetit. Weil ich wegen des entzündeten Schnitts nicht gut stehen konnte, lehnte ich mich an die Wand und aus dem Fenster und fütterte die Spatzen und genoss die kalte Winterluft. Das ging einige Tage gut, dann wurde ich erwischt. Ab da war der Raum abgesperrt und ich wurde angewiesen, im Bett zu bleiben, und erhielt ein kleines grünes Dragee mit den Worten »Nehmen Sie das, das ist gut für Sie, das gibt es jetzt morgens und abends.« Ich schlief sehr viel.

Sonntag hatte ich entbunden und Freitag wurde ich entlassen, dazwischen war keine Besuchszeit, also vergrub ich mich in einem Buch, das ich mir mitgenommen hatte, Pflichtlektüre aus der Schule: Gorki, *Die Mutter*. Aber ich konnte mich nicht richtig konzentrieren, und Nachdenken ging auch nicht gut. Nur, ich wollte nachdenken, denn dass mein Kind tot sein sollte, begriff ich nicht. Es hatte sich doch in mir bewegt und war zehn Monate meine Begleiterin gewesen. Und alle anderen Frauen um mich waren Mütter geworden und stillten die Säuglinge, die sie zur Welt gebracht hatten. Doch ich hatte nichts vollbracht und war nicht Mutter geworden. Ich war nichts. Die Klinik mit leeren Händen und leerem Bauch zu verlassen bekam ich nicht sortiert.

Die Beerdigung war eine Woche später im Januar, nebenan auf dem Friedhof, der zum Krankenhaus gehörte. Wir fuhren schweigend mit der Straßenbahn quer durch die Stadt, gingen durch das hohe zweiflügelige Tor, die Kunstschmiedeerosen glitzerten vom Frost. Dann zur Rechten die Friedhofsgärtnerei, graues Haus, weiß eingeschneit, kein Mensch zu sehen. Und zur Linken ein Gebäude mit einem Schild davor, das darauf hinwies, dass Gäste von Trauerfeiern dort zu warten hätten, bis sie abgeholt würden. Außen vornehm klassische Säulen aus Sandstein, drinnen karg wie eine Strafzelle.

Die große Holztür fiel hinter uns ins Schloss, es war feuchtkalt und roch seltsam, durch die beschlagenen Fenster war draußen nichts zu sehen. Wir standen herum, sahen uns ab und zu an, wussten nichts zu sagen, ich grauste mich vor den Spinnen, die oben in dem hohen Raum an der Decke hingen, wagte mich nicht auf einen der Holzstühle zu setzen, geschweige denn an die Wand zu lehnen, und die Wartezeit lastete auf mir.

Mit dem Betreten dieses Raumes hatten wir die Welt verlassen. Waren verloren in einem Wartehäuschen der Ewigkeit. Ich konnte nichts denken, und was der große magere Junge neben mir dachte, wusste ich auch nicht. Dann wurde die Tür aufgerissen, Schnee stiebte herein, wir wurden gerufen.

Ronald und ich gingen die lange, tief verschneite Friedhofsallee mittig durch den frei geschaufelten schmalen Graben hinter dem großen dürren Totengräber mit den zu kurzen Hosen entlang. Der schwarze Mann trug in einer Pappschachtel unsere toten Suse unter dem Arm. Bis zuletzt drängte es mich, ihn die Schachtel öffnen zu lassen und mir mein Kind zu zeigen. Ich wollte mein Kind ansehen und streicheln. Der Weg war weit, ich hatte starke Schmerzen. Und ich fragte nicht und so war es dann. Ich würde sie nie sehen. Der Ablauf stand unwiderruflich fest. Es war alles zu viel, ich konnte vor Schmerzen kaum gehen und irgendwann sah ich alles von außen wie im Film. *Ein junges Paar läuft auf einem verschneiten Friedhof einem schwarz gekleideten Mann hinterher, der ihr totes Mädchenkind in einer*

Kiste zu einem Grab trägt und es dort in die Erde legen und begraben wird. Außerstande, etwas zu tun, ließ ich es so weit kommen und mein Kind verschwand auf Nimmerwiedersehen von dieser Welt. Zwei Kinder die Hand in Hand über einen verschneiten Friedhof gehen und ihr Kind begraben. Nicht zu begreifen, und doch fand es statt. Zum Glück war da diese Birke neben dem Grab. Zum Festhalten und Anlehnen im Nirgendwo.

Mein Körper heilte in den kommenden Wochen, ich verkaufte das Babyzeug und versuchte mich wieder in meinem Dasein einzurichten. Konzentrierte mich auf die Schulsachen, nach den Februarferien würde ich wieder am Unterricht teilnehmen. Meine Mutter war fürsorglich und hielt ihre Heulerei weiter im Zaum. Und da Ronald und ich zusammenhielten, fügte sich die Schwiegermutter in unsere Verbindung und wir durften ab und zu vorbeikommen. Kurz vor Ende der Ferien reisten Ronald und ich ein paar Tage an die Küste und ich war zum ersten Mal an der Ostsee und war begeistert. Wir machten schöne Spaziergänge und redeten über das, was wir uns wünschten und vorstellten in unserer gemeinsamen Zukunft. Mir ging es besser.

Wieder daheim, ging das Leben den alten Gang, nur dass ich nicht mehr die Alte war. Das erlebte Drama und der erlittene Verlust wurden ständig von außen getriggert. Manche Leute wechselten die Straßenseite, andere sprachen es offen aus. Die Schwiegermutter packte mich einmal zu Beginn eines Familienfestes derb am Oberarm und zischte mir ins Ohr: »Und wehe dir, du erzählst irgendetwas von dem toten Kind!« Dabei drohte sie mir mit erhobenem Zeigefinger. Auch andere Frauen der älteren Generation äußerten sich in der Art. »Hättest du mal gehorcht und nicht solche Dummheiten gemacht!«, »Siehste, das kommt davon«, »Das ist besser so!«, und eine mit etwas mehr Erbarmen sagte: »Ihr könnt ja noch andere Kinder bekommen.«

Irgendwann war auch das vorbei und ich war wieder unsichtbar und von da an wurde nur noch beim Arzt über mein Susekind gesprochen, allerdings nicht von ihm selbst, sondern mehr über medizinische Daten. Für mein Umfeld war die »Sache« vom Tisch. Ich hatte meine Strafe für meinen Ungehorsam bekommen und hatte die auch verdient. Da wurde kein Wort mehr darüber verloren. Ich war ja selber schuld. Und so war das eben dann. Ich war sechzehn Jahre alt.

>> Nr. 7, Platte in Bodenhaltung <<

Der Gesundheitszustand meiner Mutter verschlechterte sich, und das Treppengehen-Müssen, wenn sie doch einmal das Haus verließ, fiel ihr immer schwerer, also sahen wir uns nach einer anderen Wohnung um. Per Wohnungstausch war so etwas schnell zu bewerkstelligen. Wir fanden etwas in unserem Neubaugebiet in der Straße, wo auch Tante Karin wohnte, und zogen dort in die Hausnummer 7. Ronald und ich malerten die Wohnung und so zogen wir zu dritt ein. Die Wohnstube war für meine Mutter und das kleinere Zimmer bezogen wir. Es war wieder ein Plattenbau mit Fernheizung und fließend Warmwasser und lag im Hochparterre, also waren nur noch wenige Stufen zu gehen.

Den Schulabschlussprüfungen sah ich ohne Bedenken entgegen, mein gutes Wissen war mir sicher, die einzige echte Hürde würde mir von der Sportlehrerin in den Weg gelegt werden. Eine kleine Sportskanone, immer aktiv, immer am Herumrennen wie aufgezogen, eine unangenehme Person. Diese Lehrerin hatten wir erst seit der letzten Klasse und die mochte mich nicht. Dass ich mir wenige Wochen nach der schweren Geburt herausnahm, in ihrem Unterricht vor allen Mitschülern eine von ihr angeordnete Turnübung abzulehnen, erboste sie dermaßen, dass sie ihrer Abneigung mir gegenüber freien Lauf ließ und mich, als die anderen schon in der Umkleide waren, im Vorbeigehen am Arm festhielt, zu mir heraufschaute und sagte: »So kommst du mir nicht davon, du garstiges Ding, was du dir für Unverschämtheiten herausnimmst, ich werde dafür sorgen, dass du durch die Prüfung fliegst und das Schuljahr wiederholst, dann sehen wir uns öfter, warte es nur ab, dann lernst du mich mal richtig kennen!« Ich besprach das Thema Schulsport bei der letzten Nachuntersuchung mit meinem Gynäkologen und der gab mir ein Attest, dass ich die nächsten Wochen nur leichte Gymnastik mitmachen konnte. Diese Sportziege glühte vor Zorn; jedes Mal, wenn sie mich sah, bekam sie Höllenaugen. Aber dass es jemand persönlich auf mich abgesehen hatte, war mir nicht neu, ich fürchtete mich weder vor ihr noch vor der Prüfung und ließ das alles auf mich zukommen.

Außer der Schule gab es das neue Zuhause einzurichten, weiterhin las ich viel und nachmittags kam Ronald von der Schicht. Das Leben hatte begonnen, der Bannkreis unter der Glasglocke meiner Kindheit, wo es nichts gegeben hatte außer Druck und Enge, hatte sich geöffnet. Ronald hatte inzwischen seine Ausbildung beendet und war offiziell ein gelernter Elektriker. Dass er mit Einsernoten bestanden hatte, interessierte keinen mehr, er hatte durch Schächte zu kriechen und Kabel zu prüfen wie alle anderen auch. Bevor er die Abteilung wechselte, hatte er sich noch an dem ewig piesackenden Lehrmeister gerächt, er hatte ihm die Schreibtischschublade mit all seinen Dingen drin mit Gießharz gefüllt. Das bedeutete, der Meister konnte die Schublade öffnen und seine Dinge ansehen, aber herausnehmen nie mehr. Gießharz ist so etwas wie künstlicher Bernstein, einmal ausgehärtet durchscheinend und stabil für die Ewigkeit. Wir lachten uns jedes Mal kaputt, wenn wir davon sprachen, und es kam ihm auch niemand auf die Schliche.

Die Wochen vergingen, der Frühling begann und irgendwann ließ auch der Schmerz im Becken nach, den die Symphysenruptur verursachte hatte, und ich konnte wieder normal und vor allem zügig gehen. Meine Mutter lebte auch auf, alles war freier und leichter im Umgang mit ihr. Es war wohl, weil Tante Karin oder mein Cousin Mirko öfter vorbeikamen, vielleicht auch, weil die Nachbarn uns hier nicht kannten. Jedenfalls ging sie jetzt wieder hinaus. Vielleicht auch, um sich besser einzugewöhnen nach dem Wolkenkuckucksheim der vorhergehenden Wohnung in der dritten Etage fühlten wir uns hier im Erdgeschoss ziemlich auf dem Präsentierteller, bei einem zufälligen Blick aus dem Fenster konnten da direkt Leute vorbeigehen und einen ansehen, auch war die Haustür bei jedem Schließen zu hören, denn es wohnten mit uns zehn Familien im Haus, die Tür ging öfter. Das nervte etwas, führte aber auch zu einem Gefühl der Gemeinschaft. Das Ausgeschlossensein von allem hatte aufgehört.

Die Prüfungstage waren richtig schön. Wir hatten keinen regulären Unterricht mehr und genossen die bewundernden Blicke der Schüler aus den unteren Klassen, wir waren die Großen, die, die es bald geschafft hatten. Zu bestimmten Zeiten hatten wir in der Schule im FDJ-Hemd zu erscheinen. Die mündliche Prüfungen gingen eine Viertelstunde, man wartete vor der Fachzimmertür, wurde einzeln hereingerufen und erhielt sein Thema. Dann konnte man sich kurz vorbereiten und hielt dann sein Referat, notierte oder zeichnete unter Umständen noch etwas an der Tafel, kommentierte das, beantwortete Fragen und fertig war es. Schriftliche Prüfungen wurden von der ganzen Klasse geschrieben, während ein Aufsicht habender Lehrer umherging und das Einhalten der Ruhe kontrollierte. In der Matheprüfung verriss ich es und kam nicht voran. Gleichungen mit zwei Unbekannten waren echt nicht meins, plötzlich hatte ich nur noch weißes Rauschen im Kopf und stand als Beobachter meiner Existenz neben mir. Mein alter Physiklehrer, mit dem ich in den Klassenstufen 5-7 sehr viel Spaß im Unterricht bei physikalischen Experimenten gehabt hatte, war die Aufsichtsperson in dieser Prüfung und sah mein Dilemma. Als er kurz vor Ende der Zeit wieder einmal an meinem Schultisch vorbeiging, ohne dass sich etwas getan hatte, beugte er sich kurz herunter und sagte: »Mensch Liese, du musst ordentlich schreiben, was ist das denn wieder einmal für eine Schmiererei hier!« Er nahm meinen Bleistift und strich auf meinem Schmierzettel die falschen Lösungsansätze durch und machte einen Pfeil zum richtigen und ging weiter. Ich fand zu mir und rechnete die zentrale Aufgabe richtig aus und die darauffolgenden liefen von selbst, die verbliebene Zeit genügte.

Die mündlichen Prüfungen gingen hopphopp und in der schriftlichen in Deutsch war ich als Erste fertig, das Thema war *Der Osterspaziergang*, gefordert waren drei Seiten. Ich schrieb acht. Der Tag der Sportprüfung rückte näher und brach an. Was da alles außerdem gemacht wurde, weiß ich nicht mehr. Aber das Letzte war ein 5000-Meter-Ausdauerlauf. Es war Juli und richtig heiß, der Platz in der prallen Sonne und die Prüfungszeit am späten Vormittag. Weite Strecken laufen konnte ich gut, aber Rennen war noch nie meins gewesen, zumal ich binnen kurzem Atemnot bekam. Es war ein anderer Platz als sonst, im Gegensatz zum sonstigen Fußballplatz war hier nur ein kleines Rund Schotter, in der Mitte eine Rasenrabatte und außen niedrige blühende Sträucher.

Wir traten am Start an, die Lehrerin exerzierte uns hin und her, bis wir ihrer Meinung nach gut standen, die Sonne stach, sie hielt noch einen Vortrag, was die, die bestehen würden, im Berufsleben alles zu leisten hätten. Und dann kam noch ein Spruch über die, die eine Chance bekommen würden, das Schuljahr noch einmal zu wiederholen, um bessere Leistungen an den Tag legen zu können. Sie lächelte siegessicher und zuckersüß in meine Richtung, ich sah konzentriert in ihre Richtung und an ihr vorbei auf die lila Rhododendronblüten hinter ihr und zählte die, es waren siebzehn einzelne Blütentrauben in voller Pracht. Sehr schön lila waren sie. Der Startschuss fiel, wir trabten los. »ETWAS SCHNELLER, HERRSCHAFTEN! AUSSCHLAFEN!!!«, schallte die knatschige Stimme der Sportkröte über den Platz.

Wir beschleunigten und ich sah nur noch auf den Boden vor meinen Füßen und auf die Hacken des Vordermanns. Eine Runde war geschafft, ich hatte nicht mitbekommen, ob es zwanzig oder dreißig Runden waren, bis die fünftausend Meter geschafft sein würden. Ich bekam Seitenstechen. Die Hitze war fett und die Sonne brannte auf der Haut, unsere Füße wirbelten Staub auf. Ich zählte die Runden und setzte einen Fuß vor den anderen. Beinahe jedes Mal, wenn ich den Blick hob und das Umfeld ansah, traf ich auf den Blick der Lehrerin. Sie wollte mich aufgeben sehen. Dann sah ich die schöne Regine mit dem ellenlangen Haar auf die Wiese laufen und zu Boden sinken. Sie blieb einfach liegen. Zwei Runden später fiel die immer feine Stefanie mit dem Gesicht in den Dreck. Das gab mir Auftrieb, immer hatte ich mich ausgegrenzt gefühlt von der abgehobenen Prinzessinenbande und jetzt eben mal nicht. Nicht dass ich die beiden nicht gemocht hätte, aber dass sie recht unvornehm ausschieden und ich weitermachte, war mir schon ein innerer Reichsparteitag. Auch einige der dünnen kleinen Jungs gaben auf und eine großer kräftiger, sie setzten sich an den Rand. Ich lief durch den Staub hindurch, ich lief durch meine Atemnot hindurch, ich lief durch die Hitze hindurch, ich konnte nicht mehr sagen, dass ich wirklich selbst lief. Irgendetwas in meinem Inneren hatte die Führung übernommen, »es« ließ mich weiterlaufen. Ich dachte nichts und ich fühlte nichts, ich beobachtete mich beim Laufen, jeden keuchenden Schritt.

Die Hälfte der Klasse war ausgeschieden und saß am Rand im Gebüsch, nutzte die kleinen Fleckchen Halbschatten. Im Vorbeilaufen sah ich den Hausmeister etwas werkeln, in der nächsten Runde sah ich, dass er einen Schlauch an einer Hydrantensäule angebracht hatte, und dann kam schon das Wasser. Er hielt den Schlauch so, dass das Wasser in der Mitte der Wiesenfläche herunterkam und die halbe Runde unserer Laufstrecke vom Sprühnebel benetzt wurde. Die vom Rand johlten und gingen direkt unter den Strahl und wir Läufer trabten weiter. Eine halbe Runde Backofenglut wechselte mit einer halben Runde stiebenden Wasserfalls. Der Staub knirschte zwischen den Zähnen, aber die Zunge wurde befeuchtet und das Atmen ging besser. Irgendwann stellte sich die Lehrerin an die Startziellinie, schaute auf ihre Uhr und pfiff mit der Trillerpfeife. Es war vorbei.

Gleich stehen bleiben ging nicht, ich lief einfach langsam und mit zittrigen Beinen weiter, mein Herz raste. Ein Großteil der Sieger stützte keuchend die Hände auf die Knie, einige ließen sich auf die Wiese fallen, ich ging mit rasselndem Atem zu meinen Sachen auf der Wiese, packte ein und ging heim. Den Schulabschluss bewältigte ich insgesamt ohne Probleme und schloss meine zehnte Klasse mit dem zweitbesten Prädikat »Gut« ab. Die Schulzeit war um. Es gab einen wundervollen Sommer, in dem ich mit Ronald und Eddie und anderen Freunden von ihnen in die Natur zog, zum Wandern und Klettern und im Freien Pofen. Einfach immer weiterlaufen und frei atmen und keiner hatte etwas zu wollen. Es waren schöne Wochen.

Da meine beruflichen Bewerbungen gelaufen waren, als ich schwanger war, wurde ich trotz guter Noten nirgendwo genommen und konnte mir den Traum, Apothekerin zu werden, aus dem Kopf schlagen. Um Opernsängerin oder Deutschlehrerin werden zu können, hätte ich zum Abitur zugelassen werden müssen, aber das war lange vorbei. Im 7. Schuljahr, wo es sich entschied, wer zur EOS gehen durfte und wer nicht, hing ich in den Seilen und hatte keine vorzeigbaren Noten. Und da jeder eine Lehre anzutreten hatte, kam man dahin, wo etwas frei war, ich wurde in die Molkerei gesteckt. Ich bekam einen Brief, dass ich mich am Dienstag, den 1. September im städtischen Milchwirtschaftskombinat zum Antritt meiner Lehrzeit einzufinden habe.

Wenige Tage danach erhielt Ronald seine Einberufung zur Armee. Das Leben unseres sozialistischen Arbeiter-und-Bauern-Staates »Hammer und Zirkel im Ährenkranz, Zeichen des Glücks an der

Wiege« griff nach uns und wir hatten teilzunehmen.

Die Molkerei war riesig und die Molkerei war laut und die Molkerei stank. Wir neuen Lehrlinge hatten an der Tür des Materiallagers anzutreten und Klamotten zu fassen. Jeder erhielt zwei Latzhosen und zwei Oberteile, dazu eine Wattejacke, ein Paar Gummistiefel und zwei paar Fußlappen. Alles in Grau, nur die Stiefel waren schwarz. Ach so, und ein Käppi in Weiß, Kopfbedeckung war Pflicht. Die Wattejacke war gebraucht und nicht waschbar, aber alles andere sollten wir zum Ende der Woche in die kombinatseigene Wäscherei geben und bekamen es dann in der folgenden Woche gekocht und gerollt zurück. Die Unterbringung war im Internat auch auf dem Gelände des Kombinats. Es gab da einen Trakt Zimmer mit je drei Doppelstockbetten und da sollten wir wohnen.

Die Jungs trotteten in ihren Bereich, so ruhig, wie die waren, wäre ich am liebsten bei denen eingezogen, aber ich musste mit der gackernden Gänseschar in den anderen Bereich. Die Tage waren eintönig. Morgens nervende Quasselstrippen um mich, die Arbeit ging mir ganz gut von der Hand und ab nachmittags wieder Gruppenterror, binnen Kurzem hatte ich meine Koliken wieder und konnte auch kaum etwas essen. Erst konnte ich es verbergen, dann wurde es so arg, dass ich mitten in der Schicht in die Umkleide ging, weil ich mich hinlegen musste. Gleich kam irgendjemand an und meinte, ich sei wohl zu faul zum Arbeiten. Ich lag gekrümmt auf einer kurzen Holzbank und atmete durch den Schmerz hindurch und ließ die Doofe reden. Als es einigermaßen aushaltbar war, ging ich wieder in die Halle und stapelte mit den anderen Camemberts auf Roste. Sie kamen aus dem Bottich mit dem Bruch, wurden gepresst und in Salzlake getränkt und danach im Reifraum aufgestapelt.

Am Abend desselben Tages fasste ich den Beschluss, dass ich hier nicht bleiben würde. Als alle schliefen, schnappte ich meine paar privaten Sachen und schlich hinaus. Ich stieg über den hohen Metallzaun und rannte weg. Ein Stückchen weiter stellte ich fest, dass das Tor zur Molkerei sperrangelweit offen stand. Egal, so oder so, ich war draußen und ich trampte nach Hause. Meine Mutter fiel aus allen Wolken, aber sie freute sich sehr, mich zu sehen. Todmüde fiel ich ins Bett. Halb fünf klingelte der Wecker, damit ich pünktlich zu Dienstbeginn wieder auf der Matte stehen konnte. Es gab nicht so ein schlimmes Donnerwetter, wie ich erwartet hatte, keine Rüge vor versammelter Mannschaft, sondern im Büro, und da waren nur der Kaderleiter und die Großmutter und ich. Mir wurde das Internat erlassen; dass ich nun mit dem Arbeitsweg täglich 15 Stunden unterwegs war, nahm ich hin. Zuhause schlafen war Gold wert, in meinem Zimmer allein und umgeben von meinen Sachen und nicht versunken im lärmenden Chaos von sechzehnjährigen Dumpfbacken.

Die Einladung zu Ronalds Vereidigung bei der NVA war im Briefkasten und ich wollte ihn unbedingt sehen. Wir waren nun schon so lange ein Paar und hatten praktisch jeden Tag zusammen verbracht und dann, von einem Tag auf den anderen, musste er zum Wehrkreiskommando und ich ins Internat. Der Kaderleiter sagte, er werde mir nicht frei geben, mir stünde noch kein Urlaubstag zu. Ich erwiderte: »Da schmeiße ich die Lehre, ich lasse mir das nicht verbieten, das ist der einzige Tag, wo mein Freund aus der Kaserne kommt, ich fahre da hin, ich muss ihn sehen!«

Wieder kam die Großmutter ins Spiel, ich behielt meine Stelle und wurde auch nicht gemaßregelt. Am Termin standen pünktlich die Schwiegereltern mit ihrem Trabi vor der Molkerei und luden mich ein. Gute Sachen hatte ich mir von daheim mitgebracht, einen hellgrauen taillenlangen Rollkragenpullover und eine blaugraue Bundfaltenhose, und dann ging es los. Eine Stunde fuhren wir gen Norden, der Schwiegervater charmant und liebenswert wie immer und die Schwiegermutter hatte dieses Mal ausnahmsweise keine Gemeinheiten auf Lager. Ich zog mich auf der Toilette des Kulturhauses, in dem die anschließende Feier stattfinden sollte, um und dann ging es ab zum Marktplatz. Die jungen Soldaten kamen im Stechschritt mit knallenden Hacken anmarschiert und stellten sich als Kompanie im Rechteck auf, Hände an der Hosennaht. Sosehr ich mich reckte, ich konnte meinen Ronald nicht entdecken. Das Herz schlug mir wie wild, aber es nützte nix, brav stand ich mit den Schwiegereltern im Publikum und hörte mir den ganzen Sermon an. Reden und Fahneneid und sich wiederholendes Blabla nahm kein Ende. Was dann noch an Kaffee getrunken und Kuchen gegessen wurde, kann ich nicht sagen, ich konnte eh nichts zu mir nehmen.

Dann dämmte schließlich jemand das Licht und Musik wurde

aufgelegt und hölzern schritten wir zur Tanzfläche und sanken uns in die Arme. So innig und nah waren wir uns, wir schauten uns an und drehten uns langsam zur Musik im Kreis, bunte Lichter huschten und Tabakrauch stieg von den Tischen am Rand der Tanzfläche auf.

Obwohl Ronalds Einsatzort keine 100 km entfernt war, sahen wir uns kaum. Bis zur Beendigung der Grundausbildung durften die Soldaten die Kaserne nicht verlassen, die Feier der Vereidigung war der erste Ausgang nach Monaten, danach konnte KU oder VKU beantragt werden. Ein Kurzurlaub wurde nur bei gutem Betragen und nach Ablauf einer gewissen Zeit genehmigt, und an einen verlängerten Kurzurlaub war nicht zu denken. Es gab da Vorschriften und Befehle und es gab auch seinen Zugführer, der das zu entscheiden hatte. Also schrieb Ronald mir Briefe. Alle zwei, drei Tage war ein Brief im Kasten; wo er Feder und Tusche aufgetrieben haben mochte, war mir ein Rätsel, und dass er so schön verschnörkelt schreiben konnte, war mir auch neu. Die Briefe waren mit Bildern verziert und stapelten sich bald und die Zuneigung wurde wieder greifbar.

Anfang des neuen Jahres durfte Ronald erstmals heim und ich war entsetzt, wie er aussah: Der ohnehin drahtig schlanke Bursche hatte über 10 kg Gewicht verloren. Er war schon immer ein langsamer Esser gewesen und in der Kaserne herrschte Drill, die Einheitskost war kein Problem, er aß eigentlich alles; aber dass für Essenfassen, also an der Essensausgabe anstehen und dann die Zuteilung zum Tisch tragen und auch noch essen, keine halbe Stunde vorgesehen war, machte ihm zu schaffen. Wenn viele vor ihm dran waren, konnte es geschehen, dass er, kaum war er am Tisch angekommen und hatte ein paar Happen verzehrt, wieder aufstehen, hungrig seinen vollen Teller in die Tonne kippen und wieder zum Dienst musste. Freitagabend war er heimgekommen und Sonntagnachmittag musste er wieder dort sein, und vorher wollte er noch seine Eltern besuchen.

Die Zeit verging wie im Flug. Eben war er heimgekommen und schon saßen wir mit meiner Mutter beim Sonntagsfrühstück. Es gab Rührei und schwarzen Tee. Andächtig befüllte Ronald die eben mit Butter bestrichene Stulle mit Rührei, schnitt ein Stück ab und verzehrte es. Nahm einen Schluck Tee und schnitt das nächste Fiedelchen ab. Die Zeit stand still, dieses Familienfeeling prägte sich mir ein, genau wie bei dem Frühstück im Dezember, als ich schon Wehen hatte. Dann fuhr er auf seiner Schwalbe davon und weg war er. Er fehlte mir ganz schmerzlich, und manchmal befielen mich Zweifel, ob er überhaupt existierte.

Nach einiger Zeit kam Ronald in einen anderen Teil der Kaserne und begann in einer KFZ-Werkstatt zu arbeiten, dort hatten die Soldaten sonntags zwei Stunden Ausgang. Mit der Straßenbahn fuhr ich von daheim zum anderen Ende der Stadt, dann lief ich an den Russenkasernen vorbei zur Landstraße und hielt meinen Daumen in den Wind. Meistens klappte das ganz gut, nur einmal war das Einzige, was fuhr, ein Schneepflug und der war sehr langsam und ich verlor viel Zeit. Da konnten wir uns nur noch durch den Metallzaun kurz ansehen, Ronald in der Kaserne und ich auf der Straße. Heimlich steckte ich im noch eine Flasche ›Kumpeltod‹ zu, Eddie arbeitete inzwischen im Bergbau und erhielt dort Hochprozentigen als Deputat. In der Kaserne gab es nichts zu kaufen und Alkohol war sowieso streng verboten. Dann musste ich mich auf den Heimweg machen, es dämmerte schon und im Dunkeln ging das Trampen nicht so gut. Ein brauner Lada hielt am Ortsausgang, die Familie rückte zusammen, die Mutter nahm ein Kind auf der Rückbank auf den Schoß und ich bekam einen Karton mit Zeug zum Halten und schon passte das für die Stunde Fahrt. Das Glück war mir hold, sie wohnten im Nachbarbezirk und die letzten Kilometer ging ich einfach zu Fuß; es hätte länger gedauert zu warten, bis die Straßenbahn gekommen wäre.

Der endlose Arbeitsweg in die Molke war zur Gewohnheit geworden. Ständig hundemüde schlief ich während der Busfahrt im Stehen, freie Sitzplätze gab es nicht und es waren so viele Werktätige auf dem Weg zur Schicht in ihren sozialistischen Produktionsstätten, dass Umfallen so gut wie unmöglich war. Gedränge im Bus, Gedränge an der Haltestelle, Gedränge durch das Werktor. Alle müde, alle eilig und gleich nach dem Umziehen dann alle einheitlich grau. An diesem Montagmorgen war beim Betreten der Umkleide ein noch üblerer Geruch in der Luft als sonst. Gewöhnlich roch es nach verschwitzten Klamotten und nach Gummistiefeln und etwas nach Sauermilch, heute war der Geruch fettig und stechend. Wie eine Wand aus Filz, kaum zu atmen. Der erste Schritt in den Raum knirschte widerlich und ich blieb stehen. Eine ältere Arbeitskraft schob mich beiseite, ging durch den langen Gang zum vergitterten Fenster und öffnete es weit. »Die haben gegast, nun hab dich nicht so, zieh dich um, sonst kommst du zu spät«, sagte sie und schritt unverzagt zu ihrem Spind und zog sich um. Der Boden war flächendeckend mit toten Kakerlaken überzogen, rotbraun spitzig und etwa so lang wie ein Zweimarkstück, mich peitschte der Ekel. Mir blieb nichts anderes übrig, als es der Vorarbeiterin gleichzutun, ich ging zu meinem Spind, zog mich bis auf die Unterwäsche aus, verstaute meine Kleidung und zog die Arbeitssachen an, wickelte im Stehen die Fußlappen irgendwie um meine Füße, stopfte mich in die Gummistiefel und setzte mein Käppi auf. Auf dem Weg zur Halle juckte es mich am Hals und ich bekam eine Kakerlake zu fassen die auf meiner Haut entlanglief. Wahrscheinlich hatte die durch die Lüftungsschlitze der Spindtür Zuflucht vor dem Gas gesucht, ich warf sie von mir. Mir war einfach nur noch schlecht. Die Arbeit ging wie gewohnt im Akkord, keiner durfte schwächeln und ich konnte mich kaum aufrecht halten und sah alles in Schwarzweiß, mein Kreislauf war am Kippen. Um mich zu retten, tat ich etwas Verbotenes, ich nahm mir heimlich einen der halb gereiften Camembertkäse und biss herzhaft hinein, doch statt des erwarteten quarkig weichen Happens knirschte es beim Abbeißen und fühlte sich wie Holzspäne auf der Zunge an. Ich sah genauer hin und hielt außer dem angebissenen Käse auch eine halbe Kakerlake in der Hand. Ich lief auf den Hof und atmete durch, einer der Lehrjungen aus meinem Jahr stand da und schwänzte auch den Dienst für einige Minuten, er zog mich am Arm aus dem Sichtfeld der Werkhallenfenster und bot mir eine Zigarette an.

Meine Mutter hatte sich in der neuen Wohnung echt berappelt und war auf Anraten und mit Unterstützung meiner Großmutter zur Kur gefahren. Es war das erste Mal, dass ich allein daheim war. Meine Mutter war immer zu Hause gewesen und hatte auf mir gehockt wie eine Glucke. Und jetzt war sie weg. In der Ferne eingetopft wie eine Zimmerpflanze und aufgeräumt für Wochen, und ich konnte sicher sein, dass ich allein sein durfte. Erstmals im Leben. Zuerst breitete ich mich in der Wohnung aus, klappte alle Fenster an, niemand konnte wegen des Durchzugs Drama machen. Überall konnte ich meine Nähsachen und meine Bücher ausbreiten. In der Küche ließ ich die Sachen herumstehen, trank aus der Kanne und aus der Packung – wie befreiend! Andererseits fürchtete ich mich nachts und die Albträume wurden schlimmer. Ich besuchte Mutter zweimal dort im Kurheim, einmal trampte ich und das andere Mal fuhr ich erst mit dem Zug und dann mit dem Bus. Jedes Mal endloser Sermon, was alles schieflaufe und wer ihr etwas Schlechtes wolle. Und dass die Therapeuten keine Rücksicht darauf nähmen, wie klein und krank sie sei. Sie war wirklich kleiner als die meisten Menschen, aber doch fand ich, dass sie übertrieb. Ich hatte meine Mutter lieb, aber sie ging mir echt auf die Nerven. Die Therapie brachte ihr etwas, immerhin, wir gingen draußen spazieren, ohne dass ich ihre Hand halten musste, um sie zu stützen.

In dieser Zeit kam einmal meine Großmutter in unserer Wohnung zu Besuch, um nach dem Rechten zu sehen, sie schüttelte den Kopf über die Unordnung, die ich in den Räumen hergestellt hatte, und fand im Bad eine Schüssel eingeweichte Kragenbinden, die Ronald von der Armee zum Waschen heimgeschickt hatte. Das war so eine ganz altmodische Geschichte. Die Uniformjacken der Feldjacke waren aus nicht waschbarem Material und damit der Jackenkragen nicht speckig wurde, wurde eine Art weißer Hemdkragen (ohne Hemd daran) oben hineingeknöpft. Das waren Kragenbinden und die sollte ich waschen; wie meine Mutter das immer angestellt hatte, die sauber zu bekommen, war mir ein Rätsel, aber weiß waren die auf keinen Fall, nachdem ich sie gewaschen hatte. Also hatte ich sie eingeweicht und alle paar Tage das Wasser erneuert und nun standen sie da. Meine Großmutter zeigte mir, wie der Stoff gut ausgewrungen und mit Seifenpulver gegeneinander gerubbelt werden musste, um die Schweißflecken, den Kragenspeck, herauszubekommen. Ich brauchte sie nach dem Trocknen nur noch zu bügeln und einzupacken und hinzuschicken. Großmutter war ein Schatz. Ich machte alles fertig und packte das Päckchen und tat noch einen Rührkuchen dazu, da ich wusste, dass es bei der Kasernenspeisung kaum Süßes gab, und dann schnürte ich das Päckchen zu.

Da wir von der Lehre Ferien hatten und Zeit genug war, ging ich nicht zur Post, sondern zum Bahnhof. Ich zog mich hübsch an, nahm die Handtasche, die ich mir neu genäht hatte, und das Päckchen, und für die Fahrkarte genügte das Portogeld, das ich bar bei mir hatte, da ich das Päckchen nicht bei der Post aufgegeben hatte, und etwas vom Kostgeld, das meine Mutter dagelassen hatte. Ich setzte mich gemütlich in den Zug Richtung Norden. Es war ein schöner Tag und ich freute mich auf die Fahrt. Das Abteil war leer, an einem Werktag waren alle arbeiten, also öffnete ich alle Fenster und ließ die Vorhänge flattern. Etwa nach der halben Fahrt bremste der Zug und hielt an. Der Zug stand und es passierte einfach nichts. Ich sah aus allen Fenstern. Halt auf freier Strecke und sonst nichts. Es ging auf Mittag zu und ich bekam Hunger. Es waren keine Leute da, auch kein Schaffner, den ich hätte fragen können. Also legte ich die Beine hoch und packte das Paket aus und kostete vom Kuchen. Der Rührkuchen war mit Puderzucker bestäubt, innen sehr zart und schmackhaft. Als der Schaffner pfiff und der Zug ruckend anfuhr, hatte ich die Hälfte des Kuchens verzehrt und war halb peinlich berührt und halb belustigt ob meiner Tat. Aber irgendwie war das auch in Ordnung. Jedes Mal wenn Ronald mir ein Päckchen schickte, erhoffte ich mir wunder was für schöne Geschenke, wir hatten jahrelang kein Paket bekommen, und jedes Mal war nur dreckige Wäsche drin. Und jetzt bekam er eben ein Paket mit sauberer Wäsche und einem angefressenen Kuchen. Ich machte meinen Frieden mit der Situation und mir fast vor Lachen ins Hemd, als ich Ronald, der immerhin kurz zur Pforte kommen durfte, das Päckchen übergab. Der hatte nicht mit meinem Erscheinen gerechnet und verstand meine überströmende Heiterkeit nicht und zog halb beleidigt mit seinem Päckchen ab. Ich konnte das auch nicht ändern und ging zurück zum Bahnhof. Der war leer wie der Zug zuvor und ich trank aus einem Wasserhahn Wasser aus meiner hohlen Hand und fuhr zurück nach Hause.

Nach der Kur war meine Mutter viel fitter und unternahm öfter kleine Sachen außer Haus oder wir gingen zusammen hinaus. Einmal liefen wir gemeinsam zur »Dienstleistung«, einem Betonflachbau komplexen Inhaltes, ähnlich wie das Ambulatorium. Die Neubaugebiete in der DDR waren als komplett funktionierender Organismus konzipiert. Es gab zu den Wohngebäuden eine Schule, eine Kaufhalle, ein Ärztehaus mit verschiedenen Praxen – das Ambulatorium – und ein Restaurant mit Tanzsaal sowie ein Gebäude mit Schuhmacher und Elektroreparatur, Reinigung und Friseur – die Dienstleistung. Darüber hinaus eine Poststelle und wo es möglich war eine Volkshochschule oder eine Bibliothek. Das Ganze teilte sich unter den Bewohnern des Neubauviertels auf, das bedeutete in der Praxis, egal was man wo tun wollte, dass man Schlange stehen musste. Einige standen immer an, aber oft auch wirklich viele Leute.

An diesem Tag ging starker Wind, meine Mutter mochte weder Wind noch Wetter, war aber trotzdem mitgekommen. Die Neubaublöcke standen mit den Längsseiten parallel, so dass zwischen ihnen lange schmale Zwischenräume waren, die der Wind als Kanal nutzte. Beim Verlassen unseres Hauses ebenso wie auf dem ersten Wegstück waren wir im Windschatten, dann kam der erste Korridor zwischen den Blocks und mit ihm der Wind. Der Windstoß war so heftig und unerwartet, dass ich mit Erstaunen feststellen musste, dass meine Mutter an meiner Hand Sekundenbruchteile den Boden verlassen hatte und in der Luft schwebte; wäre die Situation nicht bedrohlich gewesen, wäre ich in Lachen ausgebrochen. So aber tat ich meine Pflicht, hielt die Mutter gut fest, bremste ihre Ankunft auf dem Boden und stabilisierte unseren Fortgang. Sie war wirklich klein und zart, das hatte der Wind unter Beweis gestellt. Einen Vorteil hatte das Wetter allerdings, es standen nicht wie sonst 30 Leute an der Dienstleistung draußen in Reihe, sondern nur ein Dutzend im Innenbereich, und so waren wir schon nach einer knappen Stunde dran und konnten die Feinstrümpfe meiner Mutter zum Repassieren abgeben.

Der erste Teil meiner Ausbildung war um und ich wurde in eine andere Zweigstelle geschickt. Diese war nur eine längere Straßenbahnfahrt entfernt von daheim und keine tägliche Reise mit dem Überlandbus. Also zwei Stunden Schlaf mehr für mich. Dort gab es kein großes Werktor und keine Riesenhallen. Enge Vorstadtstraßen, kleine Häuser, ein schmaler Hinterhof, ein paar Stufen hoch, Flur mit Kantine und Umkleide, und dann war man schon in der Werkhalle. Zuerst war ich für die Anlieferung eingeteilt. Hinter einer großen offenen Tür war eine Laderampe, wo die Milchkutscher vom Land heranfuhren und die großen Zwanzigliterkannen von der Ladefläche auf den Beton der Rampe knallten, da hieß es zupacken. Die Fahrer mussten weiter und hatten keinen Nerv ein ahnungsloses Lehrmädel anzuleiten. Einer brüllte schon herum, bevor ich irgendetwas getan hatte.

In der Molkerei, wo ich vorher gewesen war, hatte alles seine Ordnung, jede Lehrlingsbrigade hatte einen Leiter, der Anweisungen gab. Hier war eine kleine Filiale mit kaum einem Dutzend Arbeitern und alles war eingeschliffene Routine und ich der einzige Lehrling und eher eine Last als eine Hilfe. Und so wurde ich auch angesprochen. Die abgeladenen Kannen drängten sich wie kleine Männlein in der Ecke des Raumes, der Laster fuhr ab, die Tür wurde zugeknallt und jetzt hieß es die Kannen so schnell wie möglich zu einem Bottich im nächsten Raum zu tragen, um die Milch dort hineinzuschütten. Ich wollte es den Männern nachtun und zwei Kannen auf einmal tragen, aber allein das Anheben stach mich im Unterleib. Ich setzte sie sofort wieder ab und eine mit der Kante auf meinen Zeh, da half auch der Gummistiefel nix. Kanne für Kanne trug ich nach nebenan, aber das setzte Schelte und ich wurde angewiesen, bei dem Metalltrog stehen zu bleiben und die Kannen zu öffnen und auszugießen. Im Handumdrehen war ich von Kannen umstellt, die Arbeiter gingen anderen Tätigkeiten nach und ich war beschäftigt. Die schwarzen Gummideckel gingen schwer ab, einige waren wie festgesogen, andere lösten sich mit einem Floppgeräusch und dann war da der Duft, süß und schwer, etwas nach Sommer und etwas nach Stall. Ich konnte nicht widerstehen und steckte den Finger in die Sahneschicht an der Oberfläche und naschte. Die wenigen Milchkannen, die leicht aufgingen, waren noch warm, sie kamen offenbar aus einer LPG in der Nähe.

Eine ältere Arbeiterin mit Kopftuch statt mit Käppi schaute durch die Tür und rief: »Sieh zu, dass du fertig wirst, ich brauche dich an der Zentrifuge.« So schnell wie möglich brachte ich die Schinderei hinter mich und lief ihr hinterher. In einem von oben bis unten gekacheltem Raum stand ein silbernes Ding wie ein Raumschiff, spindelig auf der Spitze, seitlich führten Rohre hinein und davon weg. Die Arbeitskraft machte sich daran zu schaffen, ich beobachtete ihr Tun und war froh, aus der Kälte zu kommen, und mein Bauch tat weh, die feuchten Klamotten klebten mir am Leib. »Was stehst da rum, dummes Ding, komm her und lang zu!« Ich lief zu ihr und half ihr, den Deckel seitlich hochzuwuchten. Die Zentrifuge war innen rund, hohl und leer bis auf eine dicke schmutzigweiße Gummischicht. »Hier kommt die Rohmilch rein und hier fließt sie raus, alles Grobe muss vor dem Pasteurisieren herausgeschleudert werden«, sagte die Milchfrau und setzte hinzu: »Was du siehst, ist der Zentrifugenschlamm und der muss jetzt raus.« Sie löste die standfeste Masse von der Metalltrommel und wies mich an, diese herauszuheben. Mit geübter Hand schob sie mich in Richtung Maschine und nötigte mich, das Zeug anzufassen, und stieß meine Unterarme bis über den Ellenbogen hinein, so dass ich den Glibber halb umarmte. Ich musste fest zufassen, es war schwer, beim Hochheben kam es nah an mein Gesicht und ich sah etwas wie Blutflecken darin und es roch verfault und nach Eiter, ich ließ den Batzen neben die Zentrifuge fallen und kotzte im Strahl darauf. Hinter mir erscholl Johlen und Lachen, von mir unbemerkt hatte sich das Kollektiv an der Fensterfront des Raumes versammelt, um mich zu beobachten. Von Kopf bis Fuß war ich eingesaut mit diesem Schlamm. Mir wurde ein Kaltwasserschlauch und ein Schrubber in die Hand gedrückt. »Du putzt jetzt hier die Maschine und den Boden und was du noch vollgedreckt hast, aber gründlich, in einer Stunde kontrolliere ich das!« Den Schlamm musste ich mit dem Schrubber zerteilen, um ihn mittels Wasserstrahl durch den Abfluss spülen zu können. Der Raum war etwa so groß wie unsere Wohnung und hatte den Gully in der Mitte; ich war nicht geübt im Hantieren mit dem Schrubber, als ich fertig war, dann aber schon. Wechselsachen hatte ich keine und konnte mich erst nach dem Schichtende umziehen, eine Waschgelegenheit gab es auch nicht.

Das stinkende Kleiderbündel in der Hand fuhr ich mit der Straßenbahn heim. Nachdem ich alles von Hand ausgewaschen hatte, überbrühte ich die Arbeitskleidung in der Badewanne mit kochendem Wasser, um dem Geruch Herr zu werden. Meine Mutter blieb die halbe Nacht auf und bügelte es trocken. Arbeitskleidung vom Werk zu tragen war Pflicht.

Als wir irgendwann im theoretischen Unterricht erfuhren, was alles konkret im Zentrifugenschlamm enthalten war, hätte ich beinahe noch einmal speien müssen.

In dem Gebäude, wo der theoretische Unterricht der Ausbildung zum Molkereifacharbeiter stattfand, gab es eine Wandzeitung mit den typischen Politparolen und verschiedene Aushänge. Die Überschrift KLASSENBRÜDER = WAFFENBRÜDER bestand aus einzelnen, mit

Stecknadeln an den roten Stoff gepinnten Pappbuchstaben. Es wurde viel Gewese um die DSF (Deutsch-Sowjetische Freundschaft) gemacht. Es war eine Organisation ähnlich der FDJ, und jeder hatte da Mitglied zu sein. Ich fand das Ganze schon seit der Schulzeit ziemlich nervig und einmal allein im Treppenhaus löste ich im Vorbeigehen einen Buchstaben von der Überschrift ab. Im selben Moment öffnete sich eine Tür und eine Klasse strömte ins Treppenhaus. Ich hoffte sehr, dass mich niemand gesehen hatte, denn die nächsten Tage gab es großen Ärger und Androhungen von Strafen für die Tat. Da stand jetzt: KLASSENBRÜDER = AFFENBRÜDER.

Am Nachmittag des vierundzwanzigsten Mai entfernte Ronald sich unerlaubt von der Truppe, nahm sein Moped und kam heim zu mir. Die Sehnsucht war groß und auf dem auf dem Fußboden meines Zimmers ausgebreiteten Schlafsack genug Platz für die Liebe. Irgendwann hatte die Freude eine Ende, er aß noch ein Butterbrot in der Küche und fuhr wieder los. Natürlich wurde er bei seiner Rückkehr erwischt und musste drei Tage in den Bau, was er mit dem Stolz seiner neunzehn Jahre lächelnd ertrug. Und natürlich war ich schwanger geworden und natürlich wollten wir das Kind bekommen. Mit derselben Gewissheit, mit der ich beim ersten Kind wusste, dass es ein Mädchen war, nahm ich jetzt wahr, dass es ein Junge wurde. Von der schweren Molkereiarbeit ließ ich mich umgehend befreien, mein Gyn schrieb mir das Attest, obwohl er die Schwangerschaft noch nicht 100 % sicher feststellen konnte; er fand es richtig, dass ich auf mich achtete.

Von der Milchbude am anderen Ende der Stadt wurde ich in die neu gebaute Milchabfüllungsanlage einer weiteren Zweigstelle im benachbarten Stadtteil versetzt, die ich zu Fuß erreichen konnte. Bei meiner Arbeit an der Milchabfüllungsanlage zwischen riesigen silbernen Tanks und modernen Fließbändern mit klappernden Flaschen freundete ich mich mit einem anderen Lehrmädel an. Sie hieß Svenja Kaat und wohnte unweit der Molkerei. Als wir uns einmal zufällig nach Schichtende beim Pförtner trafen, gab es viel zu bereden und wir gingen kurzentschlossen zu ihr. Sie badete immer, wenn sie von der Schicht kam, und bot mir an, mit ihr zu baden. So etwas hatte ich noch nicht gemacht, mit jemand anders in die Wanne zu hüpfen, aber warum nicht. Da lagen wir zwei in der Wanne und besprachen, was so passiert war, und es war hübsch. Svenja stieg zuerst aus der Wanne und ging in ihr Zimmer und ich trocknete mich ab und ging in den Flur, wo meine Kleider lagen. Da öffnete sich die Wohnungstür und Svenjas Vater mit Aktentasche und Brille stand in der Tür. Ich sagte: »Oh, guten Tag«, und verschwand mit meinen Klamotten wieder im Bad. Wir lachten wochenlang über den Vorfall.

Mit Fortschreiten meiner Schwangerschaft wurde meine Lehre trotz bester Noten abgebrochen und der Lehrvertrag gelöst, um mich als ungelernte Hilfskraft im Materiallager einstellen zu können. Dort war es trocken und warm und leise und normalerweise nur Dinge aus Regalen zu nehmen und auszuhändigen, wenn jemand kam, der einen Zuweisungsschein für irgendetwas vorlegte.

Mein Schwangersein, die Übelkeit am Anfang, der Heißhunger, umgangssprachlich ›die Appetite‹ genannt, die dieses Mal deutlichen Kindesbewegungen und die Träume vom Sterben gegen Ende der Schwangerschaft erlebte ich allein, weil die anderthalbjährige Dienstzeit von Ronald bis weit nach dem Geburtstermin andauern würde. Der Junge sollte Mitte Februar zur Welt kommen und die Armee endete im April. Falls er nicht nachdienen musste für die Tage, die er im Bau verbracht hatte, dann würde er noch später heim kommen.

Für eine, die selten frühstückte und oft nichts essen konnte, entwickelte ich einen erstaunlichen Appetit. Zuerst trank ich literweise Milch, sie war frei zugänglich, jeder Mitarbeiter durfte Milch trinken, es stand auch Joghurt kostenlos bereit. Doch bald genügte mir das nicht mehr und ich begann belegte Brötchen zu essen und zuzunehmen. Hin und wieder mopste ich eine kleine Flasche Schlagsahne vom Band und trank die auf einen Zug aus. Aus blassgrauem leichten Jeansstoff mit roten Streublümchen nähte ich mir ein Kleid und das trug ich Tag für Tag. Nach einer Weile sagten die Kollegen über mich: »Erst kommt ihr Bauch, dann kommt sie auch.« Es ging mir wohl wie nie zuvor. Mittlerweile nahm ich über den Tag verteilt sechs halbe belegte Brötchen zu mir.

Die Arbeit im Lager, besonders das unumgängliche Auf-Leitern-steigen-Müssen, um aus den deckenhohen Regalen etwas herauszusuchen, war mir nach einigen Wochen nicht mehr zuzumuten, also wurde ich ins Büro versetzt und sortierte dort Papiere. Obwohl ich mir alle Mühe gab, war ich wieder Außenseiterin geworden, die Bürotanten sprachen nicht mit mir und beäugten mich wie ein seltenes Tier. Als ich einmal nur wegen leichter Kreislaufbeschwerden den Halt verlor und hinfiel, sah das eine freundliche Kollegin aus der Produktion und sammelte mich ein und brachte mich zum Betriebsarzt. Dieser fand meinen Zustand bedenklich und ich wurde krankgeschrieben, und ich beließ es dabei und ersparte mir das Kollektiv der Bürohexen und blieb den Rest der Schwangerschaft daheim.

Es wurde Weihnachten, es wurde Januar, es wurde Mitte Februar. Mein Kind kam nicht zum errechneten Termin. Von den heftigen Kindesbewegungen, die mich nicht schlafen ließen, abgesehen ging es mir richtig gut. Mutter und Großmutter scherzten, ich würde wohl einen Boxer zur Welt bringen, denn es war sogar von außen zu sehen, wenn er von innen am Werk war. Teilweise trat der Bub so heftig, dass er mit dem Fuß an meinen Rippen vorbeirutschte und eine dicke Beule im Bauch war. Ich legte mich dann auf die Seite und schaukelte meinen Bauch ganz sachte, bis er Ruhe gab.
Eine Woche nach dem Geburtstermin, Sonntagabend einundzwanzig Uhr, spürte ich erste Wehen. Als ich mir sicher war, dass die Geburt in Gang gekommen war, klingelte ich bei meiner Tante Karin im Nachbarhaus und die fuhr mich mit ihrem Wartburg ins Klinikum.

Die Frauenstation war im Umbau begriffen und kein Bett im Kreißsaal frei, also wurde ich auf eine Pritsche im Flur gelegt und musste warten. Durch die Tür zog es kalt herein, draußen herrschte Frost und ich hatte nur mein ärmelloses graues Kleid, etwas Unterzeug und eine Strickjacke, den von der Großmutter geliehenen Steppmantel und die Stiefel an, sonst passte mir seit Wochen nichts mehr. Bald war ich nicht mehr allein, eine andere Frau mit Wehen bekam auch eine Pritsche auf dem Gang. Nachdem eine frisch Entbundene von der diensthabenden Hebamme den Gang zum Treppenhaus entlang geführt worden war, bekam ich ein Kreißsaalbett. Die Hebamme hatte die Frau mit dem einen Arm untergehakt und trug im anderen das eingewickelte Baby, die Frau hatte ein Nachthemd bis zum Knie an und nackte Beine, sie lief mit ihren Filzpantoffeln durch den Schneematsch, der von meinen Stiefeln getaut war, an mir vorbei.

Im Bett wurde ich untersucht und wegen nur mäßiger Wehentätigkeit ruhiggestellt. »Das ist zum Schlafen, Frau, die Frühschicht wird das Kind holen«, sagte die Schwester beim Spritzen, drückte einen Tupfer auf meine Armbeuge, winkelte meinen Arm an, löschte das Licht und ging. Im Schein der Straßenlaterne sah ich vor dem Fenster heftigen Flockenwirbel. Mein Kind würde bei Schneesturm zur Welt kommen wie ich, dachte ich und war froh drum.

Nach kurzem Dämmerschlaf erwachte ich mit heftigen Wehen. Ich war allein und verhielt mich ganz still. Das Kind sollte nun endlich kommen dürfen und mich sollte keiner mehr mit Beruhigungsspritzen auf die Wartebank schieben. Ich wollte ihn endlich sehen. Diese Monate des Wartens, die nächtlichen Stunden voller anstrengender Gedanken – ob dieses mein zweites Kind gesund wird oder ob es ebenso wie das erste nicht lebensfähig sein wird und am Geburtstag stirbt – all das holte mich heftig ein. Ich machte mir Mut und dachte an die heftigen Kindesbewegungen als deutlichen Beweis für die Gesundheit meines Babys, aber etwas in mir zweifelte.

Ich blieb allein und hielt mich am Bettgestänge fest und war leise genug, um die Hebamme und die Schwestern am Ende des Ganges zu hören, ich konnte ihr Tassenklappern und Geschwatze vernehmen. Die Wehen kamen und gingen und bald war kaum noch Pause und der Druck wurde sehr stark und ich rief: »Schwester, Schwester, das Kind kommt!« Ich musste mehrmals rufen, um auf mich aufmerksam zu machen. Die große Uhr an der gekachelten Kreißsaalwand zeigte kurz nach zwei Uhr nachts an. Die Hebamme kam mit eiligen Schritten über den Gang zu mir herein, untersuchte mich kurz und dienstlich und rannte weg. Kurz darauf kam sie wieder angehastet, ihre Schritte hallten. Dann verlangte sie wieder diese elende Rückenlage, die ich schon bei der ersten Geburt durchlitten hatte, und wie damals kam der Kreislaufkasper. Die Farbe verschwand aus dem ohnehin nicht sehr bunten Saal, alles wurde schwarzweiß, mein Gesichtsfeld engte sich ein, der Kontrast wurde schlecht, alles flimmerte. Doch dann ging es schnell, kaum lag ich auf dem Rücken, kam eine Presswehe und die Hebamme fing mein Kind auf.

Und der Junge war auf der Welt und schrie, was er konnte. Und er hatte mich heil gelassen trotz seiner acht Pfund. Er wurde gewaschen und gewickelt und in ein Bettchen gelegt, das in die Nähe meines Bettes gestellt wurde. Die Nachgeburt kam ohne Not. Ich wurde gewaschen und versorgt und dann lag ich mit meinem Kind allein in dem Zimmer und die Uhr tickte und der Babyboy machte kleine Geräusche.

Um sechs Uhr morgens kam der Doc mit den dunklen Locken herein und sagte, bevor er Licht machte: »Guten Morgen, Frau Müller, da wollen wir mal Ihr Kind holen!«, und ich antwortet ihm: »Das wird wohl nix, er ist schon da«, und wies auf mein schlafendes Kind. Der Babyboy wurde untersucht und für gesund befunden. Er war das größte Kind auf der Station und trank beachtliche Mengen. Schon am dritten Tag trank er neunzig Gramm zu einer Mahlzeit. Ich war stolz und glücklich. Mein kleiner Held brüllte zwar andauernd, doch er war gesund und lebte und hatte blonde Haare und dicke Bäckchen.

Nach wenigen Tagen wurden wir entlassen und zu Hause verlief alles problemlos. Klein Eddie wuchs und gedieh. Ronald hatte jeden meiner Namensvorschläge abgelehnt und so einigten wir uns auf den Namen seines besten Freundes, dafür könnte ich dem Jungen noch einen zweiten Vornamen geben. Wenn wir allein waren, nannte ich meinen Jungen bei dem Namen, den ich ihm eigentlich geben wollte, und so hatte er drei Namen. Der Doktor bei der Mütterberatung war zufrieden und sagte: »Speikinder – Gedeihkinder«, und die Arzthilfe trug die Größe und Gewichtszunahmen im Sozialversicherungsbuch ein.

Meine Familie freute sich sehr über den strammen Jungen, besonders Großmutter und Tante Hanni waren hin und weg. Das Verhältnis der Geschwister meiner Mutter zu mir war nicht mehr wie früher. Tante Karin war zwar freundlich, aber reserviert, die Sache mit meiner ersten Schwangerschaft hatte sie mir nicht vergeben. Ich hatte gegen den Rat der Familie gehandelt, aber immerhin sprach sie mit mir. Was mich wirklich traf, war das Verhalten von Onkel Joachim. Er ignorierte mich, seitdem sprach kein Wort mit mir und sah mich nicht einmal an. Meine Großmutter hielt die Familie zusammen; auch jetzt, wo sie in der kleinen Neubauwohnung lebte, lud sie regelmäßig zu Familientreffen ein und Tante Karin übernahm das irgendwann von ihr und auch ich wurde immer eingeladen.

Obwohl der Junge sich gut entwickelte, lauschte ich oft nachts auf seinen Atem. Mitten im Traum schreckte ich hoch, setzte mich auf und lauschte ins Dunkel, lauschte mit angehaltenem Atem, bis ich diesen kleinen Lufthauch hören konnte. Mit der Zeit gewöhnte ich mich daran, dass er bei mir bleiben würde, und bald schliefen wir beide nachts durch. Morgens, wenn er mich rief, windelte ich ihn schnell und nahm ihn dann mit in mein Bett und legte ihn an meine Brust und stillte ihn und so schliefen wir beide wieder ein, oft bis in den späten Vormittag.

Bald hatte ich auch meine normale Figur zurück. Zwar hatte der große Leibesumfang der letzten Schwangerschaftsmonate meinen ganzen Bauch mit dutzenden breiten Schwangerschaftsstreifen zerrissen, doch das sah ja keiner. Meine schlanke Gestalt wiederzuhaben und dass die Rückenschmerzen sich nach einigen Monaten verloren, machte mich sehr zufrieden und mein blonder Babyboy machte mich glücklich.

In Ronalds Entlassung vom Wehrdienst hatte ich große Erwartungen, freute mich auf ein schönes gemeinsames Leben. Diese Hoffnung wurde mir nicht erfüllt. Er war ein anderer geworden. Als freier, heiterer Junge war er von mir fortgegangen und als eigenbrötlerischer Mann, nichts im Sinn außer Arbeiten, Bergsteigen und Biertrinken, kam er zu mir zurück. Um die Gemeinschaft wieder aufzubauen, ging ich wieder mit in die Berge und den Jungen nahmen wir in einer Babytragetasche mit. Die Babynahrung machten wir auf einem kleinen Kocher warm und ich stellte einen Regenschirm neben dem Kind auf, gegen die Sonne. Ronald machte einige hübsche Fotos von uns. Er bekam wieder seinen alte Stelle als Elektriker und ich war zu Hause und beschäftigte mich hauptsächlich mit dem Kind und der Wäsche.

Da wir uns keine Waschmaschine leisten konnten, wusch ich für mein Kind, meinen Freund, meine Mutter und mich mit der Hand. Die Windeln kochte ich auf dem Herd in Seifenlauge. Draußen auf dem Wäscheplatz hieß es rechtzeitig Leinen zu spannen, um alles trocknen zu können. Die Anzahl der Wäschehaken war begrenzt, und wenn nichts mehr frei war, konnte man keine Wäsche aufhängen. In den Höfen der Neubausiedlung liefen morgens viele Frauen mit der Wäscheleine los und ich war eine von ihnen. Zwei ganze Tage stand ich pro Woche waschend im Bad. Einmal war das Wetter so heiß, dass alles wie am Schnürchen ging: Als ich meine Windeln und Strampler und Hemdchen und Jüpchen der Reihe nach fertig aufgehängt hatte, es waren vier Leinen Wäsche, waren die Stücke vom Anfang schon getrocknet und ich konnte wieder mit Wäscheabnehmen beginnen. Danach nahm ich die Leine ab, damit andere Frauen drankommen konnten. Die Leinen hängen zu lassen gehörte sich genauso wenig wie eine Leine zu benutzen, die nicht die eigene war.

Mirko, Tante Karins Sohn, war gelegentlich zu Besuch. Einmal abends wollte ich noch schnell vor Ladenschluss etwas in der Kaufhalle einholen, aber die Mahlzeit für den Kleinen war dran. Also bat ich Mirko, das Füttern für mich zu übernehmen, gab ihm das gewickelte Kind auf den Schoß und die gewärmte Flasche mit Babynahrung und ging meine Besorgungen machen. Als ich zurückkam, waren beide Jungs erschöpft und unzufrieden und die Flasche noch voll. Da hatte ich in der Eile einen neuen Sauger aus der Schublade gegriffen und auf die Flasche gesteckt. Die Flaschensauger wurden ohne Perforation gefertigt und mussten nach dem Kauf mittels einer in einem Korken steckenden, glühend gemachten Nadel selbst durchstochen werden. Dieser Sauger war noch ohne Loch gewesen.

Wir hatten es gut alle zusammen, aber auf Dauer war es eng zu viert in der Zweiraumwohnung. Im Herbst zogen wir in unsere erste eigene Wohnung. Es war ein Ringtausch, die Zweiraumwohnung meiner Mutter gegen zwei Einraumwohnungen – eine für mich und die meinen und eine für die Mutter. Das war ein großer Sieg. Alle jungen Leute in unserem Freundes- und Bekanntenkreis, zum Teil wesentlich älter als wir, lebten wegen der Wohnungsnot immer noch bei ihren Eltern. Wir bald nicht mehr.

>> Hausnummer 71 <<

Meine Familie, Ronald, der kleine Eddie und ich, zog in ihre erste Wohnung und wir begannen unser eigenes Leben zwei Stadtteile östlich von dem Kiez, wo Großmutter und Tante Karin wohnten. Wieder Neubau und damit Vollkomfort mit Fernheizung, Warmwasser aus der Wand, Bad mit Wanne, Küche mit Fenster. Was machte es da aus, dass die ganze Wohnung nur fünfundzwanzig Quadratmeter hatte? Von Ronalds Eltern bekamen wir Schränke, von meiner Mutter Hausrat, von meiner Großmutter einen Teppich und zwei Sessel, dann noch ein gebrauchtes Schlafsofa – fertig war der Hausstand. Ronald besorgte sogar eine alte kaputte Waschmaschine namens TM66 und reparierte sie im elektrischen Bereich und die vorsintflutliche Mechanik kam wieder in Gang.

Er ging weiter arbeiten und ich war mit dem Jungen daheim und richtete uns ein, schleppte die Bücherkisten, welche beim Umzug auf die Schnelle vom großen Eddie in den Keller gestellt worden waren, die Treppen hoch, räumte und wusch und nähte auf meiner Tretnähmaschine alte Vorhänge um, damit sie an unser Fenster passten, und war es zufrieden, für mich sein zu können. Das Mietshaus hatte einen Hinterausgang, der auf einen Wäscheplatz führte, und etwas weiter war ein Kinderspielplatz, alles ruhig und von der Straße abgeschirmt. Am Tag unseres Umzuges hatte Ronalds Arbeitskollege, der mit dem kleinen Laster für den Transport eingesprungen war, auch den Umzug meiner Mutter gefahren und unsere Kletterfreunde hatten alles hochgetragen. Der große Eddie warf sich dabei schwungvoll einen mit Haushaltswäsche gefüllten Bettbezug über die Schulter und dieser riss und all die Handtücher und Bettlaken und Geschirrtücher flatterten durch das besenreine Zimmer. Was für meine Mutter ein Anlass zum Drama war, weil ja jetzt alles unbenutzbar war und erneut zum Kochen in die Wäscherei gegeben werden musste. Aber dieses Drama ging mich nichts mehr an. Wir hatten uns jetzt auseinanderdividiert und ich wollte Ruhe und Frieden haben.

Kurz vor Weihnachten nahm ich einen Aushilfsjob bei der Post an. Nachts wurden auf dem Hauptpostamt von LKWs herunter Pakete und Päckchen auf Laufbänder sortiert und ich konnte etwas dazuverdienen. Tags betreute ich den Jungen und versorgte den Haushalt und nachts, wenn Ronald da war, fuhr ich zur Post. Die Arbeit musste zügig getan werden, viel Zeit für Pausen war da nicht vorgesehen. Dort lernte ich eine etwas ältere Frau kennen, deren Kinder schon groß waren, und sie überließ mir preiswert ein schönes, altes Holzschaukelpferd. Ich gab alles Geld dafür aus, das ich bis dahin verdient hatte, und war sehr froh, etwas so Schönes für meinen Eddie zu haben. Am Morgen nach einer Schicht ging ich mit zu ihr und holte das Pferd ab und dann buckelte ich das Riesenteil mit der Straßenbahn heim. Nach einer Woche war der Job getan und dann ging alles wie üblich weiter.

Tags ging Eddies Vater zur Schicht und danach bei seinen Freunden tapezieren helfen oder sonst etwas bauen und am Wochenende fuhr er ins Gebirge. Wenn er heimkam, war es meist spät und er angetrunken und müde und ging zu Bett. Ich war allein mit meinem Kind. So lebten wir mehrere Monate, bis ich ihm bei unserem ersten Streit nach vier Jahren Beziehung alles sagte, was sich in mir angestaut hatte, und daraufhin zog er aus. Ronald war nicht mehr derselbe wie vor der Armee, sein interessiertes, waches und heiteres Wesen war ihm verloren gegangen. Er arbeitete ab, was getan werden musste, hatte seine Freunde und seinen Bergsport und sein Bier. Für mich war er nicht mehr greifbar und nun war er weg und ich richtig allein.

Klein Eddie war mittlerweile die meiste Zeit am Schreien. Der Arzt hatte ihm eine spezielle orthopädische Hüftspreizhose verordnet, damit der vererbte Hüftschaden meiner Mutter ihn nicht durchs Leben hinken lassen würde. Das Drama meiner Mutter, nicht richtig laufen zu können, sollte er nicht erleiden. Also wendete ich das Monstrum nach Vorschrift an und schnürte meinen Babyboy hinein. Seine Bedürfnisse nach körperlicher Bewegung wie Krabbeln und Aufstehen und Gehen wurden aufgeschoben. Eddie konnte nur flach liegen in dem Apparat. Er tat mir so leid! Anfangs hielt ich es nicht lange aus und befreite ihn daraus und ließ ihn strampeln, aber trotzdem war er den Hauptteil des Tages eingeschränkt. Wir konnten Fingerspiele machen oder Bilderbücher lesen oder mit Spielzeugen spielen, Eddies geistige Entwicklung glich vieles aus. Als er ein Jahr alt wurde, konnte er schon kurze Sätze sagen und wusste von ganz vielen Dingen, wie sie hießen, ich beschäftigte mich viel mit ihm. Auch gingen wir oft spazieren, unterhielten uns über wichtige Ereignisse wie kleine Vögel am Straßenrand, vorbeifahrende Autos und Bäume und Sträucher oder das Wasser im Bach. Manchmal gingen wir an der Spree Enten mit Brot füttern oder wir machten Besuche bei Tante Hanni, bei Großmutter oder bei meiner Mutter. In den kurzen Zeiten, die Eddie täglich ohne den Apparat verbringen konnte, begann er zu krabbeln und schließlich zu stehen. Bei meiner Großmutter machte er, sich am Stubentisch festhaltend, seine ersten Schritte. Sie war sehr glücklich über unsere Besuche, denn seit Großvaters Tod vor wenigen Jahren lebte sie allein.

Einmal waren wir einkaufen, der Kinderwagen wurden vor der Kaufhalle geparkt und dann schnell der Einkauf erledigt. Oft standen da mehrere Kinderwagen in Reihe und wenn eines der Kleinen anfing zu schreien, machten die anderen mit. Als ich aus der Kaufhalle kam, war Ruhe, Eddie schlief, es waren keine weiteren Kinderwagen da, nur entfernt ein Hund angebunden. Hunde sah man selten und ich hatte Angst vor ihnen. Irritiert von der Anwesenheit eines Hundes verstaute ich eilig die Einkäufe vorn im Netz, das am Schiebegriff des Wagens befestigt war, und der Wagen bekam Übergewicht und kippte auf mich zu. Im Fallen griff ich mir Eddie und der Rest segelte mit dem umgestürzten Kinderwagen auf den Gehweg. Um Matratze und Kissen wieder einzusortieren, musste ich den Jungen absetzen, ich stellte ich nah bei mir auf den Boden wartete, bis er sicher stand, und ließ ihn sich an meinem Bein festhalten. Doch in dem Moment, wo ich mich dem Wagen zuwendete und alles in Ordnung brachte, ließ Eddie mich los und lief zu dem Hund, der da saß, und umarmte ihn. Ich stand wie gebannt, im Geiste das riesige offene Maul von Gürtlers Boxer vor mir, und konnte nichts tun, konnte mich nicht bewegen, keinen klaren Gedanken fassen – es war, als hätte jemand den Film angehalten. Ein Standbild: *Ein kleiner Junge im blauen Kosmonautenanzug, den Hund umarmend, der Hund angeleint sitzend, mit seinem großen schwarzen Kopf das Baby überragend, und ein Stück entfernt eine große junge Frau in Jeans und mit hochgesteckten Haaren, einen Kinderwagen festhaltend, starr vor Schreck.*

Es geschah nichts. Wir kamen heil zu Hause an und ich verstaute den Kinderwagen im Treppenhaus und trug Eddie und den Einkauf hoch in die Wohnung, zog uns um und wusch uns und machte uns Leberwurststullen zum Abendbrot und eine Kanne Tee. Es war still. Da saßen wir in unserem Zimmer und aßen, der Babyboy eine Stulle und ich eine Stulle und jeder eine Tasse Tee.

Als Eddie schlief, fiel mir die ganze Verlorenheit meiner Kindheit auf den Kopf, dieses kleine graue Leben allein mit meiner Mutter, der tägliche Weg an Gürtlers Hof mit dem geifernden Boxer vorbei, unser kleines Zimmer, die Schnitte Brot und das Vorlesen und das große Nichts. Mutter und ich und aus. Als hätten wir in einem Vakuum gelebt. Das wollte ich so nicht. Das sollte sich nicht wiederholen, ich musste etwas tun. Außerdem war das vom Staat bezahlte Babyjahr bald um, ich musste mir eine Arbeit suchen und in die Molkerei wollte ich gewiss nicht zurück.

Bei unseren früheren Ausflügen in die Natur hatten Ronald und ich, abgesehen von seinem Freundeskreis, eine Menge Leute kennengelernt und einer von ihnen, Bernd, groß und stark und blond, hatte mir gut gefallen; wir hatten ihn damals ein paarmal besucht. Also schrieb ich Bernd einen Brief und er schrieb zurück. Es stellte sich heraus, dass er ebenfalls frisch getrennt war, und in kürzester Zeit kamen wir zusammen. Die körperliche Anziehungskraft zwischen Bernd und mir war derart, dass es uns nur mit Mühe gelang, die Wohnungstür hinter uns zu schließen, wenn er zu Besuch kam. Als er seinen Wehrdienst beendet hatte zog er bei seiner Ex aus und bei uns ein und das Leben war schön. Ich fand eine Arbeit als pädagogische Helferin und Eddie wurde ein Krippenplatz zugeteilt und alles ging seinen Gang.

Wir beschlossen zusammen zu bleiben und zu heiraten. Bernd hatte von seinem Sold von der NVA noch etwas Geld und wollte sich nicht gleich eine Arbeit suchen. Ich kannte das so nicht, jeder hatte zu arbeiten, aber er war unbeirrbar. Meine Arbeit im Kindergarten uferte aus, die Fachkraft, die ich unterstützen sollte, war ausgefallen, und so hatte ich ungelernt und von jetzt auf gleich ein Dutzend Dreijährige zu betreuen. Beschäftigung, Spaziergänge, Um- und Anziehen, Toilettengänge, Speisung, Mittagsschlaf, all das war täglich und pünktlich zu absolvieren. An manchen Tagen wurden die Gruppen zusammengelegt und ich hatte vormittags der Köchin zu helfen und musste eimerweise Kartoffeln schälen. Ich versuchte mein Bestes, aber das ständige Ansprechen und Ermahnen der Kinder überforderte mich und ich bekam bald keinen Ton mehr heraus. Der Arzt sagte: »Das ist eine Stimmbandentzündung«, und erteilte mir Sprechverbot für mehrere Wochen. Nachdem ich wieder gesund war, suchte ich mir eine andere Stelle, bei der Post war etwas frei und Zusteller müssen keine Redner sein und so wurde ich Postfrau.

Die Hochzeit kam auf uns zu, wir bestellten einen Saal im Restaurant des Neubauviertels meiner Mutter und luden ein. Ich stellte mir das alles wunderbar vor und nähte mir ein schönes weißes Kleid und Tante Hanni schenkte mir ihren Brautschleier. Bernd zu überzeugen, einen Anzug zu tragen, war nicht möglich, immerhin besorgte er sich ein Sakko, aber ein Herrenhemd und einen Schlips zu tragen lehnte er ab. Ich wusste nicht, wie ich das meiner Familie erklären sollte, dass er wie ein Haderlump daherkommen würde, aber so war es nun mal. Von den heißen Nächten abgesehen passierte nicht viel an erhofftem bunten Leben, keine Gespräche, keine Ausflüge, keine geistige oder emotionale Annäherung, wir wohnten einfach zusammen. Nach wie vor fehlte mir etwas, aber ich konnte nicht sagen, was es war.

Der Hochzeitstag kam, Eddie war in der Krippe, ich machte mich fein, Bernd zog sich was an und wir fuhren mit dem Taxi ganz vornehm zum Standesamt. Dort kurzes Gerede und Ringe und Unterschrift und verheiratet. Dann mit demselben Taxi zum Restaurant. Dort die arge Überraschung: Von meiner Familie waren nur wenige da und von seiner Familie niemand; außer zwei früheren Arbeitskollegen hatte er niemanden gefunden, der zu ihm gehörte und hätte kommen wollen. Bernds Verhältnis zu seinen Eltern und Geschwistern war schwer gestört, er hatte nur Kontakt zu seiner Oma, die ihn aufgezogen hatte. In dem großen leeren Saal waren die Tische zum traditionellen Hufeisen aufgestellt, an der Krone saß das Brautpaar, also Bernd und ich, zu meiner Rechten meine Mutter und meine Großmutter und zu seiner Linken seine Arbeitskollegen und dann noch Tante Karin und ihr Mann Dieter und Tante Hanni, und das wars. Es gab keine Musik und keinen Tanz. Wer hätte auch mit wem tanzen sollen? Die Hochzeitsgeschenke waren ein paar überreichte Briefumschläge und dann gab es etwas zu essen. Die Geldgeschenke reichten, das Essen und die Saalmiete zu bezahlen, und dann ging es nach Hause. Eddie wurde abgeholt und dann zu Abend gegessen. Das war das Ende unseres Hochzeitstages. Ich war traurig und enttäuscht und konnte es nicht realisieren. *Das kann nicht alles gewesen sein.* Aber mehr war da nicht.

Vom Staat gab es Hochzeitsgeld als Unterstützung für junge Eheleute und wir kauften davon eine richtige Waschmaschine und etwas Geschirr und später eine Schrankwand, wie sie modern und begehrt war. Die Waschmaschine hatte unten drin eine Platte, damit sie beim Schleudern der Wäsche nicht durchs Zimmer hoppelte, und wog dadurch über 100 kg. Bernd schulterte das Ding am Gütertaxi und trug es lässig die Treppen herauf. Wenn er etwas Handfestes tun konnte, war er gern dabei. Aber sonst saß er nur noch zu Hause und starrte aus dem Fenster und schwieg. Ich konnte mir sein Verhalten nicht erklären, meine Mutter war immer gesprächsbereit gewesen, überhaupt wurde in meiner Familie viel und über alle möglichen Themen gesprochen und auch mit Ronald hatte ein reger Austausch stattgefunden, zumindest bevor er bei der Armee war. Das Schweigen war mir eine schwere Last.

Bald kamen wir mit dem Geld nicht mehr zurecht, ich verdiente wenig und Miete und Strom verbrauchten so viel, dass kaum genug zum Esseneinkaufen blieben. Von zuhause war ich gewohnt, mit wenig Geld zu wirtschaften, 10 Mark fürs Wochenende reichten. Brot, Butter, Tee, Zwiebeln und Leberwurst waren gewohnte Kost, doch dieser Mann aß derart viel, dass es einfach nicht reichen konnte. Einmal zählte ich mit, da aß er acht Stullen zum Abendessen, das war fast ein halbes Brot, es war nicht zu fassen. Und so ging das Abend für Abend, ich schmierte Eddie seine Stulle und fütterte ihn, und wenn ich dran war, war fast alles weg und ich wurde nicht satt. Ich wollte mit Bernd darüber reden, aber er sagte einfach nichts. Es war nicht möglich, mit ihm zu sprechen, geschweige denn eine Diskussion zu führen. Eines Tages war er es leid und suchte sich eine Arbeit in einer Wäscherei als Heizer, er hatte schon bei der NVA als Heizer gearbeitet. Den ganzen Tag im Keller zu verbringen und Kohlen mit der großen Arschbackenschaufel in das Feuerloch des Kessels zu werfen machte ihm nichts aus, er war gut bei Kräften. Aber das war offenbar alles, was er war.

Die neue Waschmaschine war ein Traum, schmutzige Wäsche in die Trommel einfüllen, die Trommel verriegeln, Knöpfe einstellen, Wasserhahn anstellen und nach zwei Stunden die gewaschene Wäsche schleudern und herausnehmen. Die Maschine zuvor, TM66, war auch schon eine Erleichterung gegenüber dem Waschen von Hand gewesen. Aber die musste ich jedes Mal mit warmem Wasser aus dem Brauseschlauch der Badewanne befüllen und dann drehte sich in der Seifenlauge die Wäsche, danach pumpte sie das Dreckwasser in die Badewanne und ich ließ neues warmes Wasser mit der Brause hinein und die Maschine drehte wieder alles im Kreis und so fort. Ich wiederholte den Spülvorgang, bis das Wasser klar war, und nannte sie ›technischer Misthaufen 66‹. Die Wäsche musste danach über der Wanne ausgewrungen werden und zwar so gut, dass alles nicht zu schwer war, um es die Treppen herunter zum Wäscheplatz zu tragen, und so vorsichtig, dass dabei keine Nähte zerrissen. All das nahm mir die schöne neue Maschine nun ab.

Meine Arbeit bei der Post lief gut, anfangs hatte ich nachts davon geträumt, Briefe zu verlieren oder zu vergessen, aber das ließ nach. Die Arbeit war im Freien, bald kannte ich die Straßen und auch einige Leute, zu denen ich Briefe und Zeitungen brachte. Ein Ömchen mit Schürze und Filzpantoffeln erwartete mich regelmäßig im Treppenhaus mit einem Eimer Kohlen, den sie aus dem Keller hochgebuckelt hatte, und sagte. »Och Frolleinchen, könnten Se so lieb sein, Sie wissen doch, die alten Knochen …«, und jedes Mal sprang ich, den Eimer in der Hand, die Treppen bis zu ihrer Wohnungstür hinauf und stellte ihn hin. Sie lächelte und ich musste weiter. Die Leute in dem alten Villenviertel waren alt und gewohnt, ihre Post pünktlich zu bekommen, und manche beschwerten sich, wenn ich zu spät war. Wenn drei Beschwerden beim Leiter des Postamtes zusammenkamen, würde etwas vom Lohn abgezogen, wurde mir gesagt, aber so weit kam es nie.

Bernd war zufriedener mit sich und der Welt – die Arbeit und dass er den Arbeitsweg mit dem Fahrrad fuhr, taten ihm gut. Er verdiente gutes Geld und kaufte zum Wochenende mehrere Brote und mehrere Liter Milch und für mich auch Hackepeter ein. Und ich versuchte auch etwas für die Häuslichkeit zu tun und begann mit Kochen. Aber egal was ich machte, es gelang nicht, ich konnte es nicht kosten, weil es mir zu stark roch und mir schlecht davon wurde, und er kostete minimal und aß es nicht. Es war ein großes Dilemma für mich, das Essen dann wegzukippen, Lebensmittel durften nicht verschwendet werden. Einmal waren wir zusammen in den Pilzen und fanden Hallimasch und Maronen und auch ein paar Steinpilze. Die briet ich in Butter in der Pfanne, das duftete vorzüglich und schmeckte auch sehr gut. Bernd war es zu glibbrig, das lag ja wohl an ihm und ich machte mir nichts daraus und aß die ganze Pfanne leer.

Da die Finanzen es erlaubten, buchten wir Ende des Sommers sogar einen Urlaub an der Küste für den Herbst. Ich freute mich sehr, das dritte Mal würde ich die Ostsee sehen, das erste Mal war ich mit Ronald nach Suses Geburt an der Küste gewesen, das zweite Mal war ich mit Mädels aus der Molke hochgetrampt und wir hatten ein paar nette Tage auf einem Campingplatz verlebt. An die See in Urlaub fahren war meins.

Erneut wurde ich schwanger, wieder ein Wunschkind. ›Wunschkind‹ hieß es damals, weil es noch neu war, sich aussuchen zu dürfen, wann die Familie Zuwachs bekam und wann nicht. Dieses Mal erschöpfte mich die Schwangerschaft, ich war andauernd müde und musste viel schlafen. Bernd störte es, dass ich abends immerzu müde war und nicht mehr mit ihm schlafen wollte, aber das konnte ich nicht ändern. Die Untersuchungen in der Schwangerenberatung ergaben, dass ich zwar etwas dünn, aber gesund war und das Baby im Bauch auch. Es fühlte sich nach einem Mädchen an, ich freute mich. Von der Müdigkeit abgesehen ging es mir gut und alles war im Lot. Eddie kam in der Kindereinrichtung zurecht und ich bei der Post, der Mann ging arbeiten, alles konnte bezahlt werden. Gut.

Dann fuhren wir in den Urlaub, derselbe Ort und dieselbe Unterkunft, wo ich mit Ronald schon einmal gewesen war. Die gleichen Spaziergänge ums Haff mit Wellen, Weite, Meeresduft und Sonnenuntergängen, und doch war es nicht dasselbe. Das freie Miteinander gab es nicht, einfach beieinander sein und Eindrücke austauschen oder rumalbern war nicht möglich, Bernd interessierte sich für Essen und Sex und Schlafen. Der Urlaub verstrich, das Geld war ausgegeben. Was dieser Mann aß, war nicht zu bezahlen. Wir reisten nach Hause. Bernd trug schweigend unseren Seesack und ich schob den Kinderwagen und plauderte mit Eddie. Die Zugfahrt war anfangs nett, wir hatten Sitzplätze und Platz im Abteil und schauten aus dem Fenster auf die vorbeirauschende Landschaft. Eddie bekam den einzigen Reiseproviant und verputzte ihn mit Appetit. Zwar war der Junge oft unleidlich, aber das mit dem Essen klappte prima; was man ihm gab, verschwand in seinem kleinen süßen Schlund.

Das Geld war komplett alle, es waren im Urlaub tütenweise Bäckersachen verzehrt worden. Ich versuchte einmal, mit dem Mann mitzuhalten, aber nach einer Tüte Pfannkuchen und einigen Spritzringen musste ich aufgeben, derartige Mengen konnte kein Mensch essen.

Nach zwei Stunden Bahnfahrt mussten wir umsteigen und es wurde eng und gab keine Sitzplätze mehr. Die Fahrt ging voran, ich freute mich auf zuhause und war erschöpft. Der nächste Umstieg eine Stunde später war in einer Großstadt, wir waren seit morgens unterwegs und ich war hungrig. Als wir den Bahnsteig gefunden hatten und in den Zug eingestiegen waren, kam kurz vor der Abfahrt ein Schaffner und sagte, das mit dem Kinderwagen gehe so nicht, wir müssten aussteigen, einen Gepäckwagen habe dieser Zug nicht und wir sollten mit dem nächsten Zug in ein paar Stunden fahren. Ich sah das nicht ein. Wir störten im Gang niemand, der Waggon war halb leer und ich wollte heim und mich hinlegen. Also diskutierte ich mit dem Uniformierten nach allen Regeln der Kunst, verwies auf die Dauer der Reise und das kleine Kind und dass morgen ein Werktag sei. »Das liegt doch in Ihrer Hand, mein Herr, einmal eine kleine Ausnahme zu gestatten, für so eine kurze Strecke, wir stören wirklich niemanden, ich bitte Sie!«, flötete ich dem älteren Bahnbeamten zu. Dieser begann zu zögern und ich erkannte, dass er bereit war, sich umstimmen zu lassen. Er fragte noch einmal nach: »Und Sie steigen nun nicht aus, oder?« Noch bevor ich verneinen und mich für sein Verständnis bedanken konnte, ging ein Ruck durch Bernd und er stieg aus und packte den Kinderwagen mit Eddie und zog mit solcher Gewalt daran, dass ich zugreifen und mit aussteigen musste, sonst wäre Eddie aus dem Wagen gestürzt. Es ging steil drei hohe Stufen herab, bis wir sicher auf dem Bahnsteig standen. Der Schaffner schaute mich noch einmal an, zuckte die Achseln und pfiff und der Zug fuhr ab. Ich war bedient und folgte Bernd durch die Bahnhofshalle und zum Glaskasten, wo die Ankunfts- und Abreisezeiten zu lesen waren. »Der nächste Zug nach Hause fährt erst 17 Uhr? Das ist doch jetzt nicht wahr, oder?« Doch egal in welcher Spalte oder auf welchem Bahnsteig ich nachlas, es blieb der einzige Zug in Richtung Heimat. Dann redete ich Tacheles und fragte Bernd erbost: »Sag mal, siehst du noch klar? Was hast du dir gedacht, derart am Kinderwagen zu ziehen? Du hast eine Uniform gesehen und aus Gewohnheit gekuscht oder was?«

Er sah mich von oben herab an, trat einen halben Schritt zurück, holte aus und schlug mir ins Gesicht. Und ich fiel um und blieb liegen.

Als ich mich berappelt hatte, nahm ich den Kinderwagen mit dem schreienden Eddie, schulterte den Seesack und ging zum Abfahrtsbahnsteig. Bernd lief mir hinterher und sprach mich wiederholt an, aber ich sah durch ihn hindurch und antwortete nicht. *Das ist beschlossene Sache, mit diesem Menschen rede ich nie wieder ein Wort, der ist für mich gestorben.* Nach endloser Warterei auf einem schmuddeligen, zugigen Bahnsteig zwischen immer mehr Reisenden, den quängelnden Eddie hin und her tragend, kam endlich der richtige Zug. Der Einstieg das blanke Chaos, eilige, drängelnde Leute, der Kinderwagen mit dem Zeug darinnen und der Seesack – wer mir wie geholfen hat, weiß ich nicht mehr, ich hatte meine Umhängetasche mit Wohnungsschlüssel und Ausweis und einem Spucktuch und meinen Eddie auf dem Arm und brachte uns irgendwie hinein. Vorbeigehende hörte ich von einem Speisewagen sprechen, der zusammen mit dem Erste-Klasse-Abteil angehängt worden war. Kurzentschlossen ließ ich den Kinderwagen und mein Zeug zurück, setzte mir Eddie auf die Hüfte und drängelte mich durch die eng im Gang stehenden Reisenden ans andere Ende des Zuges durch. Ich hatte keinen Plan, aber wir hatten Hunger. Dort angekommen war alles voll besetzt und die Leute am Essen. Eigentlich durften sich hier nur Gäste aufhalten, die reserviert hatten, ich musste etwas tun, bevor ein Kellner auftauchte. Die Kellner im Zug waren noch ärgere Machthaber als die in den Restaurants, die einen stundenlang vor der Tür warten ließen, bis sie die Gnade hatten, einem einen Tisch ihrer Wahl zuzuweisen. Schnellstmöglich sah ich über alle Tische und entdeckte an einem vollbesetzten Tisch mit vier Reisenden, der schönen Kleidung nach Westdeutsche, ein benutztes Kaffeegedeck mit Zuckerdose und Sahnekännchen, das am Rande des Tisches zum Abtragen bereitstand. Schnurstracks ging ich zu dem Tisch, jeder dort hatte einen vollen Teller mit Kartoffeln und Kraut und Braten vor sich, und ich griff in die Zuckerdose, nahm so viele Zuckerstücke in die Hand wie möglich, drehte mich um und verließ das Abteil.

Meine Sachen, Kinderwagen mit Bett und Kissen fand ich unberührt und unbeaufsichtigt. Der Seesack lag daneben ich war heilfroh, alle Sachen beisammen zu haben. Nach einer Weile kam Bernd dazu, er roch nach Rauch, für Zigaretten hatte sein Restgeld offenbar noch gereicht. Als am nächsten Halt viele Passagiere ausstiegen, wurden Plätze frei und ich setzte mich mit Eddie auf dem Schoß und dem Seesack neben mir auf einen Fensterplatz. Wir knusperten unsere Zuckerstückchen und schauten in die Dunkelheit und mein Junge schlief ein.

Spät abends kamen wir daheim an. Ich verfrachtete das schlafende Kleinkind ins Bett und ignorierte Bernd komplett. Einige Tage später war er fort, als ich von der Arbeit kam, den Ehering hatte er auf meinen Schachtisch gelegt.

An diesem Tag noch nicht, aber einige Zeit darauf kamen die Tränen, ich weinte, wenn ich aufstand, ich weinte auf dem Weg zur Arbeit, ich weinte beim Briefeverteilen, und am Abend, wenn Eddie schlief, weinte ich auch. Die alte Kollegin bei der Post, die mich manchmal dabei erwischte, ermahnte mich: »Mädel, höre auf mit der Heulerei, das ist nicht gut für das Kind in deinem Leibe, wasch dir das Gesicht und kämm dir die Haare ordentlich und dann kommst du her und isst etwas.« Sie nahm zwei alte geblümte Teller aus dem Schrank in der Nische hinter dem Postschalter, machte den Thermosbehälter mit der Speisung auf und gab uns jedem einen Schlag Suppe! Viel Brühe, in der ein paar Fitzelchen Gemüse schwammen, kein Fleisch, nicht mal ein Fettauge.

»Ich mag das nicht essen!«

»Mädel, darum geht es nicht, dein Kind braucht das Essen, um zu wachsen, ob es dir schmeckt, steht gar nicht zur Debatte!«

Ich tat wie geheißen, erschien frischgemacht am Tisch und wir löffelten unsere Suppe aus, die alte Frau mit Genuss und ich mit Würgen. Danach nickte sie mir aufmunternd zu.

Auf dem Heimweg konnte ich wieder nicht aufhören mit Weinen. Als Kind hatte ich bis auf wenige Ausnahmen nicht geweint und als Jugendliche auch nicht. Und jetzt brachen alle Dämme. Mein zweiter Versuch, mir ein gutes Leben mit richtiger Familie aufzubauen, war gescheitert. Und ich konnte es mir nicht erklären, konnte nicht klar denken. Meine Gedanken waren wattiert, wie zugeschneit, und meine Existenz schmerzte und ich weinte.

Meine Schwangerschaft war unproblematisch, ich lebte von Hackepeterbrötchen und Vanilleeis und Keksen. Aber den Haushalt bekam ich nicht mehr auf die Reihe. Alles blieb liegen, wo es mir aus den Händen fiel. Vor der Familie hielt ich mein Verlassensein geheim, sagte, wenn wir eingeladen waren, Bernd hätte gerade Sonderschicht, so etwas konnte vorkommen, und ich trug meinen Ehering weiter.

Großmutter und die Tanten, allen voran meine Mutter, waren von Eddie begeistert. Der erste Nachwuchs der neuen Generation. Meine Mutter war die Älteste der drei Geschwister und ich war die Erste meiner Generation gewesen. Seit Jahrzehnten der erste Säugling in unserer Familie. Und dann war er ein aufgeweckter blonder Wonneproppen, der jeden mit Beschlag belegte und quasselte und seine kleinen Weisheiten zum Besten gab. Die Familientreffen waren schön und ich fühlte mich angenommen mit meinem Eddie. Nur musste ich mich bei solchen Geselligkeiten hüten, jemanden anzusehen; sobald ich Blickkontakt aufnahm, schoss mir das Wasser aus den Augen.

Einmal gab es in der Kaufhalle ein Sonderangebot gebratene Fische im Ganzen. Sie sahen toll aus, dicke Fische mit rundem Kopf und gebogenen aufgefächerten Schwanzflossen. Begeistert kaufte ich mir so einen und trug ihn heim. Aber als Eddie im Bett war und ich ihn essen wollte, ging es nicht. Ich legte den schönen Fisch einfach zurück auf sein Einpackpapier und schob ihn unter dem Vorhang hindurch, der die Küchentür darstellte, weg von mir in den winzigen Kochraum. Die Wohnung war so klein, dass Küche und Bad und Flur zusammen 10 qm hatten, und die restlichen 16 qm waren der Wohnraum. Also fast alles auf Armeslänge in Reichweite. Als meine

Mutter mich einige Tage später besuchte, um nach den Rechten zu sehen, fand sie diesen Fisch und war angewidert und fand im Bad die Badewanne voller benutztem Geschirr, ich hatte in der Küche nicht mehr gewusst, wo ich es hätte abstellen können. Sie hielt mir ausnahmsweise keinen Vortrag und räumte auf und wusch ab. Sie hatte wohl begriffen, wie es um mich stand, denn nirgendwo waren Bernds Sachen, keine Jacke an der Tür, keine riesigen Schuhe im Flur und auch sonst keine Spur. Dass meine Ehe nur drei Monate gehalten hatte und er schon lange weg war, sagte ich ihr nicht. Ich wäre in Tränen zerflossen, hätte ich es angesprochen, und so ein Drama wollte ich ihr nicht aufführen.

Außer Arbeiten und Daheimsein und Schlafen passierte nicht viel, nur einmal musste ich in die Stadt fahren. Es war ein Brief gekommen, in dem stand, ich sollte beim Gericht etwas unterschreiben wegen Unterhalt. Da Bernd die Familie verlassen hatte, war er verpflichtet, uns Unterhalt zu zahlen; Eddie war ja aber gar nicht sein Kind und außerdem wollte ich kein Geld von diesem Menschen. Natürlich erschien Bernd dort auch, damit hatte ich nicht gerechnet. Als ich ihn sah, wurde mir heiß und ich bekam weiche Knie wie beim ersten Mal. Er war groß und kräftig und hatte diese blassblauen Augen und er kam direkt auf mich zu. Aber ich hielt stand und sah durch ihn hindurch und wendete mich der Sachbearbeiterin zu. Diese nahm Eddie raus aus der Berechnung und überzeugte mich, dass mir die 75 Mark Unterhalt zustehen würden und dass ich die zu nehmen hätte.

Nun gut, wir unterschrieben und verließen das alte Gebäude über die steingemeißelte Treppe zwischen den Säulen und dann verlor ich den Halt und fiel hin. Aus dem Nichts. Bernd hob mich auf, winkte einem Taxi und sagte: »Zum Krankenhaus!« Der Taxifahrer war derselbe, der uns zum Standesamt gefahren hatte, er machte Scherze, dass es ja schnell gegangen sei mit dem ehelichen Nachwuchs. Ich sah zum Fenster hinaus. Bernd zahlte den Wagen und begleitete mich hinein. Ich sprach nicht mit ihm und sah ihn nicht an, aber er hielt meinen Arm und ich spürte seine Haut auf meiner Haut wie elektrisch.

Die Untersuchung ergab, dass alles in Ordnung war. Er begleitete mich zur Straßenbahn. Ohne ein Wort stieg ich ein und fuhr weg.

In der Scheibe spiegelte sich seine Silhouette, seine Muskeln und die schönen blonden Haare. Wochenlang träumte ich jede Nacht von Bernd. Der mein Ehemann war.

Die Weihnachtszeit kam und der Junge war wieder einmal krank und hatte rote Wangen vom Fieber. Er brachte immer öfter Infekte aus der Kinderkrippe mit und durch die häufigen Krankschreibungen sank mein Einkommen immer weiter und der Unterhalt war noch nicht angelaufen. Schließlich mussten wir etwas zu essen einkaufen und so brachte ich das schöne Schaukelpferd zu einem Gebrauchtwarenhändler und wir verlebten das Geld in den folgenden Wochen. Wenn Eddie gesund war, stellte ich weiterhin Briefe und Zeitungen zu, in der Weihnachtszeit kamen noch Päckchen mit. In der Woche packte ich das alles aufs Fahrrad und die Päckchen am Schnürband an den Lenker, samstags war die Kindereinrichtung geschlossen und so schob ich den Jungen im Kinderwagen morgens die zwei Kilometer bis zur Poststelle, sortierte die Zeitungen und Briefe für mein Gebiet in meine lederne Posttasche und packte das dicke Ding zu Eddie in den Wagen. Dann zogen wir drei, der Junge und ich und das Kind im Bauch, durch die Vorortstraßen und stellten Post zu. Es war sehr schön, durch diese stillen Morgende zu gehen, die alten Villen und die verschneiten Vorgärten zu sehen, die frische Winterluft zu atmen. Manchmal machte ich mir Vorstellungen im Kopf, was wohl alles in den Briefen geschrieben stehen könnte, die ich den Leuten brachte.

Einmal rutschte ich auf einer der oberflächlich vereisten großen Pfütze aus und fiel ins Wasser, und schlotternd vor Kälte steckte ich in den letzten Häusern meiner Tour die Post rein. Dann stand ich mittags auf dem alten Postamt, trocknete meine klitschnassen Röcke am Kachelofen, weinte und aß, aß dem Kind im Leib zuliebe die grässliche Suppe, die es gab, irgendetwas Widerliches, Brühreis oder Gräupchen, ich weiß es nicht mehr.

Eines Abends klingelte es und da stand Ronald auf der Matte, mit Apfelsinen. Offenbar hatte ihm der Buschfunk zugetragen, dass ich wieder allein war, und er wusste, wie sehr ich Südfrüchte mochte und dass ich bestimmt keine hatte. Woher auch? Er war freundlich und sprach mit mir, wir tranken Tee und saßen beieinander. Er bat darum, Eddie am ersten Feiertag abholen zu dürfen, um mit ihm bei seinen Eltern Weihnachten zu feiern. Dem stand nichts entgegen, Ronald war immer achtsam mit seinem Sohn umgegangen. Bevor er wieder aufbrach, stand er nach an Eddies Gitterbett und sah seinen schlafenden Sohn an. Bei diesem Anblick wurde mir besser zumute, und als er ging, sagte ich: »Du kannst öfter kommen.« Und das tat er. Als er den Jungen nach der Feier wieder bei mir abgab, hatte er Geschenke dabei, die Schwiegermutter hatte dem Jungen etwas zum Anziehen gestrickt und sendete mir ein paar Ohrringe, die sie wohl in einem Westpaket von ihrer Schwester aus Stuttgart erhalten hatte. Das verblüffte mich, diese garstige Frau schickte mir etwas und dann sogar etwas, worauf ich total abfuhr. Rote Halbedelsteine in Tropfenform mit einer Goldfassung und großen Brisuren, was die Bügel der Ohrringe sind, die durchs Ohr gesteckt werden (große Brisuren sind angenehm im Gegensatz zu kleinen Haken), und unten hing eine Perle dran. Sie waren ein Traum und gehörten jetzt mir, das war sehr erstaunlich.

An einem Tag stellte ich ein Päckchen in einer Villa am Spreeufer zu. Die Empfängerin wohnte unter dem Dach, nahm mir mürrisch das Päckchen ab, sah mich von oben bis unten an und sagte dann: »Ach, Frolleinchen, Sie kriegen ja ein Baby, na, da werde ich Ihnen mal was geben. Hier, kaufen Sie sich was«, und reichte mir ein Geldstück. Ich bedankte mich, stieg die Treppen hinunter und drückte die große alte Tür auf. Draußen war alles krachend kalt und gefroren und ehe ich mich versah, verlor ich den Halt, glitt aus und rutschte auf meinem Hintern eine spiegelglatte Stufe der breiten Sandsteintreppe nach der anderen hinunter. Unten blieb ich erst mal sitzen, mir war schlecht vor Schreck und ich sorgte mich um das Ungeborene. Dann raffte ich mich auf und suchte das Geld. Beim Wegrutschen hatte ich halt suchend in die Luft gegriffen und es dabei von mir geworfen. An der Seite neben der Treppe fand ich es auf dem verharschten Schnee, knapp neben der Rabatte. Es war ein Markstück, immerhin. Beim Bäcker kaufte ich uns davon vier Prasselkuchen und vier Sandtaler zu je zwölf Pfennig, das reichte die nächsten Tage.

Das Frühjahr kam, überall blühten kleine Blumen und ich hatte vom Postzustellen in der Wintersonne braune Hände und ein braunes Gesicht, nur der Rest der Haut war winterblass. Sechs Wochen vor der

Geburt hatte mein Schwangerschaftsurlaub begonnen, ich hatte frei und die Püppi in meinem Bauch hampelte kräftig. Ich hegte Appetit auf Apfelkuchen, also fuhr ich mit der Straßenbahn zum Lessingplatz. Dort gab es Wiener Apfelkuchen mit Decke, genau danach stand mir der Sinn. Ich setzte mich vor dem Bäcker auf die Bank und verzehrte zwei Stück, die anderen beiden packte ich für Eddie und mich ein und fuhr wieder heim.

Als ich den Jungen von der Krippe holte, sah er gar nicht gut aus. Matt saß er bei den anderen Kindern am Vespertisch und hatte seinen Zwieback nicht gegessen. Die Speisen der Kleinkinder waren meist Butterbrot mit Kümmel oder Butterbrot oder Butterbrot mit Apfelscheiben oder Ähnliches. Aber immerhin wurden sie dreimal am Tag verköstigt und einmal davon warm. Üblicherweise aß er alles auf, doch er hing im Stuhl wie ein nasser Sack und sein Gesicht war weiß mit roten Backen, er glühte; ich zog ihn an und trug ihn heim.

Eddie hatte 39 Grad und das Fieber stieg unaufhörlich und er erbrach sich dauernd. Der Kinderarzt hatte schon geschlossen, also machte ich dem Jungen Wadenwickel und gab ihm Tee, die Nacht war lang und er behielt nichts bei sich. Am nächsten Morgen sich der Kinderarzt unsicher, was es sein könnte, und meinte, das werde vergehen und ich solle am nächsten Tag noch einmal wiederkommen, falls es nicht besser werde; Medizin gab es keine. Es wurde nicht besser, wieder eine schlimme Nacht.

Ich war jetzt Anfang neunten Monat schwanger und hatte einen enormen Umfang erreicht, trotzdem ging es mir gut. Nachts, wenn etwas Ruhe eingekehrt war, badete ich gern, meist von zwei bis vier Uhr Morgen, es war still, ich störte keinen und keiner störte mich. Eddies Zustand war nie stabil, einige Tage ohne Symptome, dann wieder Fieber und das Erbrechen ging los. Ich wusste teilweise nicht mehr, womit ich sein Bett beziehen oder ihn bekleiden sollte, alles war vollgekotzt, auch Handtücher und Bettlaken. Das hieß jeden Tag nebenher zur Kinderbetreuung und Krankenpflege einen Wäschemarathon bestehen. Wäsche in der Wohnung zu trocknen war verboten, also schleppte ich die nasse Wäsche in den Trockenraum im Keller und hängte sie auf, alles so schnell wie möglich, ich wusste ja nicht, was Eddie in der Zeit oben allein machte. So schlimm krank war er noch nie gewesen, er phantasierte im Fieber und zeigte in die Luft und erzählte vom Giggihahn, gemeint war der Gockelhahn aus seinem Bilderbuch vom Bauernhof. Mir wurde angst und bange. Stunden warteten wir bei jedem Arztbesuch, nie fanden sie heraus, was wirklich mit ihm los war. Ein dürrer Arzt in einer weiteren Praxis sagte zu meinem blassen, aber ansonsten propperen blonden Baby: »Der Junge sieht doch gut aus, der hält das ab«, und setzte hinzu: »Ich werde Ihnen einen Rat geben, nehmen Sie Eiswürfel aus dem Kühlschrank, Sie haben doch einen Kühlschrank?« Ich nickte, er fuhr fort: »Besagte Eiswürfel geben Sie in eine Schüssel, weichen darin ein Hemd des Buben ein, und wenn das Fieber mit Wadenwickeln nicht zu senken ist, ziehen Sie ihm das Hemd auf die nackte Haut.«

Ich starrte ihn an.

»Das ›Eishemd‹ ist seit Jahrzehnten ein probates Mittel und kann gute Dienste leisten«, fügte er hinzu.

Medizin gab auch der mir keine mit und schickte uns weg. Da hatte der Junge schon seit dem Vortag nichts bei sich behalten können. Eine alte Schwester am Empfang sah mich mit dem fiebernden Jungen im Arm das Konsultationszimmer dieses Arztes verlassen, sah auf meinem Babybauch und sagte: »Junge Mutti, hörst du, wenn's schlimmer wird und nimmer geht, rufste vonne Telefonzelle den Krankenwagen, das geht auch in der Nacht. Verstanden?« Ich nickte.

Zwischendurch war Eddie munter und sprach und lernte und und setzte tobend seinen Willen durch, wo es nur ging, ein munterer Zweijähriger. Dann ging es in einer Nacht wieder los, und zwar gleich 40,5 Grad Fieber. Ich entschloss mich, den Krankenwagen zu holen. Zwar hatte ich so etwas noch nie gemacht oder gesehen, dass jemand einen Rettungswagen gerufen hätte, und es fühlte sich an, als ob mir das nicht zustehen würde, aber das kranke Kind brauchte Hilfe. Also nahm ich Eddie aus dem Bett und zog ihn an und lief mit ihm auf dem Arm zur nächsten Telefonzelle. Ich hatte zum Glück passendes Telefongeld parat. Diese Münzfernsprecher funktionierten nur mit einem ›Goldschen‹, einer im Gegensatz zum normalen Aluminumgeld, das weiß aussah, goldfarbenen Kupfermünze, und die waren selten. Alles war komplett menschenleer zu dieser nachtschlafenden Zeit, Geld gewechselt hätte mir keiner. Ich rief an und mir wurde gesagt, ich solle heimgehen und warten.

Knapp eine Stunde stand ich oben am Fenster, um den Krankenwagen bloß nicht zu verpassen. Ich trug Eddie hinunter, wurde kurz in Augenschein genommen und dann angewiesen, mich im Heck auf einen Klappsitz zu setzen.

Im Klinikum setzte mich der Krankenwagen in einem gekachelten großen Raum ab, halb Einfahrt für die Wagen, halb Übergang zur Notaufnahme. Der Wind pfiff herein und es kam niemand, ich fror, hatte nur eine Strickjacke drüber, aber mehr passte mir eh nicht mehr von meinen normalen Kleidungsstücken. Eddie schlief mit roten Wangen und hatte keuchende Atemzüge. Irgendwann kam eine Schwester, musterte mich und wies mich an, ihr zu folgen, und ich trug Eddie in einen Flur. Dort stand ich an die Wand gelehnt, den schweren Zweijährigen auf meinem hochschwangeren Leib gelagert, bis der Arzt kam. Wir gingen in einen kühlen Raum mit Apparaturen, mir wurde das Kind abgenommen und komplett nackt ausgezogen und an den Armen durch eine Viberglasröhre gezogen, er schrie nicht mehr, er wimmerte nur noch. Sie steckten ihn ins Innere des Röntgengerätes und danach noch in eine weitere Maschine. Er tat mir so leid und ich wollte, dass er Hilfe bekam, und ich konnte nicht mehr stehen. Schließlich sprach der Arzt mit der Schwester, die wickelte mein Kind lose in seine Decke, nahm mir seine Kleidung aus der Hand und ging. Der Arzt schaute noch eine Weile auf das Röntgenbild und kam dann zu mir: »Es liegt eine Lungenentzündung vor mit Verdacht auf einen Darmverschluss, das Kind bleibt hier, kommen Sie zur Besuchszeit«, und ging.

Der behielt mein Kind da, im Krankenhaus, ich war konsterniert. Ging wie betäubt den Weg hinaus, den ich gekommen war. Trank aus einem Wasserhahn etwas Wasser aus der hohlen Hand und ging ins Freie. Ein eben angekommener Krankenwagenfahrer stand in der Auffahrt und rauchte, den fragte ich, wo er als Nächstes hinfahren müsse. Es war meine Richtung und er nahm mich mit, das letzte Stück ging ich zu Fuß.

Als ich nach 4 Uhr morgens daheim war, war meine Wohnung unglaublich still, kein Atemgeräusch, kein Husten, niemand war hier. Ich ging in die Badewanne.

Am Vormittag fuhr ich zum Krankenhaus und erfuhr, dass die Besuchszeit nachmittags war. Mir fiel nichts ein, was ich tun konnte, ich setzte mich auf eine Parkbank im Klinikgelände und wartete. Von da an fuhr ich mehrmals zu Besuch mit der Straßenbahn quer durch die Stadt und es ging Eddie jedes Mal etwas besser. Es war schlimm, Eddie weinen zu sehen, wenn die Besuchszeit um war und ich zu gehen hatte. Bei einem Arztgespräch wurde mir mitgeteilt, dass er außer den genannten Diagnosen noch unter einer selten Stoffwechselerkrankung leide. Dieses »acetonämische Erbrechen« führe dazu, dass ab dem Moment, wo Fieber auftrete, unstillbares Erbrechen beginne. Und infolgedessen würde mein Eddie jederzeit wieder in solche lebensbedrohlichen Zustände kommen können. Mir wurde nahegelegt, eine gute Betreuung für ihn für die Zeit meiner Entbindung zu finden. Nur, ich hatte niemanden. Ronald war auf Montage und meine Mutter zu krank und meine Großmutter zu alt. Die Stationsschwester erklärte mir, dass in solchen Fällen das Kleinkind direkt ins Kinderheim entlassen werde, wo die Mutter es nach der Entbindung abholen könne. Die Kosten trage der Staat und die Betreuung sei gewährleistet. Der Geburtstermin rückte immer näher und ich hatte schon einige Tage Senkwehen und es war die einzige Möglichkeit, also wurde es so gemacht. Mir wurde angeraten, jetzt nicht mehr zu Besuch zu kommen, damit ich und das Kind etwas zur Ruhe kommen könnten.

Daheim erschien mir meine Wohnung groß und verlassen und ich machte dieses und machte jenes und badete lange und las meinen Goethe wieder einmal und nähte fürs Baby eine Hängewiege. Ronald hatte mir zu dem Zweck schon einen Haken an der Decke angebracht. Eddie war klug und wunderbar, aber auch oft ein rechter Ochse, der anfing zu toben, wenn er seinen Willen nicht bekam. Deshalb wollte ich das Neugeborene erst einmal außerhalb seiner Reichweite aufgehoben wissen. Es war weißer Stoff mit blauen Blümchen, ich nähte einen Beutel, der innen mit eingezogenen Holzstangen zu einem Körbchen geformt und durch eine Matratze stabilisiert war. An den Ecken vier Bänder hoch zur Decke, rundherum eine Rüsche am Rand. Mein Werk gefiel mir, es hing für mich gut erreichbar und war vor Eddie, diesem laufenden Meter, sicher.

Wie in den anderen Schwangerschaften hatten wieder die Träume vom Sterben begonnen. Immer wieder sah ich dem Gevatter ins Auge und bat darum, mein Kind nicht verlassen zu müssen, und es wurde mir nicht gewährt. Jetzt, wo ich allein in der Wohnung war, verstärkte sich das Ganze noch. Einmal war sogar mein Susekind im roten Plüschmantel mit Lockenfrisur dabei, um mich zu den Toten zu holen. Es war ein Grauen und bedrängte mich derart, dass ich mein Testament machte. Ich schrieb auf ein Blatt Papier, dass meine Kinder nicht getrennt werden und meine Bücher und mein Nähzeug aufgehoben werden sollten.

Im Treppenhaus hatte jemand eine aktuelle Tageszeitung zum Altpapier gelegt und die nahm ich mir und studierte die Anzeigen. Außer Eddies Gesundheit und dem kommenden Kind war ja immer noch die Wohnungssuche aktuell. Jetzt zu zweit und bald zu dritt in diesem einen Zimmer, das war nicht tragbar. Außerdem stand es im Raum, dass Ronald und ich wieder zusammenkommen wollten. Ich fand eine Zweiraumwohnung, die zum Tausch angeboten wurde, und ich fuhr mit der Bahn und dann mit dem Bus in einen der äußeren ländlichen Stadtteile. Die Straßen waren wie leer gefegt und natürlich war ohne Vorankündigung keiner Zuhause, aber die Wohnlage und das alte Gebäude konnte ich von außen ansehen und die waren nicht das, was ich wollte. Eine schmale Holzstiege führte an einer Fachwerkmauer zu einer Holztür. Ich stieg hinauf, sah durchs Fenster, roch die Sonne angenehm auf der bröseligen Bretterwand und ging wieder. An dem Schild der Endhaltestelle der Buslinie stand, dass der nächste Bus erst in einer Stunde käme, das war mir zu lange, ich lief einfach los. Lief durchs Dorf, lief über die Landstraße in die Stadt hinein und dann zum Klinikum, ich hielt es nicht aus, ich musste meinen Eddie sehen. Doch der war schon gesund und bereits in seine Unterbringung verlegt worden. Da wollte ich ihn nicht stören. Vom Kinderkrankenhaus ging ich durch das Klinikgelände an der Entbindungsstation vorbei und seitlich durch die Pforte auf die Straße. Dort stand ein Händler von außerhalb und hielt mitten am Sonntag, wo alles geschlossen hatte, seine Korbwaren feil. Ich sah mir das an, solche Gelegenheit war selten und ein Tablett gefiel mir. Es war außen geflochten, am Boden mit Holz stabilisiert und innen mit Wachstuch bezogen. Mit schlechtem Gewissen, mir etwas so Teueres zu kaufen, zahlte ich den unerhörten Preis von 17 Mark und 65 Pfennig und freute mich an dem Dinglein, Großmutter besaß ein ähnliches. Ich war zwar jetzt pleite, aber nun hatte ich auch eins. Am nächsten Tag lud meine Mutter mich zum Essen ein, wir gingen in ein Restaurant namens ›Gockelbar‹ und es gab Brathähnchen mit frittierten Kartoffelstreifen, super lecker, und so war ich auch an diesem Tag versorgt.

Daheim räumte ich alles schön auf und putzte die Fenster und sortierte Krämchen, dabei fiel mir ein Brief in die Hand, den ich vergessen hatte. Der war vom Amtsgericht und ich möge doch mal zur Öffnungszeit dort vorsprechen wegen der beantragten Scheidung. Tag mit Publikumsverkehr war Dienstag, also morgen. Also nahm ich mir das vor, es sollte auch vom Tisch sein. In einer Woche sollte das Baby kommen und da wäre diese Sache schon erledigt. Bis in den Vormittag schlief ich aus, dann hüpfte ich in mein Kleid und nahm mein Zeug und ging los. Zwar war ich rund wie ein Planet, aber fit wie ein Turnschuh. Die Fahrt mit der Straßenbahn, die steinerne Treppe zwischen den Säulen hinauf. Derselbe Gang, aber eine andere Bearbeiterin. In den Nachbarzimmern kamen und gingen die Leute, an meiner Tür passierte rein gar nix. Einmal dachte ich, es wäre so weit, da kam die Amtsfrau heraus, aber nicht, um mich hereinzurufen, sondern um zum WC zu gehen, sie sah mich nicht einmal an. Es gab keine Sitzplätze und ich stand schon den ganzen Mittag hier. Als ich dann drankam, war die Sache schnell geklärt und sie sagte, der Termin für die Scheidung werde festgesetzt und mir postalisch mitgeteilt. Gut danke tschüss. Für heute hatte ich echt genug gewartet. Mittag war um und ich hatte Hunger, ich ging den Gang zwischen den vielen Türen entlang bis zum Treppenhaus, dann die großen geschweiften Sandsteinstufen hinunter ins Foyer. Durch die zweiflüglige Tür ins äußere Treppenhaus, die Tür hinter mir fiel ins Schloss und auf den ersten Stufen der Treppe geschah es dann.

Heiß lief es mir die Beine herunter, ich stand in einer Pfütze. Mit dem Finger nahm ich etwas Flüssigkeit auf und kostete, so wie es die Hebamme im Gebärkursus gesagt hatte. Und es war süß und nicht salzig, also war es Fruchtwasser. Ich sollte mich schleunigst in ein Krankenhaus begeben. Die Treppe herablaufend checkte ich die Optionen. Straßenbahn war erreichbar, zu Fuß war weit, aber machbar, ein Taxi fuhr vorbei, ich winkte, es hielt nicht. Ich ging weiter die Treppe aus dem Gebäude herab, hielt mir mein Kleid vom Leib, dass niemand meinen tropfenden Zustand bemerken möge. Dann kam ein Krankenwagen vorbei, ich winkte heftig, der fuhr weiter. Es war, wie es war. Also ging ich nassen Fußes zur Straßenbahnhaltestelle.

Nach einer geraumen Weile kam die richtige Straßenbahn und ich stieg ein. Setzen wollte ich mich nicht, damit kein Fleck auf mein Kleid kam. Dass irgendwer bemerkte, wie es mir ging, war mir hochnotpeinlich, ich fuhr die Stationen im Stehen und stieg aus, lief durch die Pforte des Klinikums und wanderte zur Frauenstation. Dort angekommen klingelte ich an der verschlossenen Tür und sagte in die Sprechanlage: »Guten Tag, mein Kind kommt jetzt.« Nach einer Weile ging die Tür auf und ich wurde hereingewunken.

Die Umbauten von vor zwei Jahren waren offenbar beendet, alles sah anders aus. Die Umstände hatten sich nicht verändert. »Kommse mal«, sagte die Hebamme und griff mich am Oberarm und schob mich in den Vorbereitungsraum, eine Kammer, wo außer den vier Pritschen, dem zum Schreibtisch umfunktionierten Beistelltisch und einem Vorhang kaum Platz zum Treten war. »Ziehn Se sich aus und legen Se sich hin«, hieß es. Ich nahm das hingehaltene, zum Block gebügelte Krankenhaushemd und zog mich aus. Auf drei Betten lagen schon Frauen in solchen Hemden, alle kugelrund wie ich. Nach einer kurzen Untersuchung meinte die Hebamme, dass es auf keinen Fall einen Einlauf gebe, weil bei gesprungener Fruchtblase die Gefahr zu groß wäre, dass ein Arm oder Bein des Kindes vorfallen könne und damit die Geburt erschwere. Das klang gruselig, aber ich war froh, die Toilette hinter dem Vorhang nicht in Gegenwart anderer benutzen zu müssen. Einer der anderen Frauen blieb das nicht erspart. Die Geräusche waren mir peinlich und es stank arg.

Ich wusste, dass es nicht mehr lange dauern würde, bis ich meine Püppi extra haben und den dicken Bauch los sein würde, aber ungeduldig war ich trotzdem. Die anderen Kreißenden stöhnten und atmeten heftig unter ihren Wehen, nur bei mir passierte nix. Ich lag da und sah zum Fenster hinaus. Sah den Wind in den Zweigen der Sträucher und wartete. Gern hätte ich etwas gegessen und vor allem getrunken, aber ich wusste, dass man mir nichts geben würde, also fragte ich nicht.

Nach halb fünf kam ich in mein Kreißsaalbett und der Tropf wurde gelegt. Ich hasste diese dicken stumpfen Kanülen; wie oft die schon verwendet worden waren, wusste wohl niemand so genau.

Dann montierte die Schwester den Tropf und ging. Die ersten Wehen fluteten an, der Tanz konnte beginnen. Als sich plötzlich meine Harnblase entleerte, hielt ich nichts zurück, ich musste seit dem Gericht dringend und die hatten mich nicht aufstehen lassen. Nun mussten sie eben wischen, in so einem Kreißsaal waren die Zuständigen meiner Erfahrung nach daran gewöhnt, verschiedenste Körperflüssigkeiten aufzuwischen. Als die Schwester hereinkam, rief sie: »Oh, da ist die Fruchtblase geplatzt.« Und ich wusste, dass sie meine Akte nicht gelesen hatte und ich irgendwer für sie war.

Als sie mein Bettlaken gewechselt hatte und fertig war mit Wischen, hatte ich eine Idee. Wenn hier eh keiner wusste, wo vorne und hinten war, konnte ich die Sache auch selbst in die Hand nehmen und musste nicht noch länger warten. Sobald ich allein im Zimmer war, drehte ich den Tropf auf Anschlag auf. Durch musste ich da eh, also warum nicht schnell. Die Wehen kamen mit Macht, ich hielt mich am Bettgestänge fest und meinen Mund geschlossen. Als um kurz vor sieben zum ersten Mal ein Arzt vorbeikam, war der Tropf leer und der Muttermund vollständig eröffnet. Wie bei Eddie spürte ich es deutlich, als das Kind herauswollte aus mir, nur musste ich dieses Mal keinen rufen, die Schwester stand parat und schützte auch meinen Damm und so ließ mich auch dieses Baby heil. Mit einem Flutsch war Resi auf der Welt und brüllte aus voller Lunge. Die Hebamme wollte, einer neuer Praktik folgend, das Kind, so wie es war, auf meine Brust legen, aber das ging mir echt zu weit. »Nein, nehmen Sie das weg, nicht ungewaschen, bitte.« Ganz selbstverständlich nahm die Hebamme mein Kind und wusch es und zog es an. Und gab es mir dann rosig sauber und in trockenen Tüchern. Ich war froh.

Wieder eine kleine schreiende Fettbacke von acht Pfund. Resi hatte dunkle Haare, war zum Knutschen süß. Als die Hebamme an der Nabelschnur zog, um die Nachgeburt zu entbinden, gab es ein seltsames Geräusch und dann hörte ich es tropfen. Nach einer Weile kam die Hebamme mit einer Lernschwester herein und wies sie an, alles, was sie aufwischte, in den Eimer auszuwringen. Ich drehte mich seitlich und sah, dass sie mein Blut aufwischte. Mein Blut tropfte aus mir heraus und sie wischte es auf. Nach einer Weile und wiederholtem Lappenauswringen stand sie auf und rannte los, der Arzt kam und drückte auf meinen Bauch, ich schlug seine Hand fort und trat nach ihm. Er sagte, dass sie mich jetzt in Narkose legen müssten, weil die Nachgeburt zerrissen sei und ich sonst verbluten würde. Mein Kind wurde mir weggenommen und ich hörte Instrumente klappern. Ich bettelte, dass sie es nicht machen sollten, dass ich nicht sterben und dass ich bei meinen Kindern bleiben wollte. Doch dann sah ich, wie eine andere Flasche an den Tropf gehängt wurde, und das Licht ging aus.

Dass niemand bemerkte, dass der Dosierer der Tropfmontur voll aufgedreht war, erschien mir im Nachhinein schon seltsam. Ich kam von meinen eigenen Geheule wieder zu mir und fragte die Schwester, wann sie denn anfingen, und sie lächelte und sagte: »Es ist schon alles überstanden.« Und wirklich, ich lag sauber gewaschen und versorgt im Bett und war am Leben.

Das Prozedere war wie bei Eddie, meine Püppi war die Größte auf der ganzen Station und mir ging es gut. Von den Schmerzen beim Stillen und den heftigen Nachwehen abgesehen war alles in Ordnung und ich ließ mich am übernächsten Tag auf eigene Verantwortung entlassen. Großmutter holte mich mit dem Taxi ab und wir holten auch gleich Eddie ab und fuhren heim.

Meine Resi trank mehr schlecht als recht und nahm in den ersten Wochen fast ein ganzes Kilogramm ab. Der Arzt bei der Mütterberatung meinte, Zufüttern wäre nicht gut fürs Kind, ich solle mir mehr Mühe geben und der 4-Stunden-Rhythmus fürs Stillen sei nicht mehr modern, ich solle das Kind anlegen, sobald es schreit. Ich tat wie geheißen, was zur Folge hatte, dass Resi mich aufbiss. Ich hielt diese Tortur die drei Monate durch, die fürs Immunsystem des Babys nötig waren, dann stillte ich ab. Das Stillen war mir schon bei Eddie schmerzhaft gewesen, aber dieses Mal schaffte ich es echt nicht weiter. Die Flasche fand Resi gut und sie nahm zu und im Gegensatz zu Eddie hat sie weder gespuckt noch geschrien. Sie lag in ihrem Körbchen und strampelte und war still und zufrieden.

Wenn Eddie tagsüber in der Kinderkrippe war, ging ich manchmal mit Resi meine Mutter besuchen, nur wenige Stationen mit der Bahn und ich war da. An dem Tag hatte meine Großmutter die gleiche Idee gehabt und so trafen wir alle aufeinander. Es war eine schöne Gemeinschaft und wir gingen zusammen spazieren. Meine Großmutter zur Rechten und meine Mutter zur Linken und Klein Resi im Kinderwagen, so gingen wir die stille Straße am Vogelschutzteich entlang. Da wurde mir bewusst, wir waren vier Generationen Weiberlein aus einer Familie zusammen auf einem Weg. Das war ein bedeutender Moment, ich prägte mir das Bild gut ein, für die Galerie im Kopf.

Einmal, als ich mit beiden Kindern draußen spazieren war, lief Eddie auf eine Rabatte und pflückte eine Pusteblume und kam zu uns und schüttelte sie in den Kinderwagen. Ich versuchte die Samen so gut wie möglich zu entfernen, aber sie waren überall und wir bekamen sie auch in die Augen, danach hatten wir alle eine Bindehautentzündung. Mutter Eule mit ihren Babyeulen und alle dicke rote Augen. Schön war das nicht. In diesen Tagen war es auch, dass ein junger Nachbar seine Musikliebe entdeckte und uns allabendlich gegen Mitternacht mit immer derselben Musikplatte beschallte, beide Kinder schreckten aus dem Schlaf und der Mensch reagierte auch nicht aufs An-die-Wand-Klopfen. Irgendwann hatte ich die Faxen dicke und ging hinunter in den Keller und schraubte die Hauptsicherung seiner Wohnung heraus und nahm den Schraubdeckel mit. So etwas war nicht gleich zu ersetzen, und von da an herrschte nachts wieder Ruhe.

Ein paar Tage später war meine Mutter zu Besuch und wir aßen gemeinsam, es gab Spinat mit Kartoffeln. Meinen Schachtisch samt der Sessel hatte ich mittlerweile direkt ans Fenster gestellt, um draußen etwas sehen zu können, die bodenlangen Stores aus dem Haus Nr. 16 verhinderten, dass man selbst gesehen wurde; aus dem Fenster schauen und Leute beobachten gehörte sich nicht, mir gefiel das aber ganz gut. Mutter fand den Standpunkt des Tisches unmöglich, und dass jetzt die Mitte des Raumes leer war und auch vor dem Sofa kein Tisch mit Sitzgelegenheiten mehr stand, so wie es alle hatten, war ihr unangenehm. Eddie wurde nicht mehr gefüttert und aß selbstständig, der Teller mit Essen stand bereits vor ihm auf dem Tisch. Resi schlief in ihrem Schaukelkorb. Natürlich brauchte Mutter noch etwas Salz. Salz musste an alles. Ich hielt den Küchenvorhang auf und griff den Streuer und hörte dabei von Eddie ein lautes »BAAAHHH!«. Als ich mich umdrehte, war alles grün. Eddie hielt seinen Löffel in der Hand, sein Teller war fast leer und er war grün im Gesicht und seine Kleidung auch. Der Tisch war grün, die Gardine war grün. Meine Mutter war grün, grün und beleidigt. Ich ging zum Lachen in die Küche.

Ronald war zwar oft unterwegs auf Montage, aber seit er wieder eingezogen war, wurde die Enge so richtig bewusst. Wenn die Kleine und der Große abends im Wohnzimmer schliefen, hockten wir flüsternd in der Küche, um die Kinder nicht zu stören. Er mit dem Hintern auf dem Fensterbrett und die Füße an der Kante des Elektroherdes und ich ihm gegenüber auf der Kante der Spüle sitzend, die Füße auf der Fensterbank. Damit war die Küche voll. Aber Gesprächsstoff hatten wir immer. Wir sprachen über seine Arbeit und seine Armeezeit und ich erzählte von der Molke und was ich mir in der neuen Wohnung vorstellte. Wir waren zusammen.

Es gab noch mehrere Besichtigungen zwecks Umzugs, aber was die Leute an Wohnraum anboten, war teilweise unfassbar. Ein Typ machte uns in Turnhosen und sonst nichts die Wohnungstür auf, die Wände waren nicht tapeziert, alles verkommen und karg möbliert, von der Decke bröckelte der Putz und vom Raum her war die Wohnung nur um eine winzige Kammer größer als unser jetziges Gehäuse. Klar, dass der Mensch diese Bruchbude gegen Neubau-Vollkomfort tauschen wollte, aber wir wollten eher doch nicht. Schließlich fand sich doch noch eine große Wohnung für uns. Wir konnten in einem entfernten Stadtteil in ein altes Mietshaus direkt an den Spreeauen ziehen. Ich fühlte mich sehr privilegiert, als am Umzugstag der große Eddie mit einem W50 für unser Zeug vorfuhr. Eingezogen waren wir mit wenigen Möbeln und Kisten und jetzt brauchten wir sogar einen Lastwagen. Ich war zufrieden mit unserem gewachsenen Hausstand. Resi verbrachte den Umzugstag bei der netten Nachbarin von unter uns, einer zerbrechlichen alten Dame ohne Mann und ohne Kinder, die wohl den glücklichsten Tag ihres Lebens hatte: ein kleines Kind für sich allein.

>> Uraltbau unterm Dach Nr. 20 <<

Es war wieder ein Ringtausch, mehrere Familien waren beteiligt. Unsere Einraumwohnung von fünfundzwanzig Quadratmetern bekam eine alte Dame, deren große Wohnung in einer feinen Villa bekam eine Familie mit vielen Kindern und in die Wohnung dieser Familie sollten wir einziehen, zwei große Zimmer unterm Dach mit Bad und Wohnküche. Das war endlich einmal angemessener Wohnraum, ich freute mich sehr. Der Grund, warum die Leute aus diesem Palast ausgezogen waren, wurde mir erst im darauffolgenden Winter klar. Aber im Moment war Sommer und wir hatten nun Platz zum Leben, wundervolle 120 Quadratmeter Wohnfläche einem alten schönen städtischen Mietshaus.

Wir – das waren Ronald, der Vater meiner ersten beiden Kinder, und Eddie, Resi und ich – waren eingezogen. Gleich in den ersten Wochen kauften wir große Schaumstoffmatten, die es zufällig in einem Sonderverkauf für Rauch&Ruß geschädigte Ware gab. Eine typische Aktion dieser Zeit, du gingst irgendwo entlang und sahst eine Warteschlange vor einem Laden und hast dich angestellt und auf die Gespräche der Menschen vor dir geachtet, um herauszufinden was es gerade zu kaufen gab. Ob die Ware des jeweiligen Sonderpostens tatsächlich so lange reichen würde, bis du dran warst, oder vorher alles weg war, konnte keiner wissen und natürlich musstest du auch genügend Geld eingesteckt haben. Meistens hatte ich weniger als zwanzig Ostmark auf Tasche, aber das reichte für alles. Zehn Brötchen kosteten 50 Pfennig und ein Stück Butter zwei Mark fünfzig, ein Päckchen Tee eine Mark und zwanzig und ein Liter Milch 70 Pfennig. Noch ein Ring Zwiebelleberwurst vom Fleischer und schon kamen wir über die Woche. Wir karrten also diese Schaumstoffmatratzen in einer dicken unförmigen Rolle auf dem Kinderwagen balancierend in unser neues Zuhause und bauten ein riesiges Bett im Schlafzimmer auf dem Boden für uns alle. Heutzutage heißt das ›Familienbett‹ und ist normal, aber damals fragten alle, die davon hörten, besorgt, ob das denn gut gehen könne, so ohne richtiges Bett für jeden Einzelnen. Es ging gut.

In der großen Küche waren rundherum Einbaumöbel und in der Ecke ein Tisch mit vier Stühlen, die Möbel hatten wir von der Familie, die ausgezogen war, günstig übernommen, außerdem gab es Waschbecken, Gasherd und Beistellherd, die zur Wohnung gehörten. Die Stube groß und leer, hatte zwei Fenster und einen Kachelofen. Als unsere Besitztümer, der Stubentisch und das Sofa und meine alte Schranknähmaschine Marke ›Naumann‹ drin standen, wirkte der Raum immer noch ziemlich leer. Die Räume waren um die vier Meter fünfzig lang und drei Meter breit und lagen parallel nebeneinander. Die Verbindungstüren von Stube und Küche und Schlafzimmer waren direkt gegenüber. Der Flur quer zwischen Zimmerflucht und Hausflur hatte auch noch eine Tür zur Stube und eine zur Küche. Es gab ein fensterloses Bad mit einem Oberlicht zum Dachboden, mit Badeofen und Wanne. Die Armaturen der Wanne, der Spülkasten und der Griff der Spülkette bestanden aus Messing mit vergilbt wirkender historischer Keramik mit blauen Rändern, und die Badewanne hatte Tatzenfüße.

Nach dem Umzug war Ronald schnell wieder auf Achse zwischen Arbeit, Studium und Freundeskreis. Und da ich tagsüber die Kinder betreute, renovierte ich nachts, als die Kleinen schliefen, den Flur. Es waren tatsächlich mehrere Zentimeter Tapetenschichten, die sich staubend und bröckelnd ablösen ließen, und darunter kam Zeitungspapier zum Vorschein, das als Makulatur auf den Putz geklebt war. Die Tapeten kamen herunter, die Zeitung haftete. Schließlich war die ganze Wand eine einzige Litfaßsäule. Ich las die Ankündigung eines Theaterstückes im Großen Haus, die Premiere sollte am 23. August 1913, einem Samstag, sein. Das Einkleistern der neuen Tapete mit dem tags zuvor in Wasser angesetzten Zellleim ekelte mich und ich stellte mich, möglicherweise gerade deswegen, auch nicht besonders geschickt an. Ich besaß keine Leiter, also stieg ich vom Stuhl auf den Schrank, den, der vom Vormieter stehen geblieben war, ein hölzerner Kleiderschrank mit drei Türen. Die klebrigen Bahnen hafteten am Schrank, an meinen Armen und meiner Kleidung, aber partout nicht an der Wand.

Irgendwann gegen fünf Uhr morgens war ich fertig, ich hatte Ausschlag vom Kleber an den Armen und war hundemüde. Ich wusch mich an einer Schüssel und legte mich zu den Kindern ins Schlafzimmer. Nach der endlosen Arbeit in dem engen Raum brauchte ich dringend frische Luft, also öffnete ich ein Fenster halb und lehnte es an, dass es aussah, als sei es geschlossen. Der frische Luftzug war wunderbar. Ronald verbrachte das Wochenende auswärts bei seinen Kletterfreunden und ich wollte es hübsch daheim haben, also habe ich es allein gemacht und geschafft. Dass die Tapete nicht ganz gereicht hatte, weil ich zu wenige Rollen kaufen konnte, störte mich kaum, ich hatte einfach zwei große Plätze an der Wand untapeziert gelassen, wo ich Bilder aufhängen würde. Es war eine himmelblaue Leimdrucktapete, klein gemustert. Blau war seit Kindertagen meine Lieblingsfarbe. Zufrieden schlief ich ein.

Heftiges Sturmklingeln weckte mich, ich schreckte hoch und sah neben mir am nun weit offenen Fenster Eddie, der sich von Resi Spielzeug geben ließ und damit die fahrenden Autos fünf Stockwerke tiefer bewarf. Ich sprang auf, griff meinen Jungen und schloss das Fenster und lief zur Wohnungstür. Es war eine Nachbarin, die das Ganze mitbekommen hatte und mich nun ausschimpfte, was da los sei, wieso wir Sachen aus dem Fenster werfen und warum in der Nacht so ein Gerümpel zu hören gewesen sei. Ich zeigte stolz hinter mich in den frisch tapezierten Flur, sie nickte und musste kurz lachen und ging.

Als ich mich umsah, entdeckte ich, dass zwei der Tapetenbahnen heruntergesunken waren und wie hingegossen am Boden lagen. Schnell sagte ich den Kindern Bescheid, dass ich gleich wieder da sei, prüfte noch einmal den Fenstergriff, ob das Fenster tatsächlich zu war, und schloss das Schlafzimmer ab. Dann nahm ich eine Tasche und lief hinunter und sammelte barfuß im Hauskleid mit hüftlangen offenen Haaren Bausteine und Püppchen und Stofftiere von der Straße auf, zwischen fahrenden Autos. Manche hupten.

Beim Heraufkommen sah ich auf dem Abreißkalender in unserer Küche, es war Samstag, der 23. August. Und ich begann mich in dieser Wohnung zu fürchten, mehr als je zuvor. Diesen Zufall mit dem Datum auf der Zeitung unter der Tapete fand ich enorm gruselig. Mit der Nachbarin sprach ich einige Tage später darüber und die lachte nur und sagte, dass in so einem alten Haus gewiss vieles passiert sei und auch eine Menge Leute hier im Haus, ebenso wie in meiner Wohnung, gestorben seien. Das war mir vorher nicht bewusst gewesen und ich fürchtete mich die ganze Zeit, die wir in dieser Wohnung lebten, fast jede Nacht.

Tagsüber gingen wir am Fluss vorm Haus spazieren, und wenn das Wetter gut war, setzte ich mich mit meinem Strickzeug an die Spreewiesen. Das Babymädel, still und freundlich im Wagen, guckte und klapperte mit ihrer Rassel und der Junge im Sandkasten spielte, eisern alle Kinder von seinen Bauwerken weghaltend. Ich strickte fast jeden Tag. In die Kleidung der Kinder strickte ich einzelne lange Haare von mir ein, um immer bei ihnen zu sein. Auf dem Weg nach Hause saß er unten im Kinderwagen, da hatte ich einen gepolsterten Sitz eingebaut, selbst entworfen aus Jeansstoff und Schaumgummi, verstärkt mit Glasfiberstäben in der Lehne. Oben lag Klein Resi, und für Eddie, der immer noch nicht gut laufen konnte, war der weiche Sitzplatz dringend nötig.

Beide Kinder lernten gleichzeitig laufen, nur dass Resi mit ihren neun Monaten deutlich schneller und sicherer in der Bewegung war als der Junge mit drei Jahren. Dieses Wickelgestell, das er als Baby immer und ab anderthalb Jahren noch nachts tragen musste, war eine arge Behinderung für seine Entwicklung. Im Gegensatz zu meiner Mutter, die mit ausgerenkten Hüften geboren wurde, hatte ich nur Hüftdysplasien und diese an meinen Eddie weitervererbt. Das Gestell zum Breitwickeln der Beine war der neueste Stand der Technik und wurde alle paar Wochen in einer orthopädischen Werkstatt, auf Kosten der staatlichen Krankenkasse angepasst. Natürlich wollte ich, dass mein Sohn richtig laufen kann, wenn er einmal groß ist, mir sah keiner an, dass meine Hüften nicht in Ordnung waren. Im Winter bei Glätte hatte ich zwar heftige Schmerzen, aber ich konnte normal laufen. Das Drama meiner Mutter, nicht richtig gehen zu können, das sie ihr Leben lang beklagte, sollte meinen Sohn nicht treffen, Eddie sollte normal laufen können, also schnürte ich ihm tagtäglich dieses Monstrum um.

Die Kinder entwickelten sich nicht nur körperlich sehr unterschiedlich, sondern hatten auch unterschiedliche Interessen und Bedürfnisse. Die Kleine wollte immerzu laufen und hüpfen und sich bewegen, sprach aber nicht viel, und der Junge lag und las in Bilderbüchern und malte. Eddie las Resi mit Begeisterung aus seinen Büchern vor, zeigte ihr die Bilder und fabulierte sich etwas zusammen und sie hielt inne im Herumrennen und hörte ihm zu. Als Resi noch recht klein war, setzte ich Eddie, wenn wir zusammen ausfuhren, oben ans Fußende des Kinderwagens und kaufte uns jedem eine Kugel Vanilleeis. Die beiden Kugeln für die Kinder kamen in einen Pappbecher und den erhielt Eddie, hingebungsvoll fütterte er seine Schwester. Immer abwechselnd, er bekam einen großen Löffel Eis und sie einen halbvollen. Bis der Becher leer war. Ich hatte wie meine Mutter früher einen feuchten Waschlappen in einer Tüte dabei und wusch damit beiden Kindern Hände und Gesicht sauber, sobald sie fertig waren. Dann zeigte Eddie ihr Bäume und Häuser und was so am Weg lag und erklärte es gründlich. Resi hörte ihm zu, ich schob den Kinderwagen mit den großen Rädern übers Kopfsteinpflaster und so hatten wir einen schönen Nachmittag. Daheim zeichnete Eddie einen großen Kopffüßler mit endlos langen Beinen auf ein Blatt und schrieb in Großbuchstaben RIESE dazu.

Eddies Vater lebte offiziell bei uns und war freundlich, wenn er mal zu Hause war, aber werktags war er beim Studium in der Ferne und am Wochenende in der Natur mit seinen Freunden. Ich war im Babyjahr und allein mit den beiden Kindern. Die Tage waren gleichförmig. Aufstehen, Kinder wickeln und anziehen und füttern, Windeln kochen, etwas aufräumen, Wäsche waschen … Zum Mittagessen bekam jedes Kind ein Babygläschen und ich naschte aus jedem Glas einen Löffel, das war mein Frühstück, morgens konnte ich nichts essen und mein Blutdruck war so niedrig, dass ich Kreislaufprobleme hatte, also mussten die beiden Happen rein. Meist aß ich abends mit den Kindern ein Butterbrot und gut. Die Koliken waren wieder da, alle paar Wochen legte es mich für einige Stunden flach, aber das kannte ich schon, einfach nur paar Tage nichts essen und dann war wieder Ruhe.

Der Haushalt war hier viel anstrengender als im warmen Neubau, die Öfen ließen sich nicht gut beheizen. Unabhängig davon, dass ich Angst davor hatte, mich zu verbrennen, und mich das zerknüllte Zeitungspapier und die schwarzen Kohlen ekelten, hatte die Esse so kurz unterm Dach keinen Zug und ich wusste mir nicht anders zu helfen, als das Anheizen immer wieder zu versuchen. Der halbe Vormittag konnte vergehen, bis die Kohlen im Kachelofen Feuer fingen, und dann musste ich warten, bis sie durchgebrannt waren, und rechtzeitig die Ofentür dicht machen. War ich zu früh, stank es oder ging wieder aus, war ich zu spät, verbrannten die Kohlen und der Ofen erwärmte sich kurz und kühlte dann sofort wieder aus. Von den Wohnungen um uns herum grenzten unbeheizte Flure an unsere Räume, über uns war der Dachboden, und der Flur hatte die Wand zum Treppenhaus. Diese vier Meter hohen Zimmer mit Stuck und Rohrstutzen, von der früheren Gasbeleuchtung aus der Decke ragend, waren wirklich schön, aber unglaublich kalt und feucht.

An Weihnachten und Silvester war Ronald daheim und sofort herrschte ein anderes Klima. Versiert mit sparsamen Handgriffen versorgte er den Ofen und es war Tag und Nacht mollig warm. Als wir den zweiten Weihnachtsfeiertag bei seinen Eltern verbrachten, sah ich meinen Schwiegervater mit genau den gleichen Handgriffen den dortigen Kachelofen anheizen. Vater und Sohn ähnelten sich sehr. Beide waren mager, geschickt und liebenswert. Die Schwiegermutter tischte traumhaft leckeres Essen auf. Braten und Rotkohl und Thüringer Klöße. Warmes Essen, eine Freude. Zwar wurde alles in Soße ertränkt, aber ich musste es so essen, wie es auf den Tisch kam. Immerhin wurde ich geduldet mit dem fremden Kind dabei.

Da wir im Sommer eingezogen waren und ich keine Kohlen mehr bestellt hatte, musste ich mich jetzt im Winter um neue Kohlen kümmern, was natürlich teurer war, als der Rest Briketts im Keller verbraucht war. Irgendwo hatte ich bei den Umzugspapieren auch eine angebrochene Karte Kohlenmarken gefunden, hellgrün schmuddelig mit gestrichelten Linien, wo abzutrennen war. Also brachte ich in Erfahrung, wo sich der zuständige Kohlenhandel für unseren Stadtteil befand, und wartete auf meinem Haushaltstag, einen Tag im Monat, der bezahlt frei war, damit die Frauen Hausarbeiten wie Wäsche kochen und zur Rolle bringen und ähnlich aufwändige Arbeiten schaffen konnten. Es musste ein Wochentag sein, damit der Kohlenhändler geöffnet hatte. Ich packte beide Kinder im Kinderwagen gut ein und machte mich auf den Weg. Vor dem Büro in dem geschwärzten Hof war eine Schlange bis auf die Straße hinaus. Wir standen da im Schneesturm zwei Stunden, bis wir dran waren. Ich gab die Karte ab, sie verschwand in einem Schubfach. Die Kohlenlieferung, die uns zugeteilt wurde, waren wenige Zentner, der Termin in drei Wochen, die Kohlen lose aufs Pflaster vors Wohnhaus geschüttet. Gesackt und mit Träger hätte extra Geld gekostet und das hatte ich nicht. Als sie dann kamen, las ich die Briketts mit der Hand von der Straße in zwei Eimer und trug sie in unseren Keller. Es dauerte, die Treppe in den Keller war eng und schwarz und hatte viele Stufen. Ab und zu trug ich auch zwei Eimer zu uns in die Wohnung hinauf, um nach den Kindern zu sehen, die in der Zwischenzeit im Kinderzimmer spielten. Da war einfach keiner da, den ich danach hätte fragen können, auf die Kinder aufzupassen, also musste es so gehen. Kurz nach Einbruch der Dunkelheit waren meine Kohlen unter Dach und Fach und wir aßen zu Abend. Es gab Leberwurstbrot und Schwarztee.

Wir hatten in allen Zimmern feuchte Wände und unter den Fenstern bildeten sich Schimmelblumen. Gut durch geheizt und gelüftet wäre das sicher besser geworden, aber ich musste mit den Kohlen sparen, damit sie bis zum Frühjahr reichten, und so heizte ich nur einmal am Tag und wir froren dauernd. Eddie bekam Atemprobleme und musste inhalieren und Pulver aus kleinen Briefchen in Wasser aufgelöst einnehmen, daraufhin schlief er schlecht und er und ich kamen kaum zur Ruhe. Dass Medikamente Nebenwirkungen haben, dieses Theophyllinpräparat unruhig macht und eher morgens gegeben werden sollte, wusste ich nicht.

Nach einigen Wochen wurden wir alle krank, die Kinder hatten beide Husten und Schnupfen und ich verkühlte mir den Unterleib. Einige Tage lag ich mit hohem Fieber und starken Unterleibsschmerzen im Bett und kam ab und an zu mir, weil die beiden Kinder sich über mein Lager hinweg schreiend mit Spielzeug und Bausteinen bewarfen. Beiden lief der grüne Rotz aus der Nase und ich kam kaum hoch. Machte ihnen morgens und mittags und abends ein Fläschchen Babynahrung, mehr ging nicht und mehr war auch nicht im Haus. Ich hätte es allein nicht bis zur Kaufhalle geschafft und mit den beiden Kindern schon gar nicht.

Natürlich musste ich trotzdem Windeln waschen, sonst wären keine sauberen mehr da gewesen, und da passierte es, dass ich den Spüllappen im Waschbecken vergaß, in das die Waschmaschine das Schmutzwasser abpumpte. Mitten in der Nacht wurde ich wach, weil es anhaltend plätscherte. Die Küche war mit Linoleum ausgelegt und die alten Dielenbretter darunter hatten sich gesenkt, so dass in der Mitte des Zimmerbodens eine Kuhle war. Diese war nun voll mit seifigem Schmutzwasser. Der Spüllappen hatte das Waschbecken gestöpselt und die Maschine das Abwasser in die Küche gepumpt. Dann kniete ich, vor Fieber und Elend schlotternd, nachts allein in meiner Küche und schöpfte mit dem Kehrblech literweise Dreckwasser in einen Eimer.

Irgendwann wusste ich wegen der Kälte in der Wohnung nicht weiter und sprach mit einer Nachbarin, die unten im Haus wohnte und die ich zufällig auf der Treppe traf. Sie sagte spitz: »Sie können doch deswegen eine Eingabe machen und sich über die KWV beschweren, eine Eingabe geht jederzeit, das ist uns zugesichert!« Eine ältere Nachbarin kam gerade mit einem Einkaufsnetz, darin ein Laib Weißbrot, eine Flasche Bier und ein Kohlkopf, zur Haustür herein und hörte das und schüttelte den Kopf und meinte: »Ach, gehen Sie doch gleich zur KWV, Frolleinchen!«, und dann, an die andere Nachbarin gewandt: »Glauben Sie das, es gab heute schon wieder kein Waschpulver, kein Fewa und kein Spee, alle Regale leer, wie soll ich denn da meine Gardinen waschen?«

Mehrfach wurde ich bei der kommunalen Wohnungsbaugenossenschaft, die unser Vermieter war, vorstellig und erreichte im Frühjahr, dass uns ein neuer Ofen zugeteilt wurde. Die Räder der KWV mahlten, so schnell es nur ging, und mit dem Zuteilungsschein konnte ich noch vor Ostern zu einem geeigneten Laden gehen. Ich stellte mich in die Warteschlange und gab, als ich dran war, dem Sachbearbeiter meinen Schein, der blätterte eifrig und gekonnt in dreierlei abgewetzten Buchhalterbüchern und sah auf meinen Schein und trug dann in einem Buch mit spitzem Bleistift etwas ein und notierte auf seinem Schreibblock meine Adresse und murmelte: »Sie kriegen rechtzeitig vorher eine Postkarte. Der Nächste!«

Kurz nach Pfingsten wurde der neue transportable Dauerbrandofen geliefert und angeschlossen. Er hatte oben ein gusseisernes Rost zum Hochklappen, an der Seite einen Drehknopf und einen Hebel und war sehr hübsch und sehr klein.

Als sich herausstellte, dass Ronald bei seinem Studium im Norden nicht nur neue Tätigkeitsfelder, sondern auch eine andere Frau gefunden hatte, schickte ich ihn zum zweiten Mal seines Weges. Der Sommer verging. Nach dem Mutterschaftsurlaub hatte ich mir eine Arbeit gesucht, und das veränderte unseren Alltag. Früh um fünf musste ich raus aus dem warmen Bett in die Kälte und anheizen. Immerhin hatten ich und der neue Kompaktofen ein hervorragendes Verhältnis miteinander und er wärmte uns schnell. Dann zwei Fläschchen bereiten und den schlafenden Zwergen das weiche Nuckel der Flasche in die kleinen Münder geschoben, dass sie sich wachnuckeln konnten. Dann anziehen, mich, sie, ihn, beide die Treppen heruntertragen, er schrie, weil er laufen sollte und nicht wollte, sie schrie, weil sie laufen wollte und nicht sollte. Aufs Fahrrad, vorn ein Kindersitz, hinten einer und schnell quer durchs Wohngebiet fahren. Zuerst ihn in den Kindergarten bringen Punkt sechs, jeden Tag endloses Geschrei, wenn ich ging, er klammerte sich an mich und ließ nur unter dem Zwang der Erzieherin los. Tägliches Drama. Dann die Kleine, die geduldig und heiter auf mich wartete, wieder hinaustragen und in die andere Kindereinrichtung bringen. Resi ließ sich friedlich ausziehen und tippelte freudig den anderen Kindern entgegen. Inzwischen war es bald halb sieben, raus aus der Kinderkrippe, rauf aufs Rad und in die Pedale treten und mehrere Kilometer in den anderen Stadtteil zur Arbeit fahren.

Andere Mütter vor mir hätten die Vergünstigung, um dreiviertel sieben beginnen zu dürfen statt wie alle anderen um sechs Uhr, sicher als völlig ausreichend empfunden. Auch mir stand diese eine Dreiviertelstunde Aufschub am Morgen zu, die ich jeden Nachmittag nacharbeiten musste, doch es reichte mir nicht. Fast täglich kam ich zu spät angehetzt und war total übermüdet. In der Mittagspause habe ich, statt zu essen, geduscht und mein langes Haar ausgekämmt und geflochten. Morgens steckte ich es nur schnell hoch und kämmte es oberflächlich glatt. Es war mein Glück, dass dieser Betrieb seinen Werktätigen kostenlos eine große Gemeinschaftsdusche zur Verfügung stellte. Die Arbeit war in der Versandabteilung eines großen Museums. Dort verpackte ich Bildtafeln und anderes Lehrmaterial für Schulen zum Postversand. Und zum Monatsende ging man dann ins Lohnbüro, stellte sich hinten an die Reihe an und bekam seine Lohntüte ausgezahlt und unterschrieb dafür. Dort gab es auch die Stempel ins Sozialversicherungsbuch, wenn eine Arbeit aufgenommen oder beendet wurde. Einmal bat ich darum, mir meinen Lohn in Fünfmarkstücken auszuzahlen. Die Buchhalterin war etwas irritiert, aber trotzdem so freundlich, und dann hatte ich endlich mal die Taschen spürbar voller Geld.

Nachmittags kurz nach vier eilte ich mit meinem Fahrrad zum Tor hinaus, um schnell zur Einrichtung zu fahren, dass die Kinder nicht warten mussten. Erst Resi holen und dann Eddie und dann heim oder zur Kaufhalle. Zuerst nach einem Korb anstehen und dann beim Bäckerstand Amerikaner oder Prasselkuchen für eine Mark holen und noch eine Tüte Milch und der Tag war gerettet. Zu Hause zog ich die Kinder um und heizte und räumte auf, holte Kohlen aus dem Keller hoch und dann wurde gegessen. Der Badeofen wurde nie richtig warm und so bereitete ich das warme Wasser zum Waschen der Kleinen im Asch auf dem Herd. Der Asch war eine geradwandige, grau gemieselte Schüssel aus emailliertem Metall mit zwei klappbaren Griffen an der Seite.

Wenn es acht Uhr abends war, lagen die Kinder im Bett. Resi schlief gleich und Eddie sah noch Bilderbücher an. Ich saß da mit meinem kleinen Leben ohne irgendwelche Aussichten. Manchmal las ich, eine Leihbibliothek war wenige Häuser weiter, oft nähte ich und irgendwie kam mir der alte Gedanke meiner Kindheit wieder in den Sinn. *Das kann doch nicht alles sein, irgendetwas anderes muss es doch geben.* Nur was? Die Freunde, die wir früher hatten, waren mit Ronalds Auszug verschwunden, denn es waren seine Freunde. Manchmal besuchte uns meine Mutter und wir gingen zusammen Eis essen und an der Spree spazieren. So ging das ewige Zeit. Arbeit Kinder Schlafen. Arbeit Kinder Schlafen. Es geschah einfach nichts anderes. Als es die Gelegenheit gab, ein Finkenpaar zu bekommen, griff ich zu und später kam noch ein blauer Wellensittich hinzu. An den Stubenvögeln hatten die Kinder und ich Freude, aber so zahm wie die in meiner Kindheit wurden sie nicht.

Auf einer Betriebsfeier in einem benachbarten Kombinat mit vielen Kollegen auch aus anderen Betrieben war ein deutlich älterer Mann mit blauen Augen, der mich ansah. Er hatte einen langen Bart, eine Glatze und trug Jeans und ein weißes Hemd. Nachdem unsere Blicke sich mehrfach getroffen hatten, kam er an meinen Tisch, setzte sich mir gegenüber und sagte: »Grüß dich, ich bin Eckhard, und du?« Die Post ging ab und eine Woche später zog er ein. Er brachte einen Stapel selbst gebügelter Herrenhemden und einen dreieckigen Aschenbecher mit. Er war total verliebt in mich, brachte Holz von der Arbeit mit, bekam nicht nur die ganze Wohnung, sondern auch den Badeofen warm, kaufte ein und kochte sogar. Er war stets gepflegt und auch körperlich ansehnlich. Als ich wieder eine Kolik hatte, versorgte er mich und die Kinder. Er brachte uns eine Musiktruhe mit, ein Schränkchen mit Beinen und integriertem Plattenspieler und Radio. Von sich daheim brachte er eine Schallplatte mit Gitarrenmusik mit, die hörten wir von da an. Ein paar Mal gingen wir auch aus und lernten Freunde von ihm kennen und führten interessante Gespräche. Doch zu Hause übernahm er immer mehr die Führung, es wurde gekocht, was er sagte, die Kinder sollten gehorchen und ich ebenso. Mir war das zu eng, so einen Tyrannen im Haus zu haben. Er herrschte herum, wenn Eddie den Mund bei Tisch nicht hielt und wenn Resi ihr Essen nicht aufaß oder ich Teile vom Essen aussortierte. Einmal stand ich früh auf und die ganze Küche stand in Kochdampf und die Essensgerüche bereiteten mir Übelkeit. Resi war das Wochenende bei meiner Mutter und so zog ich Eddie und mir schnell etwas an und verließ die Wohnung.

Ich fuhr mit dem Jungen über Land in die Natur und wanderte dort, wo ich auch mit Ronald gewesen war. Es war schön, aber ich fühlte mich sehr verlassen. Eckhard sprach nicht mit mir, als ich heimkam, und drehte sich weg, als wir zu Bett gingen, was sonst nicht seine Art war. Aber einige Tage später besorgte er eine Kinderbetreuung und so konnten wir abends auf eine Party gehen, zu der er eingeladen war. Die fand in einer Wohnung unter dem Dach in dem Viertel auf der anderen Spreeseite statt, wo auch das Haus Nr. 50 war. Viele Leute waren da und redeten und tranken in der Küche Bier, in einem Zimmer saßen welche auf Kissen auf dem Boden und waren in Gespräche vertieft und nebenan lief ein Plattenspieler und es wurde getanzt. Eckhard wurde herzlich begrüßt und zum Willkommen wurde uns Kräuterschnaps gereicht. Ich wollte das nicht trinken müssen, doch Eckhard ermahnte mich flüsternd, wegen Höflichkeit und so weiter. Also schüttete ich das Glas herunter und es wurde gelacht, als der Geschmack des starken Getränks mich schüttelte, und ich war integriert. Ich wollte tanzen, aber das wollte Eckhard nicht, er setzte sich zu Leuten, die er kannte, und sie unterhielten sich, ich stellte mich ans Fenster, mir wurde schlecht. Die Gastgeberin kam nach einer Weile und fragte, ob sie etwas für mich tun könne, und ich erbat mir eine Tasse Brühe. Ich war Alkohol nicht gewohnt und hatte sofort dreiacht im Turm von dem ›Stonsdorfer Kräuter‹, und als mich ein großer Junge meines Alters zum Tanzen aufforderte, sagte ich nicht nein. Es war langsame Musik, wir tanzten eng, ganz nüchtern war der junge Mann auch nicht mehr, und schließlich hatte ich seine Hände auf dem Hintern. Es war ein schönes Feeling, ich hatte ewig nicht mehr getanzt. Dann wurde mir auf die Schulter getippt, ich ließ den Tänzer los und drehte mich um, vor mir stand Eckhard und er holte aus und scheuerte mir eine. Ich fiel um und in dem Moment kam die Gastgeberin herein, rückte mir ein Kissen in den Rücken und gab mir die Brühe in die Hand. Ich setzte mich auf, trank verdutzt einen Schluck Heißgetränk und sah diese Leute an, die es mitbekommen hatten; sie schienen ebenso verdutzt wie ich. Ich stellte die Tasse zur Seite, stand auf und ging zu Eckhard, der sich abgewendet hatte und den Raum verlassen wollte, und tippte ihm auf die Schulter. Er drehte sich um und sah mich zornig an. Ich fragte: »Ist das alles, was du kannst?«, und er erhob die Hand und ich ging einen Schritt auf ihn zu und er ohrfeigte mich erneut. Doch dieses Mal war ich gefasst darauf und blieb stehen und holte aus und gab ihm eine laut schallende Ohrfeige und sagte: »Das wars, gib mir meinen Wohnungsschlüssel!«

Es war Stille im Raum und nichts passierte, alle waren wie erstarrt und ich wiederholte meine Forderung und streckte ihm meine geöffnete Hand entgegen. Der bärtige Eckhard nestelte hilflos in seiner Hosentasche und bastelte dann vor aller Augen meinen Schlüssel von seinem Bund ab und legte ihn auf meine Handfläche. Ich nahm den Schlüssel und verließ die Party und ging heim.

Als er einige Tage später unten klingelte, um seine Sachen zu holen, warf ich ihm die Hemden aus dem Fenster, sie segelten ärmelflatternd zu Boden und den Aschenbecher behielt ich.

Am nächsten Tag stellte ich mich mittags dem Betriebsarzt vor und fasste eine Verordnung für Schonkost in der Kantine und ein Rezept über Cholecysmon, ein Mittel gegen meine Koliken, und eine Krankschreibung für drei Tage ab. Ich verließ die Arbeitsstelle und »fuhr in die Stadt«, eigentlich war es nur der Nachbarbezirk, aber ich ging in ein Musikgeschäft und erwarb für 16 Mark eine Schallplatte. Was ich da kaufte, wusste ich nicht, denn ich hatte keinerlei Ahnung von Musik, und ein schlechtes Gewissen, so viel Geld für mich auszugeben, hatte ich auch, aber es war ein Sänger mit deutschen Texten und das wollte ich haben. Ronald hatte immer Musik gehört, die ihm seine Westverwandtschaft geschickt hatte, und das war alles Krach und ich verstand kein Wort von dem englischen Zeug. Es war früher Nachmittag, ich fuhr direkt nach Hause und legte meine Platte auf: »Feinslieb, die schwarze Jacke hängt die Schultern ab mir wieder …«, trug der Sänger etwas melancholisch zur Gitarre vor und es gefiel mir.

Ob die Geburten der Kinder mir so das Gehirn gewaschen haben oder ob es der Tod meines ersten Kindes, meiner Tochter Suse, war, auf jeden Fall war die gesamte Kindheit überlagert und ich hatte alles vergessen, was mir widerfahren war. Das Leben bei meiner Großmutter und später habe ich mir gemerkt und die frühe Kindheit in der 33 erinnerte ich noch und träumte auch oft davon, aber das, was in der 50 passiert war, war weg aus meinem Kopf. Spätestens als wir dann bei Großmutter lebten und sie mir in wenigen Minuten mit gut zureden und Ermutigung und etwas Schwung das Radfahren beigebracht hatte, war dieser Lebensabschnitt für mich beendet und ich beschäftigte mich nicht mehr bewusst damit. Es gab ein kleines Ich in der Erinnerung und ein größeres Schulkind-Ich, und dann war ich Mutter von einem toten Baby und das blieb ich, so war meine Selbstwahrnehmung zu dem Zeitpunkt. Im Hier und Jetzt war ich erwachsen und Mutter und früher gab es zwei Teile Kindheit, in der 33 mit meiner Mutter und dann im Neubau mit meiner Mutter.

Als dann eines Tages ein Brief von meinem Vater im Briefkasten war, habe ich geantwortet. Er war in den Westen ausgewandert, konnte also nie mehr in seine Heimat zurück, lebte mit einer Frau in Bremen und unternahm Reisen durch die Welt. Das war interessant und auch ein Abstand war gegeben, also nahm ich Kontakt auf. Es gingen Briefe hin und her und es kam ein Päckchen aus dem Westen mit ganz erstaunlichen Dingen darin, unter anderem ein Buch über Yoga. Wir hatten uns in unserem Briefwechsel über Lebensgestaltung und Freizeitbeschäftigungen ausgetauscht und im Westen waren sehr viele Dinge möglich, von denen ich ahnungsloses Ostkind noch nie gehört hatte. Das Übungsprogramm in diesem Buch war genau nach meinem Geschmack und ich trainierte täglich. Es war eine Freude in mir, die Freude, endlich auch einen Vater zu haben, die ganze Schulzeit war ich deswegen ausgegrenzt worden, alle Klassenkameraden hatten Eltern, beide Eltern, gesunde Eltern, und ich hatte nur meine kleine hinkende Mutter, die nirgendwohin ging. Ich war jetzt wie alle anderen und ich hatte einen Vater.

Irgendwann machte er den Vorschlag, uns in Prag zu treffen, weil er mich sehen wolle. Es war möglich, dass Leute aus Ostdeutschland sich mit Leuten aus Westdeutschland in der Tschechei trafen. Das war eine nicht erlaubte, aber auch nicht verbotene, durchaus übliche Handhabung, wenn man Verwandte, die in den Westen ausgewandert waren, sehen wollte. Das heißt, es war nicht erlaubt, sich mit Leuten, die in den Westen ausgewandert waren, zu treffen. Andererseits war es nicht verboten, nach Prag zu fahren. Ich war mir nicht sicher, ob ich das tun sollte, ein Anteil in mir wollte den Menschen kennenlernen, aus dessen Erbsubstanz ich zur Hälfte bestand, der andere hegte vage Bedenken. Mit meiner Mutter konnte ich darüber nicht reden. Sie mied das Thema, seit wir bei meiner Großmutter gewohnt hatten, und wenn das Gespräch, als wir noch zusammen wohnten, doch einmal auf ihn kam, wurde sie böse und es ergoss sich eine Tirade von Beschimpfungen. »Der ist ein Schwein, rede nicht von diesem Menschen, dein Vater ist ein schlechter Mensch, halte dich fern von dem, sonst wirst du noch genauso wie er, du bist der Nagel zu meinem Sarg, was redest du überhaupt von dem, dein Vater ist ein Verbrecher.« Wenn sie mit Schimpfen und Weinen fertig war, begann sie meist die ohnehin schon saubere Wohnung erneut zu putzen. Darum erzählte ich ihr nichts davon und verabredete mich heimlich mit ihm in Prag. Er schrieb, alle Sachen dort, Hotel und Restaurant und Taxi, würde er bezahlen, ich hatte ja sowieso kein Geld und die Westmark war in der damaligen CSSR viel wert. Also machte ich mich chic, ich zog meinen schmalen, grau gestreiften Rock und die weiße Bluse an und stieg in den Zug. Die Kinder waren vormittags in der Einrichtung und bis nachmittags versorgt, und danach würde Ronald sie abholen und über Nacht betreuen und den nächsten Tag wieder in die Einrichtung bringen. Die Reise sollte zwei Tage dauern.

Der Zug wartete am Gleis und ich stieg ein, es war eine große Sache für mich, allein zu reisen und auch noch so weit, ich war chic und ich war froh und ich fühlte mich weltreisend. Hatte Fotos von den Kindern herausgesucht und eingesteckt und vieles ging mir durch den Kopf, was jetzt alles Schönes möglich sei. Der Zug fuhr los und ich sah aus dem Fenster und ich schaute auf die Landschaft. Dann war ich in Prag und habe diesen Menschen getroffen. Er war groß, er war mager, hatte meine blauen Augen, also ich habe seine blauen Augen, er hatte große tätowierte Hände und einen schmerzhaft derben Händedruck und grinste breit. Und er roch nach Herrenparfüm. Das war damals etwas sehr Besonderes, es war im Osten nicht üblich, dass sich irgendjemand parfümierte, außer meiner Mutter kannte ich niemanden, der parfümiert war, und Männer schon gar nicht.

Wir fuhren in ein Restaurant, saßen und sprachen miteinander; worüber, kann ich nicht mehr sagen. Dann sind wir durch ein Einkaufsviertel gegangen, überall bunte Läden und Angebote. Das kannte ich nicht, daheim war alles grau in grau, und wenn ein Geschäft offen war und etwas geliefert worden war, war es daran zu erkennen, dass eine Schlange von Leuten davor anstand und geduldig wartete, manchmal die ganze Straße hinunter. Wir gingen in einige dieser Läden, aber es war kein Schaufensterbummel, wie ich das von meiner Mutter gewohnt war, nein, nicht nur ansehen, wir kauften auch etwas, also er kaufte mir, was mir gefiel, er kaufte mir Schuhe, helle Absatzsandaletten, unglaublich schön, sie passten mir gut und ich zog sie gleich an. Vorher trug ich flache braune Römersandalen, wie sie üblich waren, und zum Rock waren sie gewiss etwas seltsam anzusehen, aber es waren nun mal die Sommerschuhe, die ich besaß. Er hat mir Schuhe gekauft, er hat mir noch andere Sachen gekauft, an die ich mich nicht mehr erinnern kann, alles, was mir ins Auge fiel, wurde umgehend erworben. Mir wurde ganz seltsam zumute, ich war glücklich über die schönen Geschenke und schämte mich für meine Armut und erlebte einen aufgedreht redenden, lustigen Mann mit strahlenden blauen Augen, den ich nicht kannte, der mir aber vertraut war. Er schenkte mir eine wundervolle Swarovski-Kette aus geschliffenem böhmischen Glas. So eine glitzernde, wundervolle Halskette, es war reines Glück, ich hatte mir in der Kindheit immer so was gewünscht und es war großartig wie im Märchen. Er legte mir die Kette um den Hals und küsste mich auf beide Wangen. Ich war sehr erstaunt und verwirrt. Ich war Geschenke nicht gewohnt.

Nach dem Einkaufsbummel waren wir irgendwo in einem Restaurant und ich habe Tee getrunken und er bestellte sich ein Bier und danach einen Schnaps. Irgendwann fing er an, einen Schnaps nach dem anderen zu trinken und es wurde lauter, es wurde lustiger. Das kannte ich von Familienfesten im Haus meiner Großmutter, dass alle immer Bier und Likör oder Schnaps tranken, und dachte mir nichts dabei, und dann haben wir irgendwas zum Abendbrot gegessen und er hat weitergetrunken und ich trank eine Limonade, die war ganz toll, so etwas gab es nicht daheim. Ein unglaublich aufregender und froher Tag war das.

Irgendwann war ich müde und er sagte, er bringe mich zu Bett. Da ich mich allein im Dunkeln und in fremden Räumen fürchtete, stimmte ich zu, es war ein schöner Tag und ein heiterer Abend gewesen mit vielen Gesprächen und es war einfach gut und schön so. Es war familiär wie auf Großmutters Familienfesten, es wurde gegessen und getrunken und geredet und es war normal, dass man zusammen fröhlich war und zusammen eine schöne Zeit hatte und es war normal, dass dann alle irgendwann zu Bett gegangen sind, und am nächsten Tag ging das Leben normal weiter.

Doch das war hier nicht gegeben, ich fand mich in dem Hotelbett unter ihm liegend wieder, seine Kleidung lag verstreut im Raum, ein Stuhl war umgekippt, das Zimmer von innen abgeschlossen. Er keuchte meinen Namen und tat irgendwelche Grobheiten mit seinen Händen und ich spürte nichts, lag stocksteif da und ließ diese ganze Sache über mich ergehen. Ich habe nichts mehr getan, habe einfach ganz still gelegen unter diesem betäubten Menschen, der auf mir lag und nach allem, was er getan hatte, einfach eingeschlafen war. Ich dachte an nichts, es war nur das auf mir lastende Gewicht und der Geruch, dass ich kaum atmen konnte. Irgendwann bewegte ich mich langsam und unmerklich zur Seite und kam nach Ewigkeiten unter ihm hervor. Konnte immer noch nicht atmen und konnte nichts tun.

Dieser Ort, das Hotelzimmer war die ganz Welt. Nichts gab es sonst. Alles, was geschah, jetzt in dieser meiner Welt, fand hier in diesem Moment aus Ewigkeit statt, es war halb dunkel und ein Klappfenster über dem Bett und ich stand starr da.

Dann gingen draußen die Laternen aus und der Tag brach an. Dieser Mensch lag da und schlief. Irgendwann bewegte ich mich langsam und vorsichtig und habe meine Sachen am Fußende des Bettes aufgelesen und mich angezogen und aus der Tasche seiner an der Tür liegenden Hosen den Zimmerschlüssel genommen. Habe die Dinge, die er mir gekauft hatte, zusammengesucht und auf einen Stapel auf den Teppich gelegt und habe meine Tasche genommen und das Zimmer ganz leise aufgeschlossen und bin raus. Die ganze Zeit habe ich kaum geatmet. Raus ins Treppenhaus, raus aus diesem Hotel, raus aus der Straße, durchatmen. Doch es war alles wie eine Theaterkulisse, künstlich auf Pappe gemalt, tot. Ich stand auf dem großen Platz in Prag und habe mir die hohe Uhr angesehen und die Figuren, die aus dem Spielwerk herauskommen und sich bewegen. Danach bin ich zum Bahnhof gegangen und habe den Zug genommen und bin nach Hause gefahren.

Es war Sommer und ich habe die nächsten Tage und Wochen langärmlige Kleidung tragen müssen, weil ich überall Blutergüsse und Kratzer hatte, am ganzen Körper, vom Gesicht bis zu den Füßen. Das dauerte, bis das nicht mehr zu sehen war, ich hätte meiner Mutter oder anderen keine Fragen beantworten können, was mir da geschehen war. Hatte keine Antwort. Für gar nichts.

Die kommenden Wochen erlebte ich wie unter einer Glasglocke, ich betreute die Kinder und versorgte meinen Haushalt und lebte von Moment zu Moment. Mehr ging nicht.

Als ich wieder einmal eine Kolik hatte, ging ich erstmals als Erwachsene doch zum normalen ambulanten Arzt und nicht zum Betriebsarzt an meiner Arbeitsstelle und er wollte mich krankschreiben und ich ließ es zu. Ich fühlte mich verlogen, weil ich genau wusste, dass die Kolik am nächsten Tag wieder weg wäre, wenn ich nichts essen würde, aber ich sagte nichts. Ich holte die mir verschriebenen Tabletten aus der Apotheke und kam in meine leere Wohnung. Die Kinder waren in der Einrichtung, Resi in der Kinderkrippe und Eddie daneben im Kindergarten, sie lieb und leise und er mit ewigem

Drama, aber beide versorgt. Ich setzte mich im Flur auf den Boden vor den großen Schrank, und um irgendetwas Nützliches zu tun, entschloss ich mich, eine Schraubenkiste zu sortieren. Alle Schrauben oder Nägel, Scharniere und Unterlegscheiben, die irgendwo übrig blieben, wurden aufgehoben, wer wusste, wozu sie noch einmal gut sein konnten.

Nach einer Weile bemerkte ich, dass ich immer noch die erste Schraube in der Hand hielt. Sah zur Uhr und der Tag war verstrichen, es war 16 Uhr, also stand ich auf und ging die Kinder aus der Einrichtung holen.

So vergingen Wochen, ich war nicht ganz bei mir und mir ging es nicht gut und mir wurde täglich immer unwohler. Mir wurde klar, dass ich schwanger war. Und es begann eine unerträgliche Zeit, ich als Einzelkind, die sich immer einen Bruder und eine Schwester gewünscht hatte, trug jetzt mein Geschwisterkind in mir, es war so, ich konnte nicht ausweichen, ich konnte es nicht herausbekommen aus meinem Körper und ich konnte es nicht ertragen und ich konnte es keinem sagen. Da war niemand, mit dem ich darüber hätte reden können. Ich fasste allein den schweren, aber unausweichlichen Beschluss, dieses mein Geschwisterkind abzutreiben. Weil so was geht nicht, es geht einfach nicht, es war unfassbar. Ich lief in diesen Wochen, bis dass der Termin so weit, herum wie aus Holz und konnte fast nichts tun außer überleben. Schlafen ging gar nicht mehr, der Gedanke an dieses Wesen in meinem Bauch trieb mich um. Es war ein widerwärtiges Inzestmonster, gezeugt durch eine Vergewaltigung unter Misshandlung und es war mein schon immer ersehntes Geschwisterchen. Und es war ein Lebewesen, ein Baby. Das nicht leben durfte. Das ich töten lassen würde. Mein Kind. Ich war verzweifelt und ich fürchtete mich vor den Toten. Jede Nacht.

Der Frauenarzt brauchte gar keine Erklärung. »Aha, drei Geburten, zwei Kinder, alleinerziehend, zufällig schwanger – geht klar. Nur, hier finden wir keinen Termin vor Ihrer zwölften Schwangerschaftswoche mehr und danach müssen Sie das Kind austragen!« Ich sah ihn an und schüttelte den Kopf. Es wurde außerhalb unserer Stadt ein Krankenhaus in der Provinz gefunden. Alle Großstadt-Krankenhäuser waren überlastet, damals wurden viele Schwangerschaftsabbrüche vorgenommen.

Also fuhr ich, als es dann so weit war, in das Kleinstadtkrankenhaus eine halbe Stunde südlich, Diese Brut aus meinem Leib bekommen aus meinem Kopf aus meinem Herz aus meinem Leben. Wegen der Abtreibung selbst machte ich mir keine Gedanken, ich hatte mehrere Kinder geboren und kam nicht auf die Idee, dass da irgendwas passieren könnte. Dann war es so, dass ich im Operationssaal, nackt bis auf ein offenes Hemd, auf einen gynäkologischen Stuhl raufklettern musste und dann kam die Nadel, um mich an den Tropf anzuschließen, ich hatte schlimme Angst vor diesen dicken stumpfen Metallkanülen. Meine Arme und Beine wurden angeschnallt und eine Schwester stach mit der Nadel in meiner Armbeuge herum und dann schüttete mir die andere OP-Schwester rotes, nach Jod riechendes Desinfektionsmittel zwischen die Beine, das hat irrsinnig weh getan, ich habe aus vollem Hals geschrien und dann hat der Arzt ein Instrument in mich hineingesteckt und ich habe nur noch gekreischt, es war, als würde er mich mit einem Messer aufstechen, ich fiel schreiend in Narkose. Als ich heiser aufwachte, hörte ich die eine OP-Schwester zur anderen sagen, dass es Zwillinge gewesen seien. Im Nachhinein hat mir jemand erzählt, dass diese Praktik bei der Abtreibung, erst zu desinfizieren und dann den Muttermund zu weiten, bevor die Narkose beginnt, zu der Zeit üblich war, weil zu viele Frauen Abbrüche machen ließen und denen die Lust darauf vergehen sollte.

Am übernächsten Tag fühlte ich mich halbwegs wieder bei Kräften und folgte einem großen Freiheitsdrang und habe mich gegen ärztlichen Rat auf eigene Verantwortung selbst entlassen und bin gegangen. Ich wollte da weg, wollte das dringend hinter mir lassen. Bin aus dem Krankenhaus gegangen, bin aus dieser Ortschaft herausgelaufen, habe mich an die Straße gestellt und bin nach Hause getrampt. Zu Hause war Ronald. Er hatte die Kinder betreut und Eddie und Resi waren schon im Bett und ich bin in die Wohnstube gekommen und habe mich neben ihm aufs Sofa gesetzt und bin in dem Moment, wo ich mich hingesetzt hatte, eingeschlafen.

Danach ging einfach gar nichts mehr, die einfachsten Dinge fielen mir unendlich schwer, mit Resi ging alles easy wie immer, aber Eddie drehte auf, fast täglich gab es Auseinandersetzungen. Er bockte und schrie bei der geringsten Anforderung an ihn, wie etwa ein Spielzeug aufräumen oder ein Kleidungsstück ausziehen oder zu Bett gehen, sich waschen zu lassen. Stattdessen machte er morgens irgendwelchen Unsinn. Einmal zog er seine Schwester aus und schmierte gemeinsam mit ihr die volle Windel an Bett, Wand und Türrahmen. An einem anderen Morgen hatte er sie und sich eingerieben, an Gesicht und Händen, und zwar mit der lange aufgehobenen, chicen hellblauen Zahnpasta aus dem Paket. In der DDR waren alle Dinge klein und langweilig und irgendwie grau, diese Zahnpasta schmeckte unglaublich lecker, war von einer strahlend hellblauen Farbe und in einer riesigen glänzend weißen Tube mit bunter Aufschrift. Ich benutzte sie schon Monate, immer sehr sparsam, damit sie lange hielt, denn sie war nicht wiederbeschaffbar. Und jetzt war sie zerknautscht beschmiert leer. Ich war enttäuscht und traurig. Nichts ging, wie es sollte, nichts war zu erhalten, nichts blieb mir für mich.

Ich hatte keine Ruhe mehr, zu Hause etwas zu tun oder mich überhaupt da aufzuhalten, und lief im Freien herum. Es geschah immer öfter, dass ich irgendwo zu mir kam und nicht wusste, wo ich war. Einmal befand ich mich mit beiden Kindern plötzlich irgendwo am Stadtrand, nur wusste ich nicht wo, und fragen konnte ich auch keinen, weil ich nicht gewusst hätte, was ich fragen sollte. Die Kinder waren quengelig, es wurde Abend und ich hatte weder Essen noch Trinken dabei noch irgendwelches Geld. Also lief ich bergab, weil unsere Wohnung im Tal am Flussufer lag, und versuchte zu erkennen, wo ich war. Als ich auf Straßenbahnschienen traf, war ich erleichtert und folgte ihnen bis zu einer Haltestelle, und dort erkannte ich auf dem Schild anhand der Straßennamen-Liste, wo wir waren. Da ich weder einen Stadtplan noch einen Straßenbahnplan hatte, konnte ich nur den Schienen folgen, bis ich mich wieder auskannte und heim fand. Mein Problem war, dass ich darunter litt, auf Autopilot irgendwohin zu laufen und dann zu mir kommen, aber mit niemandem darüber sprechen konnte, weil die Gefahr bestand, dass mir die Kids weggenommen würden. Zumindest glaubte ich das.

Dem Vater des Sohnes hatte ich irgendwann im Sommer während einer seiner Reisen die Sachen gepackt und seinen Eltern vor die Tür gestellt. Es war genug, er wohnte zwar bei uns, war aber tatsächlich nie zu Hause. Und der ergriff die Gelegenheit und heiratete nun im

Herbst seine Studienkollegin und ich wurde zur gleichen Zeit vom Vater meiner jüngsten Tochter geschieden. Da die ehelichen Güter vom staatlichen Ehekredit angeschafft worden waren, gehörten sie uns zu gleichen Teilen. Mein Ehemann erhielt unsere Waschmaschine, das Bowleservice und einen Schrank zugesprochen. Ich behielt die Sachen, die für die Kinder angeschafft worden waren. Er, der sich jahrelang nicht hatte blicken lassen, war am Tag vor dem Scheidungstermin bei mir daheim erschienen und hatte seine Tochter zu sehen verlangt. Erstmals. Ich schlug ihm die Tür vor der Nase zu. Dieser Mann erschien wenige Tage nach der Scheidung erneut und holte die ihm zugesprochenen Dinge aus meiner Wohnung. Fremde Männer schleppten meinen Schrank fort und ebenso meine Waschmaschine. Meine wundervolle Bowle mit eingeschliffenem Blumenmuster übergab ich ihm selbst, leider fiel sie dabei zu Boden und zerbrach. Die Gläser wollte er dann nicht mehr haben. Von da an wusch ich für mich und die beiden Kleinkinder unsere Wäsche wieder von Hand am Waschbecken und die Windeln kochte ich im Asch auf dem Herd. Weiterhin ging ich täglich zur Arbeit und versuchte unser Leben irgendwie etwas schön zu machen. Aber es war und blieb ein Einerlei jeden Tag, Kinder Arbeit Kaufhalle Kinder Schlafen, jeden Tag das Gleiche, als steckte ich in einer Zeitschleife fest. Außerdem kam ich mit dem Geld nicht zurande. Ich versuchte es mit einem Haushaltsbuch und notierte, was ich ausgab: Miete, Strom, Versicherung, Essen. Aber das Geld reichte hinten und vorne nicht. Spätestens nach einer Woche waren wir pleite und ich hatte buchstäblich keinen Pfennig mehr in der Tasche. Manchmal besuchte ich zur Abendbrotzeit Bekannte, um da mitzuessen, damit die Kinder satt wurden, und manchmal machte ich einfach nur Schmalzstullen. Brot und Griebenschmalz kosteten zusammen 2 Mark, damit kamen wir gut über die Woche und von Nährwerten und Inhaltsstoffen der Speisen hatte ich keinerlei Ahnung. Es wäre nur schön gewesen, wenn es auch mal etwas anderes gegeben hätte.

Bei einem zufälligen Gespräch auf der Treppe mit dem Künstlerehemann der Nachbarin von nebenan bemerkte der meine mageren Einkäufe und sprach mich darauf an. Die Leute waren doppelt so alt wie ich und hatten schöne alte Möbel und drei Kinder in der Pubertät und einen Cockerspaniel. Der Mann war immer freundlich zu mir gewesen und ich dachte mir nichts dabei und erzählte ihm, dass wir pleite seien und mein Mann weg. Der bekam blitzende Augen und meinte, ich könne ihn ja mal in seinem Atelier besuchen.

Morgens auf dem Weg zur Kindereinrichtung war ein viereckiger Durchgang unter einem Neubaublock. Mehrmals begegnete mir dort eine junge Frau meines Alters mit zwei Kindern so wie meine. Müde tappten wir morgens aneinander vorbei. Erschöpft am Nachmittag, ohne uns wirklich anzusehen. An einem Nachmittag stand ich nach der Arbeit mit den Kindern an der Hand vor der Kaufhalle nach einem Einkaufswagen an. Jeder herauskommende Kunde übergab dem Vordersten der Warteschlange seinen Wagen und erst dann durfte man den Laden betreten. An diesem Tag war es die junge Frau, die ich im Durchgang getroffen hatte, sie hob ihr kleineres Kind aus dem Wagen, während ich den selbstverständlich festhielt, damit er nicht wegrollte, dann hob ich mein kleineres Kind in den Sitz des Wagens, während sie den festhielt. Ich sagte spontan zu ihr: »Wäre es nicht viel besser, reich zu heiraten und auf dem Sofa liegend Nägel zu feilen?« Sie lachte und sagte: »Ich glaube nicht, dass dir das reichen würde.« Da lachte ich auch.

So lernte ich meine langjährige Freundin Renata und ihre Söhne Markus und Hennes kennen. Sie wohnte nur wenige Häuser weiter in einer benachbarten Straße und überredete mich, sie abends zu besuchen. Für mich war das neu, ich kannte das so nicht, dass Kinder lange allein in der Wohnung bleiben, aber sie überzeugte mich, dass das völlig normal sei und sie das schon immer so handhabe.

Also setzte ich mich abends wie gewohnt an die Nähmaschine und als beide Kinder eingeschlafen waren, schloss ich die Schlafstube ab, das Fenster war seit dem Vorfall damals sowieso abgeschlossen. Und ich sagte der Nachbarin Bescheid, wenn sie etwas hören würde, dass sie nachschauen gehen könnte. Dann besuchte ich Renata und eine völlig neue Welt tat sich mir auf. Anstatt abends zu nähen oder zu lesen oder fernzusehen, saßen wir in der Eckbank ihrer Wohnstube und tauschten uns aus und tranken Tee. Sie hatte viele gute Gedanken und kluge Ideen, war aus dem Norden wegen der Liebe in meine Heimatstadt gezogen, auch sie hatte ihren Mann weggeschickt, weil auch er ein Verhältnis hatte, es gab Gesprächsstoff ohne

Ende. Wir waren bis auf wenige Monate gleich alt, unsere Kinder ebenso. Sie arbeitete an der Uni und ich weiterhin im Museum.

Das mit den Kindern klappte gut. So konnte ich jede Woche ein oder zwei Abende bei Renata verbringen. Ich brachte ihr Stricken mit Lochmuster bei und wir erzählten uns, was uns beschäftigte. Ich kam auf die Beine, es gab neue Ideen. Bei Renata war es schön eingerichtet und warm und gut aufgeräumt und ich fühlte mich wohl. Meist kam ich nach 9 Uhr abends und ging vor 11 wieder heim, länger traute ich mich nicht wegen der Kinder.

Dann gab es wieder einmal ein arges Erwachen dank Eddie. Er war an meine Schallplatten gegangen. Ich besaß sie erst seit kurzem und genoss es sehr, meine eigene Musik hören zu können und nicht im Radio nervigen Mischmasch ertragen zu müssen. Die Hälfte der Lieder im Radio triggerten mich mit Erinnerungen, mir fiel jedes Mal ein, wo ich den jeweiligen Titel das erste Mal gehört hatte und wie es mir da ging, und es gab leider kaum gutes Feeling bei diesen Flashbacks. Bis zum Erwerb eigener Schallplatten hatte ich daheim in Stille gelebt. Radio ertrug ich kaum und im Fernsehen kam selten etwas Schönes. Nachts, wenn ich gern Filme gesehen hätte, war in den zwei Programmen, die der Schwarzweiß-Apparat bot, Sendepause. Es war kaum eine Handvoll Schallplatten. *Das wohltemperierte Klavier*, die erste Platte von Wenzel, eine Single von Heinz Rudolf Kunze und die von Eckhard mit Gitarrengeklimper und eine von Vollenweider. Das war mein musikalischer Hausschatz, den ich in meiner »ererbten« Musiktruhe abspielte.

Eddie war nun in den frühen Morgenstunden unbemerkt aufgestanden und hatte meine Platten ausgepackt, die nackten Scheiben auf dem unebenen Holzdielenboden ausgebreitet und mit Öl begossen. Mein Schlafdefizit führte dazu, dass ich morgens nicht sofort hellwach aus dem Bett springen konnte. Dass er mir so etwas antat, konnte ich nicht verstehen. Halb sechs morgens und die Wohnung war voller Öl und meine Schallplatten vermutlich Schrott, und ich hatte weder Geld noch Gelegenheit, die Platten wiederzubeschaffen. Verzweifelt dachte ich über eine Lösung nach, ich wollte nicht, dass wir jeden Tag Drama hatten. Meine Kindheit hatte ich mit Dramen verbracht. Meine Mutter verwandelte fast jede »Aufregung« (= wenn ich nicht sofort tat, was sie sagte) in Tränenausbrüche. Speziell das allnächtliche laute Weinen meiner Mutter und ihre vorgespielten Ohnmachtsanfälle hatten mich als größeres Kind reichlich strapaziert. So wollte ich nicht leben, so sollten meine Kinder nicht leben.

Dann entstand im Gespräch mit Renata eine Idee. In einem Film hatte sie gesehen, dass es Erziehungsmodelle gab, wo die Kinder die halbe Zeit bei einem Elternteil verbringen und die andere Zeit bei der anderen Elternhälfte. Dieses Wechselmodell war mir vorher nicht bekannt. Ich dachte darüber nach und es erschien mir eine gute Lösung für Eddie und für mich und auch für den Vater, der trotz seiner Ignoranz mir gegenüber seinen Jungen wirklich liebte. Also sprach ich Ronald an, im Gegensatz zum Tochtervater war er greifbar und interessierte sich für sein Kind und wir konnten gut miteinander reden. Er fand den Gedanken auch gut und so vereinbarten wir es. Ein Vierteljahr sollte Eddie in der neuen Familie seines Vaters leben und dann wieder ein Vierteljahr bei mir. Ich erhoffte mir Entwicklungsmöglichkeiten für den Jungen und ein Stück Freiheit für mich und ein gutes Leben ohne Auseinandersetzungen für uns alle; Ronald hatte gleich Pläne, den Jungen mit zum Bergsport in die Natur zu nehmen und ihm etwas beizubringen, und war begeistert. Es gab eine Aussicht, ich hatte Hoffnungen.

An einem Abend konnte ich mit Renata in ein Konzert gehen, weil ich einen Babysitter gefunden hatte. Es war ein schöner Abend in den Studentenkreisen der Kunstakademie, ein Streichquartett spielte und wir hatten schöne Gespräche und ich lernte einen jungen Mann kennen. Auf dem Weg nach Hause gingen wir über eine der nächtlichen Spreebrücken und Renata balancierte auf dem Geländer. Meine Lust, abends auszugehen, nahm zu.

Und dann kam der Abend, wo ich den Nachbarn in seinem Atelier besuchte. Zuerst waren da nur wir zwei allein und er machte Kerzen und Musik an und Fotos von mir und dann sollte ich mein Haar aufmachen für die Bilder, ich löste meine Haarnadeln und er war begeistert, strich mir durch die taillenlange Lockenpracht und lobte meine Schönheit. Dieses Treffen wiederholte sich, diesmal brachte er einen älteren Künstlerkollegen mit. Ein dicklicher blasser Widerling mit schütterem, kaum noch vorhanden Haupthaar. Es kamen dann auch noch andere Leute, junges buntes Volk, Studenten von der

Kunsthochschule. Es war ein schöner unterhaltsamer Abend, doch ich musste wegen meiner Kinder bald wieder heim.

Einige Zeit später drückte mir der Nachbar auf der Treppe einen kleinen Zettel in der Hand und meinte, das sei die Adresse seines Kollegen und ich solle am Mittwoch kommender Woche mal zu ihm fahren, der Rest würde sich schon ergeben. Vielleicht gab es wieder eine kleine künstlerische Gesellschaft, ich wollte gar nicht genau darüber nachdenken, was da auf mich zukam, und fuhr einfach hin. Natürlich war niemand außer dem Mann und mir da und obwohl die Wohnung mit guten alten Möbeln schön eingerichtet und reinlich war, war mir nicht wohl bei der Sache. Der Alte wollte, dass ich mein Haar aufmache, und überhäufte mich mit Komplimenten und schenkte ein »gutes Likörchen« in feine alte Gläser, und ich saß ihm in einem Polstersessel gegenüber und wollte eigentlich nur noch heim. Schließlich zog er einen gefalteten Hundertmarkschein aus seiner Hemdtasche und meinte, ich solle jetzt duschen gehen und dann zu ihm kommen. Ich tat, was mir gesagt wurde, erschien barfuß auf dem dicken Teppich, frisch geduscht mit offenem Haar, nackt in seiner Wohnstube. Er sah meinen Körper an und bedeutete mir, mich hinzuknien, öffnete seine Hose und dann wickelte er meine langen Haare fest um seine Hand, drängte meinen Kopf in seinen Schoß und schob mir seinen Steifen in den Mund, aber nicht grob, und wies mich an, meine Zähne mit den Lippen zu bedecken, um ihn nicht zu kratzen. Es war ungewohnt und seltsam und auch irgendwie peinlich. Es dauerte nicht lange, dann löste er seinen Griff und schickte mich duschen. In der Wanne wusch ich mir das klebrige Zeug aus den Haaren, es war so widerlich, aber zum Glück genug warmes Wasser da. Beinahe hätte ich noch meinen Perlenohrring im Abfluss verloren. Ich steckte die sauberen nassen Haare zum Knoten auf wie immer, zog Rock und Bluse und meine Schuhe an und machte mich davon. Der Mensch hatte noch den Tisch gedeckt mit Tee und Keksen und schönem Geschirr, aber ich konnte beim besten Willen keine Sekunde mehr an diesem Ort bleiben. Den zerknautschten Hunderter fest in der Faust rannte ich in Richtung Straßenbahn. Lief eine Station zu weit und sprang hastig in die eben anfahrende Bahn.

Der Hunderter war ein Sieg. Geld für mehrere Wochen zum Leben, aber den Rest wollte ich so schnell wie möglich vergessen.

Der Nachbar hatte es mir erspart, meine Adresse herauszugeben, wohl auch wegen seiner Frau, die bestimmt nicht begeistert gewesen wäre, von solchen Vermittlungen zu hören. Aber meine Arbeitsanschrift hatte er dem alten Künstlerbold gegeben. Und so stand der Alte jede Woche Mittwoch strahlend mit Pralinen oder Blumen vor dem Haupteingang meiner Arbeitsstelle. Was die Kollegen von mir dachten, war mir schnuppe. Der Mann war mindestens dreimal so alt wie ich, ich konnte das alles nicht ändern. Er brachte mich um meine kurze Mittagspause und schmachtete mich an und das Geld wäre schon lange wieder nötig gewesen, aber ich konnte es nicht über mich bringen, ihn noch einmal zu besuchen. Er tat mir auch leid, aber ich ekelte mich zu sehr. Nach einigen Wochen gab er auf. schenkte mir zum Abschied noch irgendetwas, was ich auf dem Weg zu meiner Abteilung irgendwo auf einem Fensterbrett liegen ließ, und die Sache war überstanden. Ich rannte in den Frauenduschraum, blau gefliest, etliche Meter hoch, ohne Trennwände, hier konnte eine ganze Kompanie Arbeiterinnen gleichzeitig duschen, brauste mich ausgiebig mit warmem Wasser ab und wusch meine Haare mehrfach. Zurück in der Abteilung wurde ich von der Leiterin gescholten, weil ich die Pause überzogen hatte, aber das war mir egal, ich fühlte mich ausgesprochen sauber, wohl und befreit.

Einmal erklärte sich meine Mutter bereit, auf die Kinder aufzupassen, und ich machte mich chic mit meinem grauen Rock und der weiß gewürfelten Seidenbluse und ging zum Tanz. Es war wundervoll, bunte Lichter, schöne Musik und schöne Menschen. Ein großer schöner Mann forderte mich auf, wir tanzten den halben Abend miteinander, dann schlug er vor, mich heimzubringen. Warum nicht, dachte ich, meine Mutter schlief gewiss schon bei den Kindern im Schlafzimmer und ich könnte diesen Maik, er war Lehrer und charmant und wirklich ein Sahneschnittchen, durch den Korridor heimlich in die Stube schleusen. Es war ein kleines Abenteuer und ein schöner Abend und es ging alles gut, bis wir händchenhaltend und verliebt äugelnd auf der Sofakante saßen. Dann riss meine Mutter die Tür auf und machte zeternd und heulend eine Szene und kreischte, was ich für ein schlechtes Ding sei, und der Junglehrer verschwand auf Nimmerwiedersehen.

Einige Tage vor dem Start ins neue Leben waren wir, Eddie, Resi und ich, noch zusammen unterwegs, erst ein Orgelkonzert in einer der alten Kirchen im benachbarten Stadtteil auf der anderen Flussseite und dann ein Laternenumzug. Beide Kinder freuten sich, denn wir waren lange nicht zum Konzert gewesen. Aufmerksam lauschten die beiden kleinen Mäuse den bombastischen Klängen von Bach. Eine winzige Gemeinschaft in den hölzernen Kirchenbänken unter der riesigen Kuppel. Als meine Kinder unruhig wurden, gingen wir leise hinaus. Wir gingen durch den Herbstabend, eines vorn, eines hinten auf dem Fahrrad. Jedes trug einen Lampion am Stab mit einer kleinen brennenden Kerze darin und ich schob das Rad langsam durch die Dämmerung. Die leuchtenden Papiergestirne gaukelten im Wind und es entstanden verwischte rotierende Schatten von den Radspeichen. Wir waren froh und sangen das Laternenlied und plötzlich überkamen mich Gedanken. Ich lief zum Treffpunkt für den Laternenumzug und mich bedrängten Zweifel und bange Gefühle: *War es richtig, dass wir uns für so viele Monate trennten? War es nicht zu lange Zeit und wird es das Richtige für meinen Jungen sein? Werde ich ohne ihn auskommen und wird er ohne mich auskommen? Werden die Geschwister sich vermissen? Soll ich das wirklich machen?*

Es ging wie geplant los, Eddie kam mit der anderen Frau und deren Sohn im gleichen Alter gut aus, ich hatte etwas Ruhe für mich, konnte nachts durchschlafen und kam nicht mehr zu spät und fand zu mir. Dann, einen Monat bevor er hätte wieder zu mir kommen sollen, lag ein Brief im Kasten vom Gericht mit einer Vorladung wegen Erziehungsrechtsübertragung. Ich verstand die Welt nicht mehr, was war geschehen? Wir hatten das doch gemeinsam als Eltern entschieden, uns das Erziehungsrecht zu teilen. Mein Junge fehlte mir und ich wollte ihn bei mir haben. Weder Vater noch Sohn bekam ich zu Gesicht. Es folgten wieder und wieder Vorladungen. Amtszimmer, fremde Leute. Begründungen wie: dass der Mann verheiratet sei und als Ingenieur richtiges Geld verdiene und es besser wäre für das Kind. Es war nicht besser, es war nur falsch! Dass ich eine alleinstehende Mutter mit zwei kleinen Kindern war, die immer zu spät kam und auch nur knapp 250 Mark monatlich verdiente, war doch kein Grund. Wir hatten einander lieb und waren eine Familie. Das ging doch nicht. Ich war verzweifelt und es zog sich hin und er fehlte mir mehr und mehr. Die Bearbeiter wechselten, meine Meinung nicht. Ich ging weiterhin zur Arbeit, versorgte Resi und traf ab und zu Renata und versuchte mein Leben aufrecht zu erhalten.

Es vergingen Wochen. Das letzte Schreiben, das zu unterzeichnen ich gedrängt wurde, beinhaltete, dass ich dem Vater das komplette Erziehungsrecht überließ und wegen meines geringen Einkommens auch keinen Unterhalt zu zahlen brauchte. Dafür sollte Eddie den Familiennamen des Vaters tragen und ich hätte kein Besuchsrecht … gar kein Recht mehr. »Unterschreiben Sie hier, dass Sie auf alle Ihre Rechte als Mutter verzichten, dann können Sie gehen«, sagte der graue Sachbearbeiter an seinem grauen Schreibtisch in dem grauen Amtszimmer. Ich war wie vor den Kopf geschlagen. *Was wollen die? Was ist mit denen los, das ist doch mein Kind, ich habe ihn geboren und für ihn gesorgt, habe ihn gestillt und ihn getragen und gehalten und zum Arzt gebracht dutzende Male. Er ist mein Kind, mehr mein Kind als das Kind seines Vaters.* Ronald war keine zwei Tage am Stück daheim gewesen in Eddies Kindheit, war stets allein in Urlaub gefahren, hatte die Wochenenden auswärts verbracht und auch sein Stipendium allein durchgebracht. Das erklärte ich alles und sagte, was mir wichtig erschien, und war so aufgeregt und am Schlottern, dass ich mehr und mehr außer Fassung geriet und wütend wurde und den Beamten anschrie. Dann kam so etwas wie ein Gerichtsdiener und ich wurde rausgeschmissen. Stundenlang lief ich durch die Straßen und wusste nichts zu tun außer weiterlaufen. Dieses Umherlaufen, irgendwo zu mir zu finden und nicht zu wissen, wo ich gerade war, geschah mir immer öfter.

Der nächste Brief war ultimativ. Entweder ich stimmte freiwillig zu, dass das Erziehungsrecht an den Vater gehe, oder das alles werde gerichtlich ohne mich und gegen mich entschieden. Ich ging herum mit dem Brief in der Hand wie mit einer unerträglichen Last, konnte nicht schlafen, wusste nicht ein noch aus. Wieder und wieder versuchte ich das Schreiben zu lesen, aber ich begriff nicht, was da stand. *Warum geschieht das, was habe ich getan, was kann ich tun?* Eddie war mein Wunschkind, mein blonder Babyboy, ich wollte ihn um mich haben und mit ihm und Resi als Familie zusammen sein. Irgendwann in der Nacht las ich: »… ein Nachmittag im Monat Besuchsrecht«, stand da drin und ich unterschrieb. Unterschrieb, um mein Kind sehen zu dürfen. Mir flog der Boden unter den Füßen weg, ich schickte den Kunststudenten weg, den ich vor Kurzem kennengelernt hatte und der mich ab und zu besuchte, kündigte meine Arbeit im Museum, ohne mir eine neue zu suchen, schnitt, vor dem Spiegel stehend, Auge in Auge mit mir, meine hüftlangen Haare mit der Schneiderschere im Nacken ab und ging nirgendwo mehr hin.

Resi und ich verbrauchten nicht viel und als unser Geld alle war und wir neues brauchten, verkaufte ich unsere Möbel. Gespart hatte ich noch nie etwas und der letzte Lohn war lange her. Ich war außerstande, das Haus zu verlassen, und so schickte ich per Post Inserate an die Wochenzeitung, den Preis für das Inserat legte ich in Briefmarken dem Brief bei. Dann kam irgendwann irgendwer und klingelte und nahm ein Stück von unseren Möbeln mit und ließ irgendwelches Geld da. Zuerst das Sofa, den Tisch, die Stühle, dann das Küchenmöbel und danach das Geschirr. Den alten Teppich, den mein Großvater aus dem Rittergut im Dorf meiner Kindheit geholt hatte, nachdem der Schlossherr kurz vor Kriegsende vor den Russen geflohen war, kaufte meine Nachbarin mit glänzenden Augen, sie hatten viele alte Dinge in der Wohnung.

Wie viel braucht eine Frau allein mit einem kleinen Kind, fast nichts. Miete und Strom konnte ich bezahlen und für uns Brot und Butter und Puddingpulver und Tee und Milch kaufen, das war genug. Die Kleine hatte ihr Bettchen und Kleider und Spielsachen, ich bekam von alten Leuten per Inserat Rosshaarmatratzen geschenkt, die wir mit Renatas blauem Trabant Kombi abholten. Die alten Leute versicherten mir auf meine Nachfrage, dass auf diesen Matratzen niemand gestorben sei. Die Matratzen bezog ich mit buntem Stoff und nutzte sie als Sitz- und Schlafplatz.

Es war vom Amt beschlossen worden, dass ich monatlich fünfzig Mark Unterhalt zu zahlen hatte und meinen Jungen nur dann sehen durfte, wenn der Vater einem Termin zustimmte. Dazu telefonierte ich mit ihm auf seiner Dienststelle, ich ging in eine Telefonzelle an der nächsten Ecke, wartete, bis ich dran war, erreichte ihn nicht, musste erneut anstehen, um erneut zu telefonieren. Es war strapaziös und kostete jedes Mal 20 Pfennig. Wenn ich ihn irgendwann erreichte, dann waren ihm die Termine nicht recht. »Ruf nächste Woche noch mal an, da kann ich dir etwas sagen.«

Einmal kam ich zum Kinderhort und hatte Eddie schon im Arm und angezogen, da kam die Leiterin und sagte, es sei keine Vollmacht hinterlegt worden. Wir weinten beide und fügten uns. Als ich ihn Monate später erstmals wiedersah, waren wir beide wie von Pappe, liefen schweigend nebeneinander her und konnten uns kaum ansehen.

Beim Verkauf meiner Küchenmöbel gelang mir eine Art Geniestreich. Wir hatten sie vom Vormieter übernommen und Jahre benutzt. Ich wienerte alles von oben bis unten und kaufte von geliehenem Geld beim nächsten Tischler farblich passende gedrechselte Schrankknäufe. Die alten Griffe der Türen und Schubladen waren, wie damals Standard, winzige Metallkegel, die kaum zu greifen und sehr abgenutzt waren. Ich schraubte die alle ab und brachte an die vorhandenen Gewindestifte die massiven runden Echtholzgriffe an und inserierte wortgewandt den Verkauf in der Zeitung. Der Erlös waren unfassbare 1200 Ostmark. Ein kleines Vermögen. Resi und ich gingen aus und kauften ihr Kleidung und eine Puppe. Danach haben wir in einer feinen Eisdiele jeder einen Eisbecher gegessen, mehrere Kugeln Eis und Mischkompott und Sahne, eine ganze Woche jeden Nachmittag.

Außerdem wollte ich auch einmal etwas auf Inserat kaufen. Da stand etwas von einem Zimmerspringbrunnen und ich war großer Springbrunnenfan, also nahm ich eine Postkarte und schrieb die nur allzu bekannte Adresse des Zeitungsverlages darauf und darunter die Chiffre und teilte mein Interesse und meine Adresse mit. Etwa eine ein Woche später klingelte es Samstagmorgen gegen sieben an der Wohnungstür. Dank Resi konnte ich neuerdings immer bis halb 9 ausschlafen, sie stellte keinen Unsinn an, blieb einfach bei mir im Bett liegen und sang vor sich hin. Es hatte lange niemand bei uns geklingelt und besonders nicht um diese Uhrzeit; ich schreckte hoch und tappte im Halbschlaf barfuß zur Wohnungstür. Draußen stand ein dünner Mann in abgerissenen Klamotten mit einem verknäulten Wust aus dreckigen Verpackungen. Was er sagte, verstand ich zuerst nicht, doch dann packte er einen Zimmerspringbrunnen aus und stellte den auf die Schwelle meiner Tür und haspelte herunter, ich solle Wasser holen, um die Funktionstauglichkeit zu prüfen, und ich solle kaufen, er brauche das Geld dringend und hätte keine Zeit. Zwar tat er mir leid, wie er da stand, aber das ging mir doch zu weit. Er war zu schmuddelig und es war zu früh und ich war zu müde. Ich sah mir den Brunnen nicht an, schlug die Tür zu, drehte den Schlüssel um und ging wieder zu meiner Resi ins Bett.

Mit dem Geld vom Küchenverkauf kamen wir eine ganze Weile gut hin und ich sah auch Eddie einmal. Wir tippelten durch den Herbst und kochten zu Hause zu dritt Grießbrei und aßen ihn und lasen Bilderbücher und alles war so wie früher, für einen Nachmittag.

Das Geld war irgendwann alle und es fand sich eine neue Arbeit bei der »Volkssolidarität« als hauswirtschaftliche Betreuerin von alten Leutchen. Wir brauchten nur etwas für Miete und Strom und Essen und so viel verdiente ich da. Ein altes Ehepaar war mir besonders lieb, das wohnte in einer 30er-Jahre-Arbeitersiedlung an der Spree. Sie saß immer in der Küche und reparierte Wischtücher mit Nadel und Faden. Dass sie blind war, hinderte sie nicht im Geringsten daran. Nur den Zwirn musste der Mann auswählen, damit es die richtige Farbe war. Sie lächelte und sagte: »Man soll sich nützlich zeigen!«

Eine andere Person, die ich betreute, war eine riesige knochige alte Dame in einem Zehngeschosser-Neubaublock, die final an Knochenkrebs erkrankt war. Sie war in jungen Jahren, als Tuberkulose noch eine Volkskrankheit war, mit dem Röntgenwagen als Krankenschwester über Land gefahren und hatte Lungenaufnahmen gemacht. Die Geräte waren damals nicht so genau eingestellt und sie wurde verstrahlt. Wenn ich bei ihr war, kam ich kaum zum Arbeiten, weil wir uns die ganze Zeit unterhielten. Auch meine Großmutter war Krankenschwester gewesen und hatte als Hebamme gearbeitet und später im Lazarett. Der Zustand der alten Krankenschwester war drastisch, jeder Atemzug rasselte und sie konnte sich kaum bewegen, aber unsere Gespräche taten uns beiden gut. Eines Tages, pünktlich wieder bei ihr zum Arbeiten erschienen, stand ich vor verschlossener Tür. Im OrgBüro der Volkssolidarität wurde mir dann gesagt: »Frau T. ist vorgestern tot aufgefunden worden, das war doch abzusehen.« Das war zu viel für mich und ich schmiss die Arbeit hin und kündigte. Als wir wieder pleite waren, gab ich Ronald schließlich meine letzten verbliebenen Möbel, eine Flachstrecke, so in der Art wie ein Sideboard, bestehend aus drei hellen Kommoden mit je drei Schüben, so etwas war damals modern, ich mochte sie sehr. Jede Kommode ein Monat Unterhalt für Eddie.

Renata kam jetzt auch gelegentlich zu mir zu Besuch und brachte stets eine kleine Flasche Weinbrand mit. Ich fand das Zeug widerlich, allein der Geruch verursachte mir Übelkeit. Wir kochten Tee und sie trank davon und überredete mich, es mit viel Zucker und einem winzigen Schluck ›Goldbrand‹ in meinem Teeglas zu versuchen. Ich gab nach und es war widerlich. Aber mir wurde besser zumute, also trank ich mehr davon. Der Kunststudent, den ich vor Wochen kennengelernt hatte, stand auch noch einmal vor der Wohnungstür, wir verbrachten den Abend zusammen und landeten im Bett, aber ich erstarrte mitten beim Sex und konnte mich nicht mehr bewegen. Obwohl er das seltsam fand, ging er erst, als er fertig war. Dieses Sich-nicht-bewegen-Können oder auch Aussetzer von mehreren Stunden, in denen ich einfach nur irgendwo saß oder stand, ohne es zu bemerken, nahmen immer mehr zu. Ich erlebte diese Zeit wie durch eine Nebelwand schauend. Nach wenigen Wochen hatte ich eine Fehlgeburt.

Sonntagmorgen stand ich aus meinem Bett auf und da floss es aus mir heraus. Ich stand in einem See aus Blut und dann lag da dieses winzige leblose Wesen vor mir auf dem Boden. Ich war handlungsunfähig, starrte als unbeteiligte Beobachterin das ganze Schlachtfeld in meinem zuvor sauberen Schlafzimmer an, und erst das Wahrnemen des Blutes, das mir unaufhörlich die Beine herunterlief, holte mich ins Hier und Jetzt zurück. So konnte das Zimmer hier nicht bleiben und so konnte ich hier nicht bleiben, ich musste zum Arzt. Und zwar bald. Ich wischte so gut ich konnte auf und goss alles ins WC. Die Nachbarin nahm mir Resi für ein paar Stunden ab und ich verpackte mich mit einem großen Handtuch und fuhr mit dem Fahrrad ins Krankenhaus. Von dort aus rief ich die eine Nachbarin im Haus an, die Telefon hatte, und bat sie, der anderen Nachbarin, die Resi hatte, zu sagen, dass ich einen Tag Aufschub brauche. Die Curettage fand am selben Tag statt, weil das Blut ununterbrochen weiterfloss. Am nächsten Tag entließ ich mich auf eigene Verantwortung selbst.

In dieser Zeit stand einmal unverhofft meine Großmutter vor der Tür. Ich bat sie herein, sie trat ein, nahm ihren Hut im Flur ab und richtete ihre Frisur vor dem ovalen Spiegel. Mühsam setzte sie sich auf die niedrigen Matratzen in der Küche und ihre Handtasche neben sich und schaute sich um und sagte: »Ach, mein Mädel, wie kannst du nur so hausen?« Sie hatte diesen bitteren Zug um den Mund und fragte dieses und jenes und ich erzählte ihr das mit Eddie und dass ich die Arbeit im Museum geschmissen hatte und dass Ronald weg war, wegen einer anderen Frau. Sie hörte sich alles an und sah aus dem Fenster. Später ging sie, gab mir einen Kuss zum Abschied und sagte: »Besuch bald mal deine Mutter und ruf mich an, mein Kind!«

Meine Wohnung lag zentral, war aber für meine Familie ein weiter Weg, weil die alle im südöstlichsten Zipfel der Stadt wohnten. Ich tat, wie mir geheißen, und besuchte meine Mutter in ihrer winzigen Neubauwohnung. Natürlich gab es Schelte, weil ich lange nicht da gewesen war und weil ich die Arbeit aufgegeben hatte. Alles war, wie bei meiner Mutter üblich, sehr tränenreich. »Du musst lernen, dich zu fügen, musst dich besser einordnen auf Arbeit! Und so, wie du dich verhältst, kannst du keinen Mann halten!« Ich wusste nicht, was sie von mir wollte. Aber ihre Wohnung war sehr ordentlich und sehr sauber und warm und es roch nach Zuhause. Mutters Parfüm und ihre Wäscheseife waren immer noch dieselben wie früher. Einige Tage später besuchte ich sie noch einmal und ich brachte ihr unsere Stubenvögel. Mir war, als ich den blitzsauberen Käfig der Sittiche meiner Mutter sah, klar geworden, dass ich es nicht mehr auf die Reihe bekam, unsere Piepser gut zu versorgen. Bei meiner Mutter würden sie gut betreut werden. Das war für längere Zeit mein letzter Besuch bei ihr. Ich konnte keine Fragen und Schelte und Tränen mehr ertragen. Ich hatte das Weinen, als ich 8 Jahre alt war, verlernt.

Es verging ein elend kalter Winter, den ich mit Resi und einer elektrischen Wärmelampe hauptsächlich im Bett verbrachte. Die Lampe war alt, ein schwerer runder Metallfuß und beige gestrichen, ein gegliederter biegsamer Stil wie ein Duschschlauch und oben eine metallische Halbkugel mit einer Rotlichtbirne darin, wir nannten sie ›den Mond‹, weil sie im Dunkeln so rund und schön strahlte. Vorlesen und spielen war fast alles, was wir, in dicke Decken eingehüllt, taten.

Im Frühjahr rief ich meine Großmutter an und sie war freundlich und gütig wie immer und hatte eine gute Idee: Sie wollte mir eine Wohnung im Neubauviertel, wo meine Mutter wohnte, besorgen. »Vor Ostern kannst du in die neue Wohnung einziehen, den Umzug musst du selber organisieren, aber das schaffst du schon. Und dann suchst du dir eine ordentliche Arbeit und alles wird wieder gut werden, mein Kind!«

Also zogen wir um, in eine halb so große Wohnung im Neubau. Den Umzug machte ich allein. Meine Mutter konnte nicht gut laufen und kam gar nicht mehr bis unters Dach in diese Wohnung hoch, aber sie konnte Resi am Tag des Umzuges betreuen. Die alten Kletterfreunde waren die Freunde von Ronald, sein bester Kumpel, der große Eddie, war nicht zu finden und Renata war an Ostern bei ihrer Herkunftsfamilie im Norden. Ich wusste niemand, den ich hätte um Hilfe bitten können, also ließ ich es auf mich zukommen und machte es selbst. Irgendwie, es würde schon gehen.

Es war auch nicht mehr wirklich viel da. Meine Schranknähmaschine, der Televisor, der dreitürige, aber immerhin zerlegbare Kleiderschrank, ein paar Körbe mit Näh- und Strickzeug und Klamotten, eine Munitionstruhe, die mir mit einer Platte darauf als Tisch diente und unseren Papierkram enthielt, Resis Spielzeug und ein paarhundert Bücher, mit Bindfaden zu Bündeln gebunden, die Schaumstoffmatten und der Werkzeugkoffer. Ich mietete mir ein Gütertaxi mit Fahrer, der sollte an diesem Gründonnerstag um elf Uhr kommen.

Pünktlich hatte ich alles in den Treppenflur ins Erdgeschoss heruntergebuckelt, den Kleiderschrank hatte ich zwar zerlegt, aber ich bekam ihn nicht vom Fleck. Den kleinen Schrank, die Musiktruhe und die anderen schweren Dinge hatte ich Stufe für Stufe heruntergehoben. Ich war wie immer pleite, aber von der Großmutter hatte ich Geld für das Gütertaxi bekommen, davon nahm ich einen Fünfmarkschein und ging hinunter auf die Straße und wartete, ob jemand zufällig vorbeikäme. Natürlich kam erst mal keiner, aber nach einer Weile kamen zwei junge Männer, wahrscheinlich auf dem Weg zur Uni. Und die sprach ich an und überzeugte sie, mir die Schrankteile herunterzutragen. Direkt als alles unten war, kam das Gütertaxi. Ein bärtiger Mann mit Bauch in einer blauen Arbeitslatzhose saß am Steuer und machte eine Handbewegung, ich könne mit dem Einladen beginnen, also tat ich das. Ich machte so schnell es ging, aber er wurde immer unleidlicher und meinte: »Wie lange soll das denn noch gehen, Frolleinchen, ich hab noch andere Termine!«, dann stieg er aus, zündete sich eine Zigarette an und griff, misslaunig schnaufend, bei den großen Schrankteilen mit an.

Als endlich alles auf der Pritsche verstaut war, sank ich im Führerhaus in den Beifahrersitz und atmete durch, so gut das in der zugequalmten ranzigen Hütte ging. Einmal quer durch die Stadt und der Fahrer fluchte gegen Ende am Stück, weil sein nächster Termin schon dran war. Immerhin hatte das zur Folge, dass er mir beim Ausladen half. Zack zack lehnten meine Habseligkeiten halb auf der Straße, halb in der Hecke des Eingangs zu Haus Nr. 18, einem Zehngeschosser. Ich bezahlte den Fahrer, gab das übliche Trinkgeld von zwei Mark und behielt sogar noch eine Kleinigkeit auf Tasche.

Meine Wohnung 603b lag im sechsten Stock und war gut mit dem Aufzug zu erreichen. Irgendein Mann in einem karierten Westover half mir mit den Schrankteilen. Es war halb 6 Uhr abends und ich ging zwei Straßen weiter und holte Resi von meiner Mutter ab. Wir gingen in die Kaufhalle und hatten Glück, es gab eine Sonderzuteilung Räucherfisch und wir nahmen eine Flunder und dazu Brötchen und für Resi Milch und für mich eine halbe Flasche Weinbrand und dann war das Geld alle.

Dann saßen wir zwei beide in unserer fernbeheizten Wohnung mit fließend Warmwasser zwischen unseren Habseligkeiten auf Matratzen am Boden und aßen Fischbrötchen und tranken Tee. Als Resi schlief, ließ ich mir die Badewanne ein und trank den Weinbrand. Ohne Tee.

>> Neubaublock Eingang 18 <<

Wir richteten uns ein. Es wurde ein Stück Teppich, genannt Nadelfilz, erstanden, der war hellgrau und kratzig, und statt Vorhängen ein paar Faltrollos angebracht. Die mussten sein, die Sonne lag an, derart viel Licht war ich nicht gewöhnt und hielt ich nicht aus. Ich ließ die Rollos Tag und Nacht geschlossen, die Wohnung war dadurch den ganzen Tag in ein mildes ockerfarbenes Licht getaucht. Ich strich die Wände weiß und bei Resi im Zimmer ließ ich ihr eine Wand zum Anmalen frei und zeichnete ihr einen Angler mit Fisch an der Angel auf den Türrahmen. Durch Zufall bekam ich eine Dose bordeauxroter Lackfarbe, damit strich ich die Fensterrahmen im Wohnzimmer und die kleine Truhe, die mir als Wohnzimmertisch diente, und mit dem letzten Farbrest bekam der klobige schwarze Fernsehapparat ein kariertes Muster und die Aufschrift *Ende aller Taten* unten quer über den Bildschirm. Binnen Kurzem breitete sich ein lang vergessenes Lebensgefühl aus. Die Wohnung war klein und hübsch eingerichtet, alles war sauber und warm, es war wie eine Puppenstube in einem Schuhkarton, richtig schön.

Für Resi fand sich ein Platz in einem Kindergarten im Wohngebiet; es wurde dringend Zeit, dass sie nach den Wochen der Zurückgezogenheit mit mir allein wieder mit anderen Kindern spielen konnte. Auch besuchten wir meine Mutter jede Woche und es kehrte Normalität ein. Im Sommer machte ich mit Resi eine Fahrradtour an der Ostsee. Wir fuhren mit dem Zug nach Stralsund und von da einige Tage an der Küste entlang. Nachts schliefen wir zwei in einem geliehenen Zelt, es war von Jana, einer jungen Frau, die ich bei meiner Arbeit im Museum kurz vor meinem Weggang kennen gelernt hatte. Nahe Ribnitz-Dammgarten waren wir Sonntagmorgen an einer kleinen steinernen Wehrkirche und wollten sie besichtigen. Als wir eintraten, begann gerade der Gottesdienst, wir wurden eingeladen teilzunehmen und es wurde schön gesungen. Bei einem Besuch im Rostocker Zoo lernte ich eine junge Familie am Streichelgehege kennen, unsere Töchter hatten sich gemeinsam vor den »gefährlichen«

Ziegenbabys versteckt und so kamen wir ins Gespräch. Die junge Frau lud uns ein und so verbrachten wir da noch zwei schöne Tage. Wieder daheim erzählte Resi jedem, der fragte, voller Stolz, dass wir im Urlaub an der See Löwen gesehen hätten. »Richtig große Löwen waren da und wir haben sie mit Brot gefüttert.«

Meine Mutter nahm das Kind jetzt ab und zu am Wochenende und ich hatte, eigentlich das erste Mal seit Jahren, frei. Meist nutzte ich die Zeit zum Nähen, meine Bekannte Jana hatte eine Möglichkeit aufgetan, selbst genähte Seidenblusen zu verkaufen, und daran beteiligte ich mich. Vorn mit eingeschlagenen Druckknöpfen verschlossen, waren diese Blusen aus Taft mit angeschnittenem Kurzarm und unten ausgebogtem Saum recht hübsche Kleidungsstücke. Statt eines Kragens hatten sie nur einen spitzen Ausschnitt und die Farben hingen davon ab, was es gerade an Taft zu kaufen gab. Kleiderstoff war wie alles Mangelware und man musste hinterher sein, um etwas zu bekommen. Aktuell waren die selbst genähten Blusen meine einzige Einnahmequelle; seit ich den Job im Museum hingeschmissen hatte, war es aus mit den regelmäßigen Lohnzahlungen. Ich musste also etwas unternehmen, um zu Geld zu kommen. Reisen per Autostop kostet nichts und bringt stets neue Optionen.

Irgendwann packte mich wieder die Reiselust und ich trampte am Wochenende spontan los und besuchte die Rostockerin noch einmal, danach blieben wir in Briefkontakt. Das Trampen war in der DDR eine relativ normale Fortbewegung, meist kam man schnell von A nach B. Es gab LKW-Fahrer, die über Land fuhren, oder auch Familien im Trabant, die extra noch etwas von der Rückbank in den Kofferraum umräumten, damit ein Sitzplatz zum Mitfahren frei wurde, und es gab auch allein reisende Männer verschiedenster Art. Manche waren in Eile und schweigsam und nahmen mich mit und setzten mich wieder ab, wo unsere Wege sich trennten, ohne dass ein Wort fiel, andere musste ich mir vom Leibe halten, weil sie sich etwas herausnehmen wollten, und wieder andere waren, besonders auf Langstrecken, auf unterhaltsame Gespräche aus. So lernte ich erst Tim und später Lars Ole kennen. Tim war ein umtriebiger Händler, klein, mager und dunkelhaarig, der ständig umherfuhr, um Möbel, Bilder und andere Antiquitäten anzukaufen und in seine große Altbauwohnung zu transportieren. Dort arbeitete er sie auf und bot sie dann privat seiner Stammkundschaft oder öffentlich auf Trödelmärkten an. Lars Ole kam aus dem Norden, studierte aber in Halle und war dabei, ein Marktprojekt mit historischem Ambiente aufzubauen. Er hatte ein sympathisches offenes Gesicht, helles Haar und helle Augen und war kaum älter als ich. Und so kam ich zum fahrenden Volk.

Die Näherei für Jana brachte nur kleine Einnahmen, für Tim reparierte ich Feinstrickpullover mit Glitzeraufdruck, die er immer wieder in erstaunlichen Mengen und mit aufgerissenen Nähten anbrachte. Er gab reichlich Trinkgeld und manchmal ein Stück duftende Westseife geschenkt obendrauf. Trotzdem reichte unser Geld vorn und hinten nicht. Irgendetwas musste geschehen. Gelegentlich steckte meine Mutter mir ein Zehnerlein zu, aber mit gutem Gewissen konnte ich das nicht annehmen, sie hatte selbst nichts außer ihrer kleinen Invalidenrente. Renata kam aus besseren Verhältnissen und hatte sogar gespartes Geld auf der Bank, aber die war sehr komisch mit dem Geld, es war ihr enorm wichtig. Bei einem Kammerkonzert traf ich einen von den Kunststudenten wieder und der schlug mir vor, bei seinem Dozenten mal wegen eines Jobs als Modell auf Honorarbasis nachzufragen, und das tat ich und wurde angenommen. Und so kam ich innerhalb weniger Wochen zu mehreren guten Einnahmequellen.

Die Wohnung war so geschnitten, dass nach einem langen Flur, der rechtwinklig um die Ecke ging, zuerst das Kinderzimmer und gegenüber das Bad kam, und dann betrat man die Wohnstube. Die obere Hälfte der rechten Wand war eine Fensterfront und links war in dem Raum eine winzige Küchenzelle abgeteilt. Dort gab es kein Fenster. Elektroherd und Spülschrank waren links eingebaut und rechts gab es im unteren Bereich ein eingebautes Regal, auf halber Höhe eine Durchreiche und darüber ein Regal mit Glasschiebetüren. Angedacht war es so, dass in dem verbleibenden Teil hinter der Küche der Essplatz stehen sollte und die Mutter die fertigen Speisen aus der Küche durch die Durchreiche auf den Esstisch stellen konnte. Mir war die Nische gerade recht für meine Schaumstoffmatten, Esstisch und Stühle besaß ich sowieso nicht mehr. An die Lüsterklemme in der Essecke, die meine Schlafkemenate wurde, brachte ich eine Strippe mit Fassung und Glühbirne an, als Lampenschirm hängte ich zwischen Glühlampe und Bett einen aufgespannten alten Regenschirm vom Trödel, das ergab schön diffuses Licht. Das Glasregal der Küche hängte ich auf der Bettseite mit Nesselstoff ab, so dass, wenn in der Küche Licht brannte, die Umrisse der Gläser ihren Schatten auf die Wand neben meinem Bett warfen. Den alten kleinen Schrank meiner Mutter stellte ich mit einem Meter Abstand quer vor das Bett mit dem Gesicht zum Fenster, die Rückseite hängte ich mit schönem Stoff ab und obendrauf kam der Fernseher mit Bild zum Bett. Hinter dem Schrank, in dem die Hälfte meiner Bücher stand, war genug Platz bis zum Fenster, so dass da meine grau pink bezogenen Matratzen als Sitzecke liegen konnten. Der Munitionskiste mit Tischplatte darauf stellte ich davor und gegenüber noch ein Sitzpolster. Es entsprach gewiss nicht den gängigen DDR-Einrichtungsempfehlungen, aber alles passte gut zusammen, funktionierte und gefiel mir so.

Tim kam immer öfter vorbei und brachte dabei andere junge Leute mit, der Erste von ihnen war Mosche. Tim hatte geklingelt, dass ich runterkommen soll, und als ich zu ihm in seinen graugrünen Shiguli stieg, sah ich Mosche im Wagen und war sofort hin und weg. Rotblonde Wuschelhaare, ein ebensolcher Vollbart und leuchtende Augen. Nachdem wir Bilder in Tims Wohnung abgeladen hatten, holten wir Renata ab und gingen etwas trinken. Der Abend neigte sich seinem Ende zu und Mosche ging mit zu Renata und Tim mit zu mir. So ist das eben manchmal, aus Tim und mir wurde kein Liebespaar, doch wir blieben weiterhin in Kontakt und fuhren Märkte und Möbel und Klamotten holen. Aber Mosche griff ich mir. Was sollte Renata mit so einem Dahergelaufenen? Sie hatte gerade ihr Studium begonnen und war eher bodenständig. Den Wilden wollte ich. Und ich bekam ihn. Er wohnte im Norden, kam immer nur mit Tim für ein paar Tage in unsere Stadt und dann verbrachte er auch Zeit mit mir. Resi mochte Mosche, er war lustig und brachte manchmal H-Milch im Tetrapack mit, das gab es bei uns nicht zu kaufen und schmeckte gut. Ich war verliebt in sein strahlendes Lächeln und seine Körperlichkeit. Er war behaart wie ein Tier, ein rotblonder Affe, so etwas kannte ich nicht. Gesprochen hat er anfangs nicht viel und später ging mir seine Geheimniskrämerei wirklich auf die Nerven; und dass ich nie wusste, wann er kam oder ging, war anstrengend, aber nicht zu ändern.

Ronald war wie so oft schlecht zu erreichen und als ich zu einem vereinbarten Termin unten vor seiner Haustür stand, war er nicht einmal da. Seine Frau rief aus dem Fenster: »Was willst du hier, den Jungen kriegst du nicht, zahl du erst mal Unterhalt!«, und knallte das Fenster wieder zu. Ich stand vor der Tür, meine Vorfreude und meine Erwartungen liefen ins Leere und schlugen um, der Schmerz riss an mir und ich an der Tür. Der Mechanismus war derart, dass man zwar ohne Schlüssel von drinnen nach draußen gehen konnte, aber von außen nicht hineinkam. In dem Moment kam eine Person die Treppe herunter und öffnete die Tür und verließ das Haus und ich stürmte die Treppen hinauf, drei Stufen auf einmal nehmend, in eines der oberen Stockwerke. Stehen bleiben, durchatmen, besinnen, alles in mir flatterte. In der Wohnung höre ich diese fremde Frau mein Kind abwiegeln, er solle in seinem Zimmer bleiben, bis sein Vater komme. Er wollte nicht und weinte laut. Spontan klingelte ich an der Tür. Die Frau machte auf. Sah mich an, lachte und lachte mich aus, wollte die Tür schließen. Und ich sah meinen Jungen da stehen, Strumpfhosen, Pullover, rotverheultes Gesicht und ein Leuchten in den Augen, als unser Blick sich traf. Nichts hielt mich mehr. Ich öffnete die Tür gegen den Widerstand der Frau, stieß sie von mir, als sie sich in den Weg stellte. Mein Junge lief mir entgegen und ich öffnete die Arme – er sprang hoch zu mir und wir gingen. Es war ein Sieg, beide waren wir froh und glücklich und alles war leicht. Wir lachten und alberten herum auf der Fahrt zu meiner Wohnung. Zu Hause machten wir, was wir immer zu Hause gemacht hatten, wir saßen zu dritt beieinander, ich kochte uns Vanillepudding und wir erzählten uns, was so los war bei jedem, und sahen uns die alten Bilderbücher an und malten mit Buntstiften.

Nach zwei Stunden klingelte die Polizei und verhaftete mich wegen Kindesentführung. Ich trug meinen Sohn auf dem Arm durch die uralten langen Gänge des Polizeipräsidiums, er hatte keine Schuhe an, als ich ihn mitnahm. Wir flüsterten uns Dinge ins Ohr und hielten uns ganz fest, Eddie drückte sich an mich und ich hielt beide Arme fest um ihn geschlungen; so saßen wir noch kurz in einem Raum mit Milchglasscheibenwand. Dann hörte ich Ronald hinter dieser Wand sprechen. Ich küsste mein Kind und lächelte, um ihm Mut zu machen, und verharmloste alles als kleines wildes Räuberabenteuer, wegen dem sich keiner Sorgen musste, verlangte ihm das Versprechen ab, brav zu sein, und versprach Briefe zu schreiben. Die Tür öffnete sich, ein Uniformierter zeigte Präsenz, während Ronald wortlos und ohne mich anzusehen Eddie die mitgebrachten Schuhe anzog und ihn forttrug. Ich winkte Eddie durch die sich schließende Tür nach und er lächelte mit nur einem Mundwinkel. Die Tür schloss sich und das wars.

Nach wenigen Tagen kam ein Brief, dass Ronald von einer Strafanzeige Abstand genommen hatte und Untersagung des Umgangsrechts beantragt hatte. Ich konnte nichts tun, war völlig neben mir. Bei meiner Arbeit an der Kunsthochschule als Modell wurde ich an dem Tag heimgeschickt. Nichts ging mehr, ich beschloss zum zweiten Mal, dass ich nicht mehr leben wollte. Nahe der Kaufhalle hatte ich an einem Schild gesehen, dass dort eine Psychotante ihre Praxis hatte, und konnte die Sprechstundenhilfe überzeugen, dass ich dringend Hilfe brauchte. Eigentlich fand ich solche Ärzte und überhaupt diesen ganzen Zweig der Medizin lächerlich und unnötig, denn wer verrückt war und wer nicht, konnte man ja sehen, glaubte ich.

Ich erzählte der Ärztin kurzgefasst etwas über meine Kindheit, als sie danach fragte, und als sie nach einem Augenblick nachfragte, wie viele Geschwister ich noch mal hätte, zwei oder drei, dachte ich mir, dass diese Frau nicht ganz von dieser Welt sei, und erzählte ihr nichts Persönliches mehr. Meine Albträume, die Nachtangst und die Schlafstörungen reichten ihr, um mir etwas aufzuschreiben. Ich holte das Medikament aus der Apotheke und stellte das Glasfläschchen oben ins Geschirrregal über der Durchreiche. Der Schatten der Gläser, die auch da standen, fiel auf die Wand über meinem Bett, das Medizinfläschchen war zu klein dafür, aber ich wusste, dass es da war.

Als Mosche das nächste Mal kam, war es Wochenende und Resi bei meiner Mutter. Wir schafften es gerade so, die Wohnungstür zu schließen, und rissen uns die Klamotten vom Leibe und liebten uns im Flur auf dem Teppich. Später gingen wir ins Bett. Es war der ideale Moment, ich müsste nicht allein sterben. Und alle, für die ich verantwortlich war, waren versorgt. Mosche schlief tief und fest und ich dachte hin und dachte her und konnte es ihm nicht antun. Er wäre dann wieder allein, vor einiger Zeit hatte er mir etwas von sich erzählt, sein Vater war Busfahrer und hatte eine neue Frau, wo seine

Mutter geblieben war, sagte er nicht, und diese neue Frau mochte Mosche nicht und er sie nicht und so kam er als Halbwüchsiger ins Kinderheim. Seinen Bruder, der weniger bockbeinig war, hatten die Eltern bei sich behalten. Also schob ich mein Vorhaben auf.

Das Leben ging weiter. Meine Großmutter kam zu Besuch und fand alles sehr hübsch und über die Hühnerfußspuren, die ich per Kartoffeldruck an die Küchenwand gemacht hatte, lachte sie sehr, nur mit meiner Arbeit an der Kunsthochschule war sie nicht einverstanden. »Das geht so nicht, mein Mädel, du musst dir eine ordentliche Arbeit suchen!« Die Näherei für Jana ging mir auf die Nerven, also schmiss ich sie hin und auch die Näherei für Tim war mir zu viel geworden. Ich kam mit ihm überein, dass ich auf seinen Fahrten mitkäme. Was es genau war, wusste ich nicht, die Clique hatte ich in letzter Zeit schon kennengelernt, es gab den mageren flippigen Sven und den klugen blonden Utz und außerdem Tim, Mosche und mich. Die Sache war relativ simpel, sie schmuggelten. Wir fuhren mit dem Auto über die Grenze und setzten uns ins Bahnhofslokal. Dann holte einer von uns dort am Bahnhof einen Koffer vom Gepäckschalter ab. Dann tranken wir etwas, um Zeit vergehen zu lassen, danach gingen wir aufs Bahnhofs-WC und holten albern bunte Pullover aus dem Koffer und jeder zog sein Oberteil aus und so viele Pullover an, wie es ging. Dann wieder die private Klamotte drüber und in die Jackentasche, so viele 8x4-Seifen und Deoroller und Niveacremedosen, wie es ging, ohne dass es auffiel. Dann nahm ein anderer den Koffer mit den verbliebenen Sachen zurück zur Gepäckaufbewahrung und wir stiegen ins Auto und fuhren über die Grenze und brachten alles in Tims Wohnung. Dieser ließ die Dinge dann auf verschiedenen Trödelmärkten in der Republik verkaufen. Die Leute rissen uns das Zeug aus den Händen, meist waren wir vor dem Mittag ausverkauft. Die Handelsspanne war enorm. Wie viel Tim für die Westsachen in Ungarn, wo er sie herholte, und den weiteren Transfer wirklich bezahlte, wusste keiner, aber er hatte Geld immer bündelweise in der Tasche. Wir trödelten in Ückermünde und in Havelberg und im Harz. In Thüringen waren die Leute so versessen, die kamen früh um fünf und stöberten im Schein ihrer Taschenlampen nach der heiß begehrten Westkosmetik.

Das Zum-Trödel-Fahren beinhaltete nicht nur, dass ich Dinge verkaufte, sondern ich hatte jetzt die Möglichkeit, mir auch Dinge zu kaufen, an die sonst kein Herankommen war, zum Beispiel fand ich für meine alte Naumannnähmaschine einen 12-Stich-Kräusler und eine Zickzack-Apparatur, das waren ganz wundervolle kleine Gerätschaften, die es ermöglichten, Dinge schneller zu nähen. An den alten Nähmaschinen gab es nur Geradstich und trotz viel Übung und versierter Tritttechnik, ein Fußballen vorn und einer hinten auf dem Trittbrett, ließ es sich nicht wirklich schnell nähen. Alle Versäuberungen der Nähte musste ich durch Verstürzen mit Schrägstreifen oder französische Nähte oder Kammstich von Hand machen.

Beim Trampen traf ich einen LKW-Fahrer, der echt sympathisch war, er hieß Marvin. Ich musste an diesem Abend eilig heim, um irgendetwas zu erledigen, und da hat der für mich noch einen Umweg gemacht und mich direkt zu Hause abgesetzt, und wie das eben so geht landeten, wir dann in der Kiste. Er erzählte interessante Sachen von sich und als er diese Nähmaschinenapparaturen sah, bot er mir an, den Kräusler in Ordnung zu bringen. Der war zwar intakt, aber irgendwie festgeranzt, also gab ich Marvin kurz entschlossen meinen neu erworbenen Schatz mit. Er sagte, wenn er wieder in der Stadt wäre, würde er ihn mir vorbeibringen. Es geschah erst eine Weile nichts und ich dachte schon, ich hätte das kleine Ding eingebüßt. Dann war Mosche zu Besuch, er und ich saßen schön in der Sitzecke und aßen von mir frisch besorgten Räucherfisch, da klingelte es an der Tür. Ich öffnete, Marvin stand draußen. Was sollte ich tun, ich konnte ihn ja mit der Gefälligkeit und der Apparatur schlecht an der Tür abfertigen. Also ließ ich ihn herein, stellte die beiden Männer einander vor und wir verbrachten einen netten Abend miteinander. Marvin hatte nichts repariert oder mitgebracht, sondern nur eine Flasche Gin dabei, und es wurde immer vertraulicher und dann ging es ab auf der Sitzecke. Das war nicht mein Plan gewesen, ich war irgendwie zwischen die beiden Kerls geraten und konnte mich dem nicht entziehen. Eigentlich ging es mir nicht gut und ich hatte ganz andere Dinge im Sinn. Der Brief vom Gericht wegen Eddie war gekommen und jetzt war klar, dass ich ihn in nächster Zeit nicht mehr wiedersehen würde; es war darin von Untersagung der Kontaktaufnahme auf unbestimmte Zeit die Rede. Als die Sache mit den beiden

Männern vorbei und Marvin weg war, natürlich mit dem Versprechen, demnächst die Apparatur vorbeizubringen, hatte ich genug. Ich ließ mir eine Badewanne ein, nahm die restliche halbe Flasche Gin, holte das Tablettenröhrchen in der Küche vom Regal und ging ins Bad. Ohne zu zögern nahm ich einen großen Schluck aus der Flasche, öffnete umgehend das Tablettenröhrchen und schüttete mir alle Tabletten in den Mund und spülte sie mit dem Rest vom Gin herunter. Es war eine Sache von Sekunden. Dann ging ich kurz in die Wanne und wollte zu Bett. Der Plan war, dass ich einfach nicht mehr aufwache, dass ich in Frieden einschlafe, im Arm von Mosche gut behütet an seiner haarigen Brust einschlafe und nach mir die Sintflut. Resi war bei meiner Mutter und die beiden kamen gut aus. Und mir reichte es, ich konnte nicht mehr, es war aus, es war genug, mein Leben war für mich nicht mehr zu ertragen.

In dem Moment, als ich aus der Wanne stieg, kam Mosche ins Bad. Er wollte mit mir baden. Das lehnte ich ab, also ging er allein in die Badewanne, gleich in mein Wasser, und ich saß da auf dem zugeklappten WC-Deckel und wusste nicht, was ich machen sollte. Ich wollte, dass alles gut ist und dass alles ein Ende hat und dass nichts mehr mit mir passieren kann, dass mir nichts mehr weggenommen werden kann. Der Schnaps kann schnell, die Tabletten langsam, aber irgendwann fluteten die mit Macht an und ich wusste nicht, wie ich mich noch aufrecht halten sollte. Mosche machte irgendwelche Scherze, wie es so seine Art war, und ich konnte kaum noch zuhören, wollte nur sauber mit ihm in meinem schönen sauberen Bett liegen und sterben. Irgendwann stand er neben mir und fragte mich, ob ich was genommen hätte, und ich hörte mich »Ja« sagen.

Aufgewacht bin ich ohne Klamotten auf einem Metalltisch. Mehrere Leute hielten mich fest und würgten mir einen Schlauch in den Hals, ich wehrte mich nach Kräften. Die nächste Erinnerung ist, dass ich in einem Bett lag in einem Krankenzimmer. Um mich herum mehrere andere Betten, meines war ganz vorn an der Tür und auf meinem Nachttisch stand eine Kanne Tee. Ich war sehr durstig, aber schaffte es nicht, mir etwas einzugießen, und sprechen konnte ich auch nicht. Die Frauen in den anderen Betten schauten ganz seltsam zu mir rüber und tuschelten. Nach einiger Zeit erwachte ich erneut, stand auf und suchte meine Klamotten, ich trug nur ein Krankenhausnachthemd. Ich goss mir Tee ein und trank, dann klappte es auch mit dem Sprechen. Jemand sagte abfällig: »Deine Kleidung hängt im Waschraum, der ist auf dem Gang, du hast dich total vollgesaut und eine Schwester hat die gewaschen und aufgehängt. Was den Leuten so zugemutet wird …« Ich stand auf und ging hinaus und suchte diesen Gemeinschaftswaschraum, fand meine Bluse und meinen Rock und mehr nicht, so verließ ich barfuß das Krankenhaus und fuhr mit der Straßenbahn ohne Fahrschein nach Hause. An der Wohnungstür hing ein Zettel: *Dein Schlüssel ist bei deiner Mutter. Mosche.*

Etwa eine Woche später kam ein Brief mit einer Rechnung über das Magenauspumpen und die Übernachtung im Krankenhaus. 144 Ostmark kostete das, weil ich keine Krankenversicherung hatte.

Eines Tages klingelte es und Lars-Ole, der Student, den ich beim Trampen kennengelernt hatte, stand vor der Tür, er hatte eine geklaute Blume und eine Flasche Wein dabei. Ich freue mich, ihn zu sehen. Ich hatte gerade Nudeln gekocht und überall lagen Nähsachen herum, er setzte sich heiter mitten in das bunte Chaos und wir aßen und tranken die Flasche ›Stierblut‹. Die Blume stellte ich ins Wasser. Dann fragte er, ob er ein Bad nehmen könne, seine kleine Altbauwohnung hatte keins. Ich ließ ihm die Wanne ein. Nicht jeder hatte kostenlos fließend Warmwasser aus der Wand. In der Wanne sitzend hat er mir ein historisches Stück auf der Blockflöte vorgespielt, die er aus seiner Umhängetasche zauberte. Musik hatte lange keiner mehr für mich gemacht, das war schön. Am nächsten Morgen fuhr er weiter, ließ mir aber das Datum und den Ort da, wo sein geplantes Projekt stattfinden würde. Auf meine Frage, ob ich da etwas von meinen genähten Kleidern verkaufen könne, sagte er, das würde sich bestimmt einrichten lassen.

Also fuhr ich zwei Wochen später nach Dessau. Dort war um eine halb verfallene Kirche der ganze Platz mit kleinen Ständen und Büdchen und Zelten in historischem Stil aufgebaut, alles aber nicht modern und gebügelt, sondern irgendwie auf ranzig und abgerissen gemacht. Es sah echt alt aus wie im Film und die Leute trugen Kostüme. Ole lief in einem Landsknecht-Kostüm mit einer großen Trommel vor dem Bauch herum, hatte eine weiße Ziege im Schlepptau und einen zahmen Raben auf der Schulter, so machte er Werbung für seinen Markt. Das war meines Wissens der erste große Mittelaltermarkt, den es gab. Meine modischen bunten Blusen und Kinderkleidchen konnte ich nicht verkaufen dort, es passte überhaupt nicht zum Ambiente. Aber es waren viele Leute da und der Markt schön. Abends sind wir über eine Leiter in einen Seitenteil der Kirche eingestiegen und haben in dem Mausoleum auf den Särgen gesessen und eine kleine Party gefeiert. Ole plante weitere Märkte dieser Art und ich beschloss mir ein Kostüm zu nähen.

Als sich die Gelegenheit ergab, besorgte ich, weil es das einzige Angebot war und der Stoff nicht aus Chemiefaser bestand, einen halben Ballen roten Fahnenstoff und nähte mir ein bodenlanges rotes Kleid. Oben einfach gehalten, runder Ausschnitt, ohne Ärmel, und ab dem Knie ein Volant wie ein Tellerrock. Es trug sich wunderbar. Später folgte noch eine Hose mit Biesen und Eingrifftaschen und einer Schnürung vorn, weil es keine Reißverschlüsse zu kaufen gab, und eine Bluse machte ich mir auch noch davon. Die Farbe war nicht meins, ich trug in letzter Zeit eher Schwarz. Aber es war das, was da war, und war sehr glatt und schön auf der Haut.

Mosche war dauernd unterwegs auf Märkten oder zu Schmuggeltouren, ich wusste nie, wann er kam. Wenn er sehr lange weg war, machte ich mir Sorgen und hatte auch Sehnsucht nach ihm. Die Warterei machte mich krank, er kam und kam nicht, also trampte ich spontan zu ihm und wollte ihn besuchen. Ich machte mich chic und zog meine neue Fischgrätjacke an, die ich mir genäht hatte. Voll im Trend der Zeit, super groß mit Aufschlägen an den weiten Ärmeln, schrägen Eingrifftaschen und großem Schalkragen. Der Stoff in Grau-Weiß und innen mit dunkelblauem Taft von Hand gefüttert, es war eine Wonne, in diese Jacke zu schlüpfen, ich fühlte mich sehr schön. Außerdem hatte ich die neuen schwarzen Schnürstiefeletten an. Ich stellte mich an die Autobahn, es ging voran, nur die letzten Kilometer vor am großen Autobahnkreuz ging gar nichts. Sinnlos stand ich in der Landschaft herum und kein Auto fuhr. Dann kam unendlich langsam ein kleines knatterndes Fahrzeug auf mich zu. Vorn ein Miniaturführerhaus und hinten auf dem Lastwagenteil war ein Tank. Der freundliche alte Herr mit Schiebermütze hielt an und ließ mich einsteigen. Er sagte, es würde nicht sehr schnell gehen mit seinem alten Eselchen, aber immerhin gehe es voran, und dass er im

Tank aufgeschlagene Eier transportiere. Ich wurde also mit künftigem Rührei spazieren gefahren. Sehr viel später als gedacht war ich in der Stadt und fand nach kurzem Suchen die Adresse. Es waren breite Straßen mit hohen Häusern und überall beschildert. Der Ort war ein Hinterhaus ohne Vorderhaus, das war weggebombt im Krieg. Ich ging da hinein, es war überall schmutzig, der Hauseingang roch nach Müll und nach Urin und ich fand es alles reichlich garstig. Etage für Etage suchte ich Mosches Wohnung, aber sie war nicht zu finden. An den meisten Türen waren mehrere Namensschilder und an einigen stand etwas an die Holztür geschrieben. So etwas hatte ich noch nie vorher gesehen. Irgendetwas von einer Anne: *War hier 23.08* und darunter: *War noch mal hier 27.08. Hallo Leute wo seid ihr? Anne*, solche Nachrichten standen da zuhauf an den alten Türblättern. Im obersten Stockwerk war eine Tür ohne Namen, die Klingel klingelte nicht, also klopfte ich, nach kurzem Gerümpel und Geraschel im Inneren der Wohnung wurde mir die Tür aufgetan und da stand völlig verpennt Mosche und nackt bis auf eine Unterhose, kratzte sich am Hintern und brummte: »Ach du bist es, komm rein.«

Die Wohnung war die blanke Zumutung, es gab eine Küche, in der nichts war außer einer Spüle und einem Herd. Es gab das Schlafzimmer, in dem auf einer unbezogenen Matratze schmuddeliges Bettzeug lag. Außerdem war da ein Wohnzimmer, in dem noch weniger als nichts war. Zwei Kartons mit Zeug und ein halb ausgepackter Rucksack in der Mitte des Raumes, auf dem braunen Dielenboden lagen Fotos. Ansonsten war diese Wohnung leer. Ich war entsetzt und wusste gar nicht, mit wem ich mich da eingelassen hatte, doch er zog mich ins Bett und dann war alles sehr schön. Dieses Uneingerichtetsein war mir echt gruselig.

Am nächsten Tag besuchten wir Leute, die ich vom Schmuggeln schon kannte, dort war es weniger leer, eher umgekehrt, alles war zugestellt mit Krempel und eine zahme Ratte lief herum und wollte aus meiner Teeschale trinken. Jemand schlief auf dem Oberboden über der Tür, ein nacktes Bein und ein Deckenzipfel waren zu sehen. Dieses großstädtische Chaotenleben war schon sehr besonders für mich Provinzkind, besonders und eigentümlich. Abends gingen wir vom letzten Geld in eine Kneipe. Mosche nahm einen Kaffee und ich einen Weinbrand. Dann waren wir pleite.

Eine Woche später fuhr ich mit Tim zu einem Pferdemarkt. Das Ding war groß und bekannt für die guten Umsätze und ging das ganze Wochenende, so dass er nicht nur mit dem Auto, sondern mit dem Wohnanhänger hintendran dahin wollte. Tim und ich fuhren im Morgengrauen los und es dauerte. Die Autobahn war nur ein kurzes Stück und dann ging es über kopfsteingepflasterte Dorfstraßen und lange Alleen und mit dem Anhänger ließ es sich nur langsam fahren. Beim Starren in die Dunkelheit war ich halb weggedöst und erschrak, als Tim anfing zu schreien und zu fuchteln und das Auto plötzlich anhielt. Er sprang hinaus und ich sah aus dem Fenster. Da war die Tür von dem völlig vollgestopften Wohnanhänger aufgegangen und wir hatten über mehrere hundert Meter Zeug verloren, das da jetzt einfach auf der nächtlichen Landstraße herumlag. Ich habe sehr gelacht und Tim war reichlich sauer. Nie wollte er eine Gelegenheit verpassen, Kohle zu machen, und hatte deshalb extra viel Krempel eingepackt. Und er hing an seinem Kram.

Das Wochenende lief bombastisch, noch besser, als es eh schon zu erwarten gewesen war, und Tim stapelte Geldscheine. Es war unerhört viel Geld, das da über den Tisch ging, und ich dachte mir, wieso muss ich mit solchen Aufwand meinen Lebensunterhalt bestreiten und andere fassen derartige Mengen Geld ab und können es nur so scheffeln? Im Wesentlichen hat er nur ständig neue Dinge geholt und die verkauft und alte Möbel geholt und die verkauft und Geld gemacht und wieder neues Zeug gekauft, es ging ständig im Kreis. Niemals machte er Inventur oder führte Buch. So dachte ich, dass ich keinem Armen etwas wegnehmen, sondern nur temporär etwas Finanzkraft umleiten würde. Vielleicht konnte ich ja bald gut Geld verdienen und wieder etwas davon zurückgeben. Gedacht getan, beim nächsten Trödelmarkt, den ich fuhr, zweigte ich etwas Geld ab und nahm das mit nach Hause. Dachte, es wäre nicht viel, ich hatte mir einfach, als die endlosen Geldstapel beim Wegräumen der ganzen Sachen in der Kasse waren, ein kleines bisschen davon genommen und mir in die Hosentasche gesteckt und es ist niemandem aufgefallen. Tage später daheim fiel ich aus allen Wolken, es waren zweitausend Ostmark, die ich da hatte, ein Reichtum. Jetzt wäre die Möglichkeit gewesen, alles an Unterhalt für den Jungen zu bezahlen, dass ich meinen Eddie hätte sehen können, aber es ging nicht mehr, die Chance war vorbei. Resi und ich lebten eine Zeit lang sehr gut davon und ich lud meine Mutter zu Kaffee und Kuchen und Eisbecher in die Eisdiele in ihrem Nachbarhochhaus ein.

Anfangs plagte mich mein schlechtes Gewissen, doch das ließ nach. Als es die Gelegenheit gab, eine elektrische Nähmaschine zu kaufen, schlug ich zu. Eine Nachbarin wusste es von ihrer Tante und erzählte das im Fahrstuhl, dass eine Sonderzuteilung Nähmaschinen in der Stadt über den Tisch gehen würde. Es war vormittags, ich hatte eben Resi in die Einrichtung gebracht, wo sie gern war, und wollte zurück nach Hause. Also schnappte ich mir 750 Mark und etwas Kleingeld für unterwegs, fuhr mit der Straßenbahn zum Hauptbahnhof und stieg in den Zug.

Das Zugfahren war mir eine Freude. Ich saß bequem und sicher und musste mit niemandem reden oder darauf achten, ob alles gut geht wie beim Trampen. Nix dergleichen, ich wurde gefahren und wusste sogar, wann ich ankommen würde. Am Ort war eine schmale Schlange vor dem Laden, der Laden hatte noch geschlossen. Vor mir etwa ein Dutzend Leute, ich dachte an die Nähmaschine und freute mich, was die alles wohl können würde. Hinter mir stellte sich jemand an und danach noch zwei Leute. Um 12.20 Uhr öffnete der Laden und es ging los. Im Inneren waren eine Menge Kisten gestapelt und ein Schreibtisch stand da, mit einer Kasse drauf. Es wirkte eher wie ein Lager, nicht wie ein Geschäft. Es ging schnell voran. Jeder bekam eine Nähmaschine zugeteilt, zahlte und ging. Als ich dran war, standen noch einige Kartons herum, aber viele waren es nicht. Ich blätterte lässig meine Geldscheine hin und trug meinen Schatz hinaus, ich musste schnell zum Bahnhof, um daheim Resi rechtzeitig aus der Einrichtung abzuholen. Im Vorbeigehen sah ich in einige Gesichter der Leute in der Warteschlange, die jetzt bis zur nächsten Straßenecke reichte. Einige waren hibbelig und hatten leuchtende Augen und schauten begehrlich auf meinen Karton, andere lehnten gelangweilt an der Wand, wieder andere schauten resigniert vor sich hin. Die Müden kamen wohl von der Schicht.

Den Zug schaffte ich auf die Minute, die Fahrkarte schon in der Tasche, am Bockwurstwagen im Bahnhof hatte ich mir noch für zwanzig Pfennig ein trockenes Brötchen mit einem Klacks Senf geben lassen, ich hatte richtig Hunger und noch nichts gegessen an dem Tag. Dann saß ich mit meiner Kiste auf dem Schoß in einem Abteil und freute mich. Die Landschaft zog vorbei und ich hatte eine richtige elektrische Nähmaschine, mit der ich bestimmt doppelt oder zehnmal so schnell nähen konnte wie mit der alten Tretmaschine. Die Nähmaschine vor dem Bauch tragend eilte ich von der Haltestelle zum Kindergarten und die Erzieherin kam mir schon verärgert entgegen. Üblicherweise holte ich Resi um vier ab, jetzt war es nach 5. Sie sagte: »Frollein, noch einmal kommt mir das nicht vor, das nächste Mal bring ich das Kind rüber ins Kinderheim, da können Sie es dort abholen!« Eigentlich hätte ich ihr gern gesagt, dass sie mich gefälligst mit ›Frau‹ anzusprechen habe, weil ich mal verheiratet gewesen war, und dass sie eine Doofe sei, aber Resi tippelte froh auf mich zu und die Nähmaschine im Karton wurde schwer, also verabschiedete ich mich nur und wir gingen heim.

Die Nähmaschine leistete mir gute Dienste, schon nach kurzer Eingewöhnung fertigte ich in unglaublicher Geschwindigkeit meine Näharbeiten an. Sie hatte mehrere Geradstiche und Zickzackstiche und eine Knopflochautomatik und drei Musterstiche und nähte auch rückwärts. Gerade dieses Rückwärtsnähen war bei einer mechanischen Tretnähmaschine ein absolutes No-go, wenn das passierte, brach die Nadel ab, die Stichplatte wurde zerkratzt, vielleicht sogar die Spule mit dem Schiffchen beschädigt. Einmal hatte ich mir bei der Gelegenheit mit meiner Naumannmaschine in den Finger genäht. Die Nadel durchstach meinen Fingernagel und brach auf dem Knochen ab. Zwischen Nähfuß und Stichplatte klemmte mein durchbohrter Finger auf der Näharbeit fest, ich sah das und riss meinen Finger spontan weg, das kostete mich ein Viertel vom Fingernagel und die feine Näharbeit zerriss und war voll Blut. So etwas würde mir mit der Elektromaschine gewiss nicht passieren.

Das Geld war am Ende wie gewonnen so zerronnen, eines Abends lernte ich einen jungen Mann im Wohngebiet kennen, wir hatten uns zuvor schon mehrmals gesehen, und heute sprach er mich an. Er lud mich ein, mit ihm in ein Restaurant zu gehen, das war eher unüblich. Mit Mutter war ich früher gern einmal in einer Eisdiele oder dem Kaffeehaus am Lessingplatz gewesen, aber das war schon alles, ich war beeindruckt. Es war Freitag, Resi war bei der Oma und der junge Mann führte mich aus. Wir saßen in diesem feinen Wohngebietsrestaurant *Die Rose* oder *Zum Ring* oder so ähnlich, ich weiß nicht mehr, wie das hieß, die hatten alle so seltsam gleiche Namen. Dort kostete eine Flasche Wein unverschämte 25 Mark und fünfzig Pfennig und wir tranken eine und er war sehr unterhaltsam. Er war etwas jünger als ich, aber hatte laut seinen Berichten in der Sowjetunion an der Trasse gearbeitet. Seine Hände waren nicht wirklich abgearbeitet und er war auch nicht sehr braun gebrannt, aber ich dachte mir nichts dabei. Wir haben etwas Schönes mit Fleisch und Edelgemüse (Champignons) gegessen. Die Kellnerin brachte die beiden großen dampfenden weißen Teller und stellte sie vor uns aufs weiße Tischtuch, das duftete und das freute mich. Die Zeit verstrich und wir haben noch eine Flasche Wein getrunken und dann sagte die Kellnerin, gleich sei Ausschankschluss, und brachte die Rechnung. Und plötzlich konnte er sein Geld nicht finden, er suchte und suchte und machte ein besorgtes Gesicht, die Kellnerin wurde immer ungeduldiger und er sagte, er habe es wohl verloren, und die Kellnerin sprach davon, den Abschnittsbevollmächtigten (ABV) zu rufen. Dann dachte ich, ehe es noch Stress mit der Polizei gibt und ich aufgeschrieben werde, bezahle ich eben das Festmahl. Ich sagte, ich könne Geld holen, sie sagte, sie schließen gleich, er sagte, er habe sein Fahrrad draußen und sei schnell wieder da, und ich dumme Nuss gab ihm meinen Schlüssel und meine Adresse und sagte ihm, unter welcher Ecke vom Bett sich das Geld befindet. Immerhin, er kam wieder und er gab mir meinen Wohnungsschlüssel und das Geld, das er holen sollte, ganze 100 Mark, und ich zahlte und plötzlich hatte er keine Zeit mehr und fuhr mit dem Rad davon. Es wunderte mich schon, normalerweise hatte ich eher Mühe, Männer wieder loszuwerden, aber was sollte es, ich ging nach Hause und ich schlief und lebte mein Leben weiter. Und als ich das nächste Mal Geld zum Einkaufen aus meinem »Versteck« holen wollte, war alles weg. Ich war wieder einmal pleite. Dieser Mensch hatte mich nicht nur belogen, sondern auch beklaut, das gesamte restliche Geld war fort. Irgendwie hatte ich das aber auch verdient. »Unrecht Gut hudelt nicht«, wie meine Großmutter zu sagen pflegte. Das war eben so.

Am nördlichen Ende unseres Wohngebietes befand sich ein Straßenbahnhof, also eine Endhaltestelle von mehreren Straßenbahnlinien, dort gab es die Möglichkeit, mit dem Putzen der Waggons etwas

Geld zu verdienen. Die Sitzpolster mussten ausgeklopft und gebürstet, dann Boden und Treppen gefegt, die Griffe und Haltestangen abgewischt und die Fenster geputzt werden. Zum Schluss den rippeligen Gummiboden, an dem alles haftete wie festgeklebt, mit Seifenlauge wischen. Und nur nicht die Scheiben in den Doppeltüren vergessen. Pro fertigen Straßenbahnwaggon gab es zehn Mark. Die Arbeitszeit war vier Stunden und ich konnte so viele machen, wie ich schaffte, dann sollte ich mich beim Schichtleiter melden, der würde eine Inspektion in den Wagen machen und mir meine Leistung quittieren, damit ich mir das Geld im Büro abholen könnte. Es war nicht nur anstrengend, sondern auch eklig, eine üble Schinderei. Ich machte das nur einmal und vom Lohn holte ich einen neuen leckeren Aufstrich namens ›Frische Landbutter‹, etwas Weißbrot und für mich eine halbe Flasche ›Goldbrand‹ und für Resi eine Rolle Drops.

Renata besuchte ich in der Uni, sie hatte seit Monaten keine Zeit für mich gehabt und sie erzählte, sie sei voll eingespannt als Studentin der EDV und als Mutter zweier Kinder und was weiß ich noch für Langweilerkram. Unter anderem auch, dass es eine Ausstellung in Budapest gäbe von einem Maler Namens Dali, der malte wohl etwas mit Uhren wie Spiegeleiern und Elefanten auf Stelzen, da würde sie gern hinfahren, aber es koste zu viel Zeit und zu viel Spritgeld. Ich war sehr interessiert, und je länger sie davon sprach, umso klarer wurde mir, dass ich dahin wollte. Zwar war ich komplett pleite, bis auf den letzten Pfennig, aber irgendetwas ging immer. Ich ging zu Tim, doch der war nicht da, ich schrieb ihm etwas an seine Wohnungstür. Irgendwann kam er bei mir vorbei und es ergab sich die Möglichkeit, den Ausstellungsbesuch mit einer Schmuggeltour zu verbinden, und im Gegenzug dafür, dass ich dort ein paar Stunden nähen würde, könnte ich bei Bekannten von Tim übernachten.

Das war mein erster Besuch in einer großen, nicht vollkommen östlichen Stadt, ich war überwältigt, als wir hineinfuhren, und nahm alles in mich auf. Dann verließen wir die große Straße, und die Häuser wurden kleiner und schmutziger und Tim parkte den Wagen und sagte: »Ich bin gleich wieder da, warte hier!« Und schon war er in einem der Hauseingänge verschwunden. Es war alles sehr eng und laut und bunt und irgendwer verfolgte wen, irgendwer rannte, irgendwer schrie einen an und ich saß in diesem Auto von Tim und hatte Angst vor den Leuten. Ich habe dann eine Kassette angemacht und versucht, mich durch Zuhören zu beruhigen. Er war verschwunden, um etwas abzuholen, und ich saß in dieser fremden Stadt und verstand kein Wort und konnte mit den Straßenschildern nichts anfangen, war sozusagen im Weltall verloren, es fühlte sich unwirklich an. Auf Kassette lief H. R. Kunze, er sang: »Die Katze und ich wollen heiraten …« Wirklich beruhigend klang das nicht.

Als Tim wiederkam, trug er einen Koffer und ein Paket und wir fuhren über eine Brücke aus dem Zentrum heraus in die Vorstadt; angenehm im Grünen standen hier kleine Mietshäuser. Die ältere Frau, mit der Tim englisch sprach, nahm ihm das Paket ab und zeigte mir die Nähmaschine. Das mit dem Nähen klappte wie zu erwarten gut, der Trikotstoff lag zwar anders unter der Nadel als die Gewebe, die ich gewohnt war, doch ich fand mich zurecht. Die Frau war nicht sympathisch, aber freundlich, und abends waren wir noch auf einer Party, das war sehr vornehm, mit blauen Longdrinks in hohen Gläsern und angenehmer Musik, keine Propagandasongs vom Oktoberklub, sondern irgendetwas mit »Graceland«, sehr geschmeidig im Rhythmus. Ein junger Mann forderte mich auf und ich tanzte mit ihm, er war sympathisch und sprach richtiges Hochdeutsch, und als er versuchte mich abzuschleppen, ließ ich es zu. Dass er aus dem Westen war, wurde mir klar als er mich einlud, in seinem roten Cabrio eine Spritztour zu machen. Wir fuhren über nächtlich beleuchtete Brücken und durch die Autotunnel unter dem Fluss, es war großartig, und am nächsten Morgen brachte er mich zu meiner Unterkunft im Grünen und da stand schon Füße scharrend Tim, und dann haben wir natürlich wieder Koffer irgendwo abgeholt und wieder Koffer woanders hingebracht und dann fuhr Tim weiter Richtung Osten und ich blieb bei der Näherin zurück und nähte noch einige Stiche. Grüne Shirts mit gezackt verstürzter Knopfpatte. Am nächsten Morgen packte ich mein Krämchen und erhielt einen Stapel Forintscheine fürs Nähen und machte mich auf zur Dali-Ausstellung.

Die Ausstellung war in einem hellen Schloss und der Eintritt unerhört teuer. Aber zu verzichten war keine Option, ich wollte dieses Werk sehen und bezahlte und ging hinein. Und war mehr irritiert als beeindruckt: Die Unwirklichkeit, die mich im Inneren so oft bedrängte, strömte hier aus jedem Bild und jeder Statue. Nach kaum einer Stunde musste ich die Räume verlassen und im Freien durchatmen. Es ging eine Wendeltreppe zum Ausgang hinab und ich lehnte mich an einem unverglasten Spitzbogenfenster an die Wand, um kurz auszuruhen, doch da kam ein junger Mann die Treppe herauf und es war eng und im Vorbeigehen griff er nach mir, ich trug mein bodenlanges rotes Kleid und darunter eine weiße Korsage mit roten Tupfen und war gewiss hübsch anzusehen, aber das ging mir zu weit, ich stieß ihn heftig von mir und rannte die Treppe hinab.

Plötzlich war alles aus, es war nichts mehr schön oder interessant, ich wollte nur noch heim und wusste nicht einmal genau, wie ich aus dieser Stadt kommen sollte. Nach langem Herumlaufen kam ich an einem Süßwarenladen vorbei und setzte mein letztes Geld in ein kleines buntes Marzipanauto um, das ich im Weitergehen verzehrte, Marzipan war bei uns daheim selten, ich liebte es. Wirklich gesucht habe ich den Autobahnzubringer nicht, ich bin herumgelaufen und sah noch Verkaufsstände mit T-Shirts mit gezacktem Ausschnitt und einen Verkäufer mit dunkelblauen, fast schwarzen Rosen, alles erschien mir wie eine Kulisse und ich lief einfach hindurch. Nicht ich lief, »es« ließ mich laufen, eine nicht fassbare innere Triebfeder. Irgendwann war ich an der Autobahn und hielt den Daumen raus.

Zuerst hielt ein Truck, der Fahrer sprach Deutsch und fuhr schon ein Stück weit und es ging ganz gut, aber dann stand ich an irgendwelchen Autobahnkreuzen rum und wusste nicht, wo ich war, und konnte die Schilder auch nicht lesen und hatte keine Landkarte dabei. Autofahrer, die anhielten, verstanden kein Deutsch, es dauerte einen Tag und eine halbe Nacht, die ich da auf der Autobahn einfach immer weiter gelaufen bin, ich folgte der Himmelsrichtung, die sich gut anfühlte. Kurz vor Mitternacht hielt ein schwarzer Benz, ein Geschäftsreisender aus dem Westen, er war ziemlich alt und schimpfte im Spaß mit mir: »So ein junges Meechen wie du gehört nach Hause und nicht nachts auf die Straße!« Er fuhr zu einem Motel, mietete mir ein Zimmer und sich ein anderes, und obwohl es ein Uhr nachts war, gab es noch Abendessen, Küchenschluss war hier unbekannt. Der Geschäftsmann spendierte, ich durfte mir aussuchen, was ich wollte, und ich nahm ein Stück Hackbraten mit Gurkensalat, Gurkensalat mit Joghurt, das war mir neu und es war ein Traum, es schmeckte ganz schön und ich schlief sehr gut in dem Zimmer, das ich abgesperrt hatte.

Am Morgen klopfte er eilig und sagte, wir müssten los, ich sprang aus dem Bett in meine Klamotten und war startklar. Er holte uns ungarischen Mokka, den kippten wir herunter und es ging weiter. Der erste Kaffee meines Lebens und er schmeckte mir. Der Benz war bequem und der Motor leise auch bei 200 km/h und ich schlief ein; kurz vor der Abbiegung nach drei Linden weckte er mich. »Meechen, wach auf, du musst raus, oder soll ich dich mit in den Westen nehmen?« Er lachte und ich hüpfte aus dem Auto und machte mich auf den Weg zu Mosche.

Am Ende dauerte die Reise fast eine Woche, drei Tage Hinreise und Aufenthalt und drei die Heimreise, insgesamt über tausend Kilometer. Trotz der üblen Zustände in Mosches Wohnung hielt ich es nicht aus ohne ihn, meine Sehnsucht war zu groß. Ich kam am frühen Abend an, er machte mir genau wie letztes Mal auf, verschlafen, nackt bis auf Unterhosen. Offenbar tat er in dieser Bruchbude nichts anderes als Schlafen, aber wahrscheinlich war die Bude so deswegen und er schlief deswegen nur hier, weil die Bude so war, anders konnte ich mir das nicht erklären.

Dieses Mal war er nicht ganz so muffelig, sondern richtig froh, mich zu sehen, und wir küssten uns. Und sein Bett war dieses Mal bezogen, es gab ein Bettlaken und saubere Bettwäsche. Zwar nicht gebügelt oder gerollt, aber sauber gewaschen. Sein Rucksack stand schon gepackt neben dem Bett, ich war durch vom langen Unterwegssein und wollte eigentlich nur noch schlafen. Es kam anders, er musste in derselben Nacht auf Tour, war verabredet mit Tim und noch anderen, um genau dahin zu fahren, wo ich eben herkam, nach Budapest. Obwohl wir uns nur zwischen Tür und Angel trafen, hatten wir ausgiebigen Sex, aber Worte sind nicht viele gefallen, gerne hätte ich von meiner Reise berichtet und gehört, wie es ihm so ergangen war, aber reden war nicht seins. Nachts kam dann einer von den Berlinern vorbei, um in ihn abzuholen. Der dünne Lulatsch kam einfach zur nicht verschlossenen Wohnungstür herein und marschierte durch bis ins Schlafzimmer, wo wir im Bett lagen. Mosche stand auf und stieg in seine Klamotten und sagte dem anderen, er möge warten, er wolle mir noch einen Eimer Kohlen hinstellen, falls es kalt würde, und der Dürre legte Augenmaß an mich und meinte:

»Die ist doch kräftig genug, lass die das selber machen«, und grinste über alle vier Backen. Mosche stellte mir den Eimer Kohlen hin und ging. Ich brauchte die nicht, habe 24 Stunden durchgeschlafen. Am übernächsten Tag ging ich, zog die Tür hinter mir zu, Schlüssel gab es ja keinen.

Draußen ging ich Richtung Autobahn, jemand winkte mir und kam über den Damm, wir kannten uns, hatten uns aber ewig nicht gesehen, und redeten und redeten und er sagte zwischendrin: »Heute Abend machen wir eine Fete, willst du kommen?«

Klar wollte ich, alles lieber als zurück in die Ödnis meines Provinzlebens. Wir gingen zu ihm und seiner Freundin und verquatschten den halben Tag am Küchentisch und tranken Tee und dann auf den Nachmittag sind wir noch was einkaufen gegangen für das Fest, Wein und Brot und Butter. Dann war es auch schon so weit, die Räume füllten sich, ich war noch kurz draußen, und als ich wieder hereinkam, hatte sich das Partyvolk sortiert. Eine Menge stand im Wohnzimmer und im Flur herum und rauchte und trank und redete und eine kleine Gruppe hatte sich an den Küchentisch gesetzt und ganz an der Seite war an dem runden Tisch noch ein Platz frei und da quetschte ich mich hin, weil mir der Trubel der stehenden Leute zu viel war. Der Wein war auch schon alle, so viel hatten wir nicht gekauft, das Geld war beschränkt wie immer, aber das machte nichts, es gab noch Tee, und dann saßen wir da und haben geredet und waren beisammen. Ein junger großer Mann mit Schnurrbart, der eine schwarze Lederjacke trug, fiel mir auf. Er diskutierte heftig und sehr siegesgewiss und hatte interessante Ansichten, er wusste alles genau, er machte alles genau, er zog in Zweifel, was andere sagten. Das gefiel mir sehr gut, jemand, der eine so klare Meinung hatte zu Dingen, von denen ich noch nie was gehört hatte.

Die Party löste sich in den frühen Morgenstunden auf, mehrere Leute zogen weiter, ich ging mit. Die anderen gingen noch zu jemandem in die Wohnung, denn offene Läden, in die man hätte gehen können, wie Restaurants oder Kneipen, gab es um diese Uhrzeit nicht. Alles hatte um 22 Uhr zuzumachen, damit der Mensch seine Kräfte für die sozialistische Arbeitswoche sparen konnte. Björn und ich gingen weiter; ohne dass wir uns verabredet hatten, war alles klar. An einem sehr vornehmen Haus ließ er mich kurz warten und ging hinein und kam kurz darauf mit einer Flasche Wein mit unbekannten Etikett heraus. Es war ein Hotel und er hatte dort eine Bekannte, die da arbeitete und ihm gelegentlich etwas über den Tresen reichte. Wir gingen zu ihm, er hatte ein typisches Berliner Zimmer mit einer schrägen Fensterwand und einem winzigen Flur, der in die Kochecke und die Schlafnische überging, und es war sehr hübsch eingerichtet. Zwei weiße Gartenklappstühle mit Kissen und dazu ein runder Tisch und überall an der Wand stapelten sich Bücher, dann gab es noch einen Schreibtisch am Fenster mit Stuhl und einen Plattenspieler, das war die gesamte Einrichtung. Wir diskutierten bis früh am Morgen über Gott und die Welt, der Plattenspieler spielte immer dieselbe Platte, wir tranken erst Wein und dann machte Björn noch Tee, den servierte er in einem wundervollen chinesischem Teeservice.

Als es hell wurde, gingen wir zu Bett. Sein Zuhause war sauber und kultiviert und es gab kein drückendes Schweigen, alles konnte besprochen werden, es war großartig und ich blieb. Am übernächsten Nachmittag schafften wir es, aus dem Bett zu kommen, ich telegrafierte meiner Mutter, dass ich meinen Aufenthalt in der Welt noch verlängern müsste, und am übernächsten Tag schickte ich noch ein Telegramm, um noch zwei Tage zu gewinnen. Es war die einzige Möglichkeit, sich schnell eine Nachricht mitzuteilen, weil keiner ein Telefon daheim hatte. Das Telegramm war teuer und wurde nach Anzahl der Wörter bezahlt. Ein kurzer Satz mit Anrede und Gruß kam über drei Mark. Ein Blitztelegramm kam auf das Doppelte. Björn zahlte das, er war niemals pleite und schien sein Leben im Griff zu haben. Erst nach einer Woche war ich wieder daheim und war richtig froh und frisch verliebt.

Dann gab es auf den Schmuggeltouren etwas Neues. Der Trend hieß Ringuhren. Es handelte sich um eine Plastik-Armspange für das Handgelenk, an der als Verschluss eine kleine Uhr in passender Farbe befestigt war. Es sah cool aus und Tim kaufte die Dinger im Dutzend. Wir holten die ebenso im Dutzend über die Grenze und verkauften die für ungeheure 35 Ostmark an die Trödelbesucher. Diese Uhren brachten mehr Geld und ließen sich besser verkaufen als die Kosmetika und die Tigerpullover und ich war schon wieder pleite. Also brachte ich ein halbes Dutzend von den Dingern in verschiedenen Farben beiseite und stellte mich allein, was natürlich auch irgendwie wahnsinnig war, bewaffnet mit einem kleinen Tuch, welches ich auf die Steinkante eines Springbrunnens legte, an eine Straße in der Innenstadt und bot diese Uhren feil. Die ganze Zeit schaute ich, dass kein Polizist vorbeikäme, und hatte echt Muffensausen, aber ich habe mich da hingesetzt und habe drei von den Dingern verkauft. Die Einnahme reichte für Wochen, zwei Leute hatten bar bezahlt und einer hatte mir einem Scheck gegeben. Weil ich so nervös war, hatte ich nicht drauf geachtet, was der schrieb; zwar hatte er alle Daten auf dem Scheck eingetragen, die dahingehörten, ihn aber nicht unterschrieben. Das stellte ich zu Hause fest. Und blauäugig, wie ich war, sah ich keinen anderen Weg, als zu demjenigen hinzufahren und ihn noch um die Unterschrift auf seinem Scheck zu bitten. Die Adresse stand ja schon da.

Gedacht getan, an die Autobahn gestellt, es war natürlich nicht gleich um die nächste Ecke, sondern 150 km zu trampen. Ich kam am selben Tag an und fand die Adresse und traf den Mann an. Der gab mir die Unterschrift und ich stellte mich erneut an die Autobahn. Alles lief wie am Schnürchen. Obwohl es schon spät war, blinkte sofort ein PKW und fuhr ran, eigentlich war er an mir vorbeigefahren, aber dann bremste er und kam zurück. Der Wagen hielt, ich stieg ein, der Wagen fuhr los.

Dann begann der Albtraum. Am Steuer saß ein Schrank von einem Mann, zugehackt mit kritzeligen tintenblauen Tätowierungen, dumm wie Brot, und erzählte mir ohne Punkt und Komma, was er alles für Sachen im Gefängnis getan hätte, um die Zeit rumzukriegen, wen er verkloppt hätte und wie er täglich allein in seiner Zelle seine Muskeln mit welchen Übungen trainiert hätte. Er sei schon das soundsovielte Mal im Gefängnis gewesen, immer wegen Prügeleien und so weiter, es erschien mir fast, als prahlte er mit alledem vor mir. »Da kann ich nichts dafür, ich kann halt nicht anders wenn es mir reicht, dann muss ich zuschlagen«, trumpfte er in neandertalartiger Selbstgefälligkeit auf. Ich saß da und sah aus dem Fenster und mir wurde himmelangst. Ich war einfach nur platt von dem Tag und wusste nicht, was ich sagen sollte, und diese Typ redete immer weiter und fragte mich schließlich, wo ich hinwollte, und ich dumme Nuss nannte automatisch meine Heimatstadt. Da war eine Weile Ruhe im Auto. »He, ich habe eine Idee«, sagte er. »Ich bringe dich nach Hause!

Ich übernachte bei dir!« Mir wurde flau, mir fiel nichts ein, was ich machen könnte, ich versuchte nachzudenken, aber hatte nur weißes Rauschen im Kopf. Es war nur noch eine Stunde Fahrt bis zu mir nach Hause und wenn der erst mal wüsste, wo ich wohnte, wäre alles im Argen, egal wie die Nacht verlaufen würde. *Solche Typen kommen wieder.* Mehr als diesen Gedanken konnte ich nicht fassen.

Dann reichte es mir und ich hörte mich lässig sagen: »Halte doch an der nächsten Tanke mal an, ich muss zum Klosett.« Für mich war es logisch, dass, wenn eine Frau zum WC muss, das auf der Autobahn an einer Tankstelle sein muss, wo Leute sind und Licht. Doch dieser Mensch hielt an einem kleinen abgelegenen Parkplatz im Dunkeln und ohne Beleuchtung an und natürlich war da weder ein anderes Auto noch sonst irgendetwas Zivilisation. Er stieg aus und rief: »Mach dich ins Gebüsch, ich muss auch mal pissen«, und stapfte auf den nächsten Baum zu und öffnete seine Hose. Wie ferngesteuert stieg ich aus, zog mir die Schuhe aus, warf mir im Gehen den Rucksack über die Schulter und rannte barfuß, was das Zeug hielt, in Richtung Autobahn. Ich erreichte den Beschleunigungsstreifen und hielt den Daumen raus, es vergingen gefühlte Äonen. Im Gegenlicht der ankommenden Fahrzeuge sah ich den Schatten des Knastologen vor den Gebüschen des Rastplatzes und wie er sich umsah und nach mir suchte. Einige Fahrzeuge später hatte er mich entdeckt und lief auf mich zu. Ich winkte den vorbeifahrenden Fahrzeugen mit beiden Armen und lief dabei rückwärts. Die Entfernung zwischen dem Mann und mir verringerte sich, es waren kaum noch 100 Meter, und die Autos rasten vorbei. Bei jedem Fahrzeug, das vorbeifuhr, erfasste mich ein Windstoß. Ich winkte weiter und ein entfernter Truck blendete auf. Der Mann war schon auf so kurze Distanz, dass sein lang gezogener Schatten mich beinahe berührte, da hielt der Truck mit quietschenden Bremsen, rollte etwas an mir vorbei und ich drehte mich um und rannte los, riss den Schlag auf, erklomm die Leiter und schrie: »Fahr los! Fahr Los! Fahr los!«, und er tat es, so heftig wie er gebremst hatte, so heftig fuhr er los.

Wir brausten davon, von dem Irren keine Spur, wir unterhielten uns, eine gute Stunde konnte ich mich erholen, dann setzte mich der Kraftfahrer an der Fernverkehrstraße oberhalb meines Wohngebietes ab. Er fuhr weiter und ich lief nach Hause. Die restlichen Ringuhren mischte ich bei nächster Gelegenheit Tim wieder ins Sortiment, diese Dinger allein unters Volk zu bringen war mir einfach zu viel.

In der folgenden Zeit ging ich alles etwas ruhiger an, Resi brachte ich tags in die Einrichtung und ich blieb einige Tage einfach nur im Bett. Und dann geschah ein Wunder: Plötzlich hatten wir in unserem ostigen Neubaublock in unserem ostigen Schwarzweißfernseher Westfernsehen. Es gab zwar nur ein Programm, und zwar Sat1, aber es war eine unglaubliche Freude, täglich kamen Filme und Serien. Der erste Film, den ich im Westfernsehen sah, hieß *Der Flug des Phoenix* und war ein ganz großartiger Film über Leute, die sich in der Wüste nach einem Flugzeugunglück selbstständig retten. Dieser Film wurde hin und wieder unterbrochen, um Waschmittel, Schokolade oder Pizza vorzustellen, der Sinn des Ganzen erschloss sich mir nicht, aber der Bacardi-Rum-Kurzfilm gefiel mir. Am Strand mit Freunden Getränke einnehmen, das war doch einmal eine schöne Maßnahme.

Resi war ebenso begeistert wie ich von diesem Programm und begann auch mit Fernsehen; nachts um halb vier setzte sie sich vor den Apparat und schaltete ein, dann lief eine Trickfilmserie, *Ninja Hero Turtles*, keine Ahnung, was sie daran mochte, aber sie war verrückt danach und versuchte es jede Nacht. Pünktlich zur Sendezeit saß sie vor dem Apparat und beschallte mich mit dem Vorspann. Ich ließ ihr eine Folge und brachte sie dann wieder zu Bett.

Es war wieder eine Zeit, die wir beide ganz allein verbrachten, Renata konnte oder wollte nicht wegen ihrem Studium und dem Professor, den sie sich geangelt hatte, und war eh in einem anderen Stadtteil und sonst war da keiner mehr. Die Leute hatten begonnen, über Ungarn in den Westen abzuhauen. Auch Jana floh so aus der DDR, Mosche plante seine Ausreise seit Langem, er hatte das richtig offiziell beantragt und überlegte jetzt doch, kurzfristig in Ungarn über die Grenze zu gehen, und war nicht mehr wirklich anwesend, wenn er einmal bei mir war. Mein ganzes Leben löste sich auf, die Trödelmärkte liefen nicht mehr, es gab die Schmuggeltouren nicht mehr, es gab die Näharbeit nicht mehr und es war keiner da, mit dem ich reden konnte. Dem Drama meiner Mutter wich ich aus und Resi war nicht so die große Rednerin, ich war völlig isoliert, es ging einfach nichts mehr, die Kunsthochschule hatte Sommerpause zwischen den Semestern, da ging auch nichts, und pleite waren wir auch.

Auf dem Weg zur Kunsthochschule hatte ich in einem Hinterhof eine Färberei entdeckt und testweise eine Bluse zum Verkauf färben lassen, dort sprach ich vor und die stellten mich ein. Ich wurde Annahmekraft in dieser Färberei. Mein Durchhaltevermögen reichte genau bis zum ersten Lohn und dann war mir die Sache zu viel. Drei Nachmittage die Woche, die Warterei auf die seltenen Kunden war nerviger als die Schlepperei der Säcke, von dem scharfen Geruch ganz zu schweigen. Und wieder habe ich eine Arbeit hingeschmissen. Einen von den Kleidersäcken habe ich mitgenommen, er war eh halb kaputt, aber festes verwaschenes Segeltuch, und ich nähte mir davon einen tollen schwarzen Rock, knöchellang mit einer Schnürung an der Seite. Ich freute mich darauf, den für Björn anzuziehen, der bemerkte und genoss solche Kleinigkeiten jedes Mal, wenn wir uns sahen. Aber wochenlang geschah gar nichts, weder der eine noch der andere ließ sich blicken. Ebenso wie Mosche war Björn wie vom Erdboden verschluckt.

Als dann wieder einer der Historienmärkte stattfand, von Ole veranstaltet, war ich froh, unter Leute und aus dem Haus zu kommen. Er fand dieses Mal nicht auf einer Burg statt, sondern auf einem Dorfanger kurz vor dem Eichsfeld. Ich stopfte mein Kostüm in den schwarzen Rucksack und trampte dahin und es war fein. Es gab eine Schmiede und es gab eine Gauklerin und ein Schafott mit Galgen und mehrere Musiker und ein Badehaus. Dieser Markt war deutlich mehr in Richtung Aktionstheater, wie es Ole geplant hatte, orientiert als die vorhergehenden. Morgens gab es ein Frühstück für alle, auf langen, grob vor Ort, gezimmerten Tischen aus Eichenbohlen standen Teller mit Leberwurst und Butter und es stapelten sich weiße Brötchen und eine junge Frau namens Marie lief herum und schenkte jedem Kaffee ein, der seinen Becher hob.

Wir waren viele und saßen auf den Bänken zusammen und aßen und redeten. Marie machte das jeden Morgen für alle zurecht, ging zum Fleischer und zum Bäcker ins Dorf und holte diese Unmengen Nahrungsmittel heran. Am Ende der Tafel stand eine kleine Schüssel, da konnte jeder Geld hineingeben. Ich hatte nichts und sagte ihr das, sie lächelte: »Das macht nichts, es wird schon genug zusammenkommen.« Wieder traf ich neue Leute, die auf dem letzten Markt noch nicht dabei gewesen waren, zum Beispiel einen Vogelbauer-Bauer und seine Frau namens Karla, die tatsächlich den Kaffeesatz aus der Kaffeekanne mit dem Löffel aß, was mich seltsam berührte, weil es mich ans lang vergessene Zahnpasta-Essen in meiner Hungerkindheit erinnerte.

Ich war mit Hanna und Karina als Badefrau eingeteilt. Unser Badehaus war aus Holzstangen mit weißen Vorhängen und einem großen hölzernen Badezuber darin und Bänken am Rand und ausgestreutem Stroh auf dem Boden. Vor dem Badehaus gab es eine Feuerstelle mit einem eisernen Kessel voll Wasser. Wir Badefrauen hatten das Feuer zu unterhalten und wenn das Wasser heiß war, mussten wir es mit hölzernen Eimern ausschöpfen und in den Badezuber gießen. Und wir badeten die Leute. Leute vom Markt, aber auch Leute vom Publikum zogen ihre Kleider aus und hüpften ins Fass. Es war sehr heiß an diesem Wochenende, viele von uns hatten ihre altertümlichen Kostüme ausgezogen und liefen im Hemd herum. Manni der Schmied trug nur seine lederne Schmiedeschürze um die Hüften, die war hinten zugebunden und an den Enden des Bindebandes hingen Glöckchen. Diese Glöckchen klingelten, wenn er mit dem Schmiedehammer auf den Amboss schlug, und hingen direkt zwischen seinen nackten Pobacken. Er war ein schöner Mann und liebenswert dazu. Es war alles sehr schön mit ihm.

Es wurde Herbst. Meine Großmutter pflegte eine Tradition: Immer zum Tag der Republik kochte sie ein Festessen und lud alle zu sich nach Hause ein, um zu feiern, dass es eine gute sozialistische Republik war, in der wir leben durften, und dass deshalb nie wieder Krieg sein würde und sie nie wieder hungern müsste oder andere schlimme Dinge geschehen würden. Es fand Jahr für Jahr statt und war in Ordnung für alle und wurde so respektiert.

Als ich in diesem Jahr zu ihr kam, war da gerade diese schlimme Sache auf dem Platz des Himmlischen Friedens gewesen, wo viele Menschen starben. Schon bei einem Besuch bei Renata hatte es arge Dispute darüber gegeben, ihr neuer Lebensgefährte, ein parteitreuer Genosse, hatte die Ansicht vertreten, dass das alles richtig so gelaufen sei, und ich hatte ein Grundgefühl von ungerechter Gewalttätigkeit und hatte auf meiner Meinung beharrt. Bei meiner Großmutter wiederholte sich die Situation: Obwohl sie immer nur der Bauernpartei angehört hatte, stand sie heute auf der Seite der »Genossen«, anstatt das Festessen zu genießen und schön beieinanderzusitzen, gab es ein schlimmes Streitgespräch. Sie hatte wohl auch weniger Informationen als ich und war der Ansicht: »Wenn der Staat sich dazu entscheidet, ist das richtig so.« Und ich vertrat meine Meinung: »Wenn massenweise unschuldige Menschen erschossen werden, sind die, die das entschieden haben, genauso Mörder wie die, die schießen.« Wir trennten uns im Unfrieden, ich stürmte aus der Wohnung und lief nach Hause. Packte einige Dinge für mich und einige Sachen für Resi, stellte mich mit einem Rucksack und Resi an der Hand an die Autobahn und trampte nach Norden.

Am Tag nach dem letzten Markt hatte mir die Badefrau Hanna ihre Adresse zugesteckt: »Liese, wenn mal irgendetwas ist oder es gar nicht mehr geht, haust du aus der Pampa ab und kommst zu mir, ich habe immer einen Schlafplatz für dich!«

Und so zog ich weg von daheim.

>> Gedankenaustausch mit mir <<

Was andere in der DDR erlebt haben, kann ich nicht sagen, ich kann nur von mir berichten und das hat alles so stattgefunden. Einige meiner Schulkameraden hatten ein gutes Elternhaus und neue Kleidung ebenso wie reichlich befüllte Brotdosen, ich nicht. Und es gab auch welche, die es deutlich schlechter getroffen hatten als ich. Ein Mädchen zum Beispiel, das eine Zeitlang meine Banknachbarin war, erzählte von ihren fünf Geschwistern, und ich teilte oft mein Butterbrot mit ihr, weil sie keines dabeihatte. Durch sie fühlte ich mich privilegiert, ein eigenes Zimmer und meine Mutti daheim für mich allein zu haben. Bei anderen Kindern war es schon lange beschlossen, sie würden zur Erweiterten Oberschule gehen und nicht weiter bei uns in der Schule bleiben. Die würden dann Abitur machen und studieren und einen großartigen Beruf ergreifen können. Die Chancen und Umstände waren unterschiedlich verteilt, das war eben so.

Als ich all das erlebt habe, war ich immer in Aktion, immer auf dem Sprung. Keine Möglichkeit, etwas aus der Metaebene zu betrachten. Das Leben war nichts, was ich steuern konnte, sondern ich geriet von einer Challenge in die nächste und nahm jedes Mal an. Mittlerweile ist mir die Draufsicht gelungen und ich bin mit mir und dem Leben im Reinen. Ich habe erkannt, dass ich eine Sammlerin bin. Eine Sammlerin von Erlebnissen, von Dingen, von Erfahrungen und von Wissen. Und ich bin eine Menschensammlerin, ich interessiere mich für die Geschichten und die »Warums« des Einzelnen. Seit ich denken kann, beobachte ich, was andere tun, und versuche zu erkennen, wie das Miteinander funktioniert. Mir fehlten damals die basalsten Voraussetzungen für mein Interesse, aufgewachsen ohne Geschwister und ohne wirkliche Familie, saß ich eigentlich ziemlich unsozialisiert im Muspott meiner Mutter fest. Diese verließ nie das Haus, außer um zum Friseur oder zur Kosmetik zu gehen oder um meine Großmutter oder ihre Tante zu besuchen. Uns besuchte keiner.

Da die Mutter nach dem »Scheitern ihrer Ehe«, wie sie das nannte, jegliche Teilnahme an den Erfordernissen des Lebens aufgegeben hatte, wurden sämtliche nicht kulturellen Erledigungen außer Haus mein Resort. Ich wurde damals im Winter 10 Jahre alt und hatte vor weniger als einem Jahr schwere Gewalterfahrungen gemacht. Niemand sprach mit mir darüber. Es wurde unter den Tisch fallen gelassen und ich wurde einkaufen geschickt.

Grundnahrungsmittel, besonders Kartoffeln und Brot, holte ich in der Kaufhalle, manchmal wurde ich zum Bäcker oder in die Drogerie geschickt oder zur Dienstleistung, einer Art Annahmestelle für Reparaturbedürftiges, wo ich nach stundenlangem Anstehen Mutters Strümpfe zum Repassieren brachte. Es dauerte Wochen, bis sie fertiggestellt waren, und war sehr teuer, manchmal kostete es vier oder gar fünf Mark, was bedeutete, dass in der kommenden Woche kein Brotbelag gekauft werden konnte. Man bekam einen winzigen Abholzettel mit einer Nummer darauf. Der wurde von einer kleinen Rolle abgerissen und mit einem Datumsstempel versehen und durfte nicht verloren gehen.

Der Samenhandel für das Wellensittichfutter war ebenso wie der Fleischer in einem anderen Stadtteil, das war ein Stück zu gehen. Überall tippelte ich in meiner Freizeit hin und besorgte, was mir aufgetragen war. Leicht war das nicht, nicht nur weil die Dinge schwer zu tragen waren und das Einkaufsnetz in meine Hände schnitt, sondern auch, weil nicht immer alle Produkte zu bekommen waren und man außer »Haben wir grad nicht da« keine Auskunft bekam. Nach dem den Nachmittag verschlingenden Ausflug kam ich mit der schweren Tasche daheim an und wurde an der Wohnungstür im zweiten Stock begrüßt mit: »Na sag mal, warum hat das denn so lange gedauert, und wie du aussiehst, ganz unordentlich, zieh sofort die Schuhe aus und gib mir die Jacke und geh ins Bad und wasch dir Hände und Gesicht!«, dann noch in den nicht vorhandenen Bart gebrabbelt: »Was das immer für ein Ärger ist mit diesem Kind, nur Sorgen hat man damit, das ist noch mal der Nagel zu meinem Sarg.«

Nach dem Umziehen der Straßensachen in Hauskleidung, zwecks Schonung derselben, kam das unvermeidliche Ausdiskutieren, warum bei diesem oder jenem Artikel weder das richtige Produkt noch die gewünschte Packungsgröße von mir mitgebracht worden war. Ich hatte ja klare Anweisungen erhalten und brauchte sie nur ordnungsgemäß zu befolgen, so schwer konnte das ja nun nicht sein. Natürlich lag es an mir, wenn etwas nicht erhältlich war. Aber dass irgendetwas nicht zu kaufen war, war die Norm. Ob gerade Schuhpolitur nicht vorrätig war oder das Fach mit der Butter leer gähnte oder gar der Brotwagen leer und silbern im Raum herumstand, ließ sich im Vorhinein nie sagen, nur dass etwas fehlen würde, war gewiss. Die anderen paar Sachen, die ich genau wie auf dem Zettel erworben und heil nach Hause getragen hatte, waren selbstverständlich und wurden umgehend weggeräumt. Jedes Mal gab es ein Drama mit Tränenausbrüchen und Vorwürfen. Aber es war nichts daran zu ändern.

Mit etwas Glück reichte die Zeit vor dem Abendessen um vorzugeben, ich hätte noch Hausaufgaben zu erledigen, damit ich mich in mein Zimmer zurückziehen konnte. Aber stets bei halb angeklappter Tür, dass Mutti im Vorübergehen einen Blick auf mich werfen konnte. Meine Hausaufgaben machte ich üblicherweise in der Schule vor der Stunde, da gab es nichts zu tun, aber ich vergrub mich so tief wie möglich in einem der Schulbücher und las vorab, was demnächst im Unterricht behandelt werden würde, und ging dann zur rechten Zeit duschen, um frisch gekämmt im Nachtzeug ordentlich am Abendbrottisch zu erscheinen.

Meine Mutter brauchte wie immer ewig, klapperte bereits seit einer halben Stunde sinnlos in der Küche herum. Ich hatte echt Hunger und saß dann da und wartete. Helfen durfte ich nicht: »Setz dich auf deinen Platz, du störst mich hier nur, du machst mir das nicht recht, ich mach das schon.« Irgendwann trug sie dann, hinkend wie immer, die obligatorischen Schnitten herein. Schöne Goldrandteller, darauf zwei Stullen für mich und eine für sie, mit dem stumpfen Brotmesser mehr zerrissen als geschnitten, aufklaffende Risse in der Brotkrume mit kleinen Butterstücken ungelenk überpflastert. Sie nahm die Butter nie rechtzeitig aus dem Kühlschrank. Die eiskalten blassgelben Miniblöcke übersäten ungleichmäßig das Rupfbrot und reichten niemals bis zum Rand. Darauf fanden sich darübergestreute Fitzelchen irgendeiner Brühwurst, die es im Glas zu kaufen gab. Das ganze Machwerk war instabil, nicht ausreichend belegt oder ohne jeden Belag und zu meinem Ärgernis stets durchgeschnitten. Niemals gab es eine glatte ovale dunkle Stulle, zur Gänze mit Butter bestrichen, die ich hätte auf meine Handfläche legen können. Halbe kleine Schnittchen mit rümpeligem, kaum zu schmeckendem Belag gab es. Meine Mutter war klein und hegte eine tiefe Abneigung gegen Größe, also wurde alles klein gemacht. Dann ging sie, um die Kanne mit dem ewig gleichen dünnen Schwarztee zu holen. Die Goldrandkanne. Der Hunger war groß, die Geduld klein, also schnappte ich mir mit spitzen Fingern so ein Stücklein Wurst und aß es und, damit es nicht ungleich aussah, von ihrer Stulle auch eins. Sie raschelte in der Küche herum. Na gut, noch ein Stückchen und eins zum Ausgleich. Oh, jetzt war es recht leer, also schnell alles halbwegs deckend arrangieren und schnell die Hände vom Tisch. Die Mutti kam in ihrer blau geblümten Dederonschürze mit der Kanne, sah prüfend auf den Tisch und auf mich: »Hast du wieder etwas runtergefressen? Hm?«, und ich: »Nein, wirklich nicht!«

Dann manchmal noch eine Partie Rommé oder etwas fernsehen, und dann wurde geschlafen. Im Bad Hände und Gesicht waschen, Zähne putzen und Mutter einen Kuss geben und ab ins Bett. Und bloß nicht an den nächsten Tag denken und nicht an die Albträume, die kommen würden.

Am nächsten Tag galt es wieder in die Schule gehen und dem Ärger mit den Mitschülern standzuhalten, das Bewitzeltwerden wegen der gebrauchten unmodischen Kleidung und wegen meiner Hinkebeinmutter, dem Inhalt meiner Brotdose, dem Verbleib meines Vaters … Mittags daheim diesen Teller mit zerkochten oder halb rohen Kartoffeln herunterwürgen, versalzen waren sie immer und mit Kümmel übersät, aber Hauptsache nicht angebrannt, das geschah höchstens ein bis zwei Mal im Monat. Gegessen wurden sie dann trotzdem, es war das, was da war, und fertig. Nach diesem »Essen« musste ich dann wieder in irgendeinen Laden gehen. Und zwar so lange, bis die benötigte Wäscheseife oder die Kaffeekleinpackung oder was auch immer zu haben waren. Sie war die Mutter und war klein und traurig und hinkte sehr und brauchte meine Hilfe, ich war ihr Kind und hatte ihr zu helfen und zu tun, was mir gesagt wurde. Das war ihr Standpunkt. Und ihr Standpunkt war der einzige mir bekannte. Und es erschien logisch. Also tat ich, was sie mir sagte.

Das ewige Einerlei der Tage, wo immerzu das Gleiche geschah, war mir eine Last. Gern hätte ich mit jemandem geredet, aber da war niemand, auch draußen war keiner. Die Leute auf der Straße waren offensichtlich an nichts interessiert und nach Aussagen meiner Mutter eher jemand, vor dem man sich hüten musste, Freunde hatte ich keine und die Lehrer waren in der Masse eher auf der Feindseite angesiedelt, die jede Gelegenheit nutzten, um schlechte Zensuren, Tadel oder Einträge zu verteilen. Zumindest erschien mir das so. Mein großer Horror war, mit Nachsitzen bestraft zu werden, weil ich da eine weitere Stunde in der Schule hätte verbringen müssen und meine Mutter hätte sonst was gedacht, was mir zugestoßen sei, und sich mit Sicherheit aufgeregt. Einmal geschah es, der kleinen garstigen Mathelehrerin war meine Schrift zu krakelig, außerdem hatte ich ihre unübersichtliche Tabelle von der Tafel in meinem Heft in klarer Form wiedergegeben, also musste ich dableiben und die Tabelle noch einmal wie von ihr gezeichnet abschreiben. Ich wusste, die Mutter war daheim (keine fünfhundert Meter Luftlinie entfernt, aber unerreichbar) am Durchdrehen, konnte mich kaum konzentrieren. Meine Schreibhand machte, was sie wollte, und krakelte Zahlensymbole über drei Zeilen und es kam, wie es kommen musste: Die Lehrerin kam grimmig herein, warf einen Blick auf mein Machwerk und befahl breit grinsend: »Und das machst du jetzt noch einmal, mein Fräulein, und dieses Mal ordentlich. Wenn das nicht klappt, sitzt du heute Abend noch hier, das kann ich dir versprechen!« Dann klappte die Tür und ich saß hungrig und verzweifelt vor einer unlösbaren Aufgabe. Die verlangte Schönschrift war mir schon in ruhiger Gemütslage nicht möglich. Ich hatte keine Wahl und tat, was ich sollte, ich malte die Ziffern einzeln, statt zu schreiben, und es dauerte ewig.

Als ich dann endlich zu Hause ankam, waren die Kartoffeln kalt; wie ich zur stets abgesperrten Wohnungstür hereinkam, erinnere ich nicht mehr, nur dass meine Mutter in der Küche auf dem Fußboden lag. Ich hatte sie offenbar umgebracht, weil ich nicht pünktlich gewesen war.

Da niemand da war, den ich hätte um Hilfe bitten können, überlegte ich, was zu tun war, und kam zu dem Schluss, dass sie nie gern flach am Boden lag, und holte ihr ein Kissen und bettete sie auf. Ich saß neben ihr auf dem Fußboden, den Schulranzen neben mir, in der Straßenjacke und hatte Angst.

In der Schule waren außer dem allgemeinen Lehrkörper doch noch zwei gute Lehrer, der alte Geschichtslehrer und der junge Physiklehrer, mit denen ich gelegentlich Spaß im Unterricht durch kleine Dispute hatte. Ich stellte manchmal tiefer schürfende Fragen als die anderen Schüler und es entspann sich ein kurzes heiteres Gespräch. Für den Zeitraum, bis wieder irgendwer eine Langweilerfrage stellte. Aber mit den beiden Lehrern wollte ich es mir nicht verderben. Was hätte das bringen sollen? Die in der Pause am Ärmel zupfen und sagen: »Hallo, Herr Lehrer, meine Mutter schickt mich immerzu einkaufen und verlässt das Haus nicht. Sie weint jeden Abend laut und unser Geld reicht nicht, um die Schulspeisung zu zahlen.« Das war undenkbar, Fremden sagt man nichts von zuhause, und immerhin ich war schon 10 Jahre alt, also ein großes Mädchen. Da bekäme ich dann gewiss die Schuld und auch noch Strafe, weil ich meine Arbeit nicht schaffe und schlecht über meine Mutter rede. Ich tat, was ich konnte, und es genügte nicht. Ich sprach zur Sicherheit lieber niemanden an.

Heutzutage kann jederzeit jeder Moment dokumentiert und in Bild oder Film nicht nur festgehalten, sondern in kürzester Zeit mit anderen direkt geteilt werden. So war meine Welt nicht gemacht. Alles, was geschah, reihte ich im Kopf aneinander und ich verglich und ordnete die Ereignisse, um zu verstehen, aber oft verstand ich gar nichts, und das Unverstandene ließ sich auch nicht in Worte fassen und dadurch auch nicht mitteilen. Meine Mutter war stets in ihre Romane versunken oder schwer leidend an der Hausarbeit, sie putzte täglich die ganze Wohnung. Irgendwann dachte ich, dass Mutti mit ihrem täglichen Putzwahn nicht nur die Wohnung, sondern auch ihr Leben reinigen wollte. Sie antwortete auf jede meiner Fragen: »Das wirst du schon noch lernen, das ist jetzt noch nichts für dich. Höre, was der Lehrer sagt, und füge dich ein.«

Der Inhalt meiner Frage war völlig nebensächlich, Antworten hatte sie keine für mich. Ob ich über den Gartenbau im Schulgarten, die Survivalfähigkeiten von Robinson Crusoe, den dialektischen Materialismus von Marx und Engels oder etwa über meine Albträume mit ihr sprechen wollte, sie wusste nichts, sie war kein Gegenüber. Auch wenn ich das Gespräch auf die Urlaubsfahrten der Mitschüler in den Sommerferien oder sonstige Unternehmungen lenken wollte, es war nicht relevant für sie. Relevant war, dass die Fenster und die Wohnung geputzt waren, »falls jemand kommt«. Nur es kam nie jemand. Priorität hatte, dass Kaffee im Haus war, und mehrfach die Woche musste ich ihre Schmerztabletten in der Apotheke kaufen. Analgin für 1,50 Mark, ihr Hüftleiden machte ihr sehr zu schaffen und ihre Existenz auch. Mein häufigster Gedanke war: *Das kann doch nicht alles sein. Da muss es doch noch etwas geben.* Es war mehr als ein Gedanke, es war mein Lebensgrundgefühl.

Außer Schule und Daheimsein mit dem heulenden Elend und dem Einkaufen gab es einfach nichts. Sonntags stand ich oft am Balkonfenster, natürlich ohne die Scheibe zu verschmieren oder die Fältelung der Gardine zu verschieben, und sah draußen Menschen im Wohngebiet. Manche gingen nur von A nach B, waren aber unterwegs, mancher mit Korb hinten auf dem Rad auf dem Weg in den Garten, gelegentlich fuhr ein Trabant und hinterließ kleine Rauchwolken, andere gingen in Familie hübsch gemacht mit Blumen und Fotoapparat zu irgendeinem Familienfest. Wir waren daheim in diesem Schuhkarton von einer Wohnung zur Aufbewahrung. Über uns, neben uns, unter uns ein Karton neben dem anderen, diese Neubausiedlungen waren wie Kartons in einem Lagerraum. Wir wurden aufbewahrt für irgendwann.

Von mir existieren neun Fotos aus meiner Kindheit. Das erste fertigte ein Fotograf an, da war ich sechs Wochen alt, das Atelier war in diesem strengen Winter zu kalt für nackt auf dem Bärenfell, also wurde ich in voller Montur mit Jacke und Handschuhen abgelichtet, nur schnell die Mütze vom Kopf gezogen. Die nächsten beiden Aufnahmen wurden in der Wochenkinderkrippe angefertigt, eins zeigt mich verzweifelt weinend und das andere besänftigt. Etwa mit drei Jahren ein Schnappschuss, wie ich vor einem Huhn flüchte, und direkt danach einen, wie ich ein Blumenbeet untersuche. Auf der Treppe zum Haus meiner Großmutter im Mantel und oben in der Wohnküche, wie ich versuche, in viel zu großen feinen Damenschuhen zu laufen. Auf dem vorletzten Foto fahre ich Dreirad und das letzte Bild entstand mit fast vier Jahren in Omas Garten auf der Schaukel, ich trage eine Schürze und habe einen Topfschnitt. Als ich vier Jahre alt war, bekam Tante Karin meinen Cousin Mirko und fotografierte dann den und mich nicht mehr.

Je mehr ich aufschreibe und schon Geschriebenes zusammenfüge und über meine Vergangenheit nachdenke, umso mehr komme mir selbst auf die Spur, warum ich die bin, die ich bin. Warum ich nie aufgebe und warum ich glaube, immer alles allein schaffen zu müssen. Mein Bedürfnis nach Kommunikation ist nicht nur geblieben, sondern gewachsen. Früher ging ich nie einfach auf Fremde zu und habe sie mit meiner Existenz überschüttet, es brauchte schon einen Anlass, um in Kontakt zu treten. Bei einer Gelegenheit und gutem Feeling nahm ich einfach die Klinke in die Hand und öffnete die Tür. Und mir öffneten sich Türen zu Gedankenwelten, zu Herzen, zur Welt. Als Kind daheim war alles karg und reizarm und ich hatte so viele Vorstellungen und Ideen und vor allem Fragen. Offen und direkt kommunizieren ohne Umwege oder Schnörkel war und ist mein Weg, mit anderen in Kontakt zu kommen und meine Sammlung zu vergrößern. Von einem anderen Menschen aus erster Hand zu erfahren, wie er lebt und warum er Dinge tut oder nicht, wie Schwierigkeiten bewältigt werden und welche Ideen, Tipps, Ratschläge er mir geben kann, das ist für mich höchstes Gut. Dafür bin ich dankbar.

Der Sprung von damals ins Hier und Jetzt ist unendlich weit und geht in Gedanken doch schnell, die Gefühle sind da deutlich langsamer und fordern Tribut. Doch nun, wo ich alles aufgeschrieben habe, was ich mit mir herumtrug, nun können mir andere sagen, was sie davon halten. Nun ist es ans Licht gebracht und nicht mehr nur meine Last. Es ist fertig geschrieben und ich bin jetzt hier. Bin jetzt hier Jahrzehnte später in meinem guten eigenen Leben.

Als Kind war der Wunsch gewesen, Opernsängerin zu werden oder Deutschlehrerin, später kam dann noch Apothekerin hinzu. Geworden bin ich fast nix, aber gearbeitet habe ich vieles: Molkereilehrling, Lagerwirtschaftshilfe, Bürohilfe, dann kam das erste Babyjahr. Danach war ich pädagogische Helferin im Kindergarten und danach Briefzustellerin bei der Post, da habe ich dann auch, der Ordnung halber, um keine Ungelernte zu sein, meinen Facharbeiterabschluss mit 1.0 gemacht, im Rahmen einer dreiwöchigen Erwachsenenqualifizierung in der Anfangszeit meines Mutterschutzurlaubs kurz vor der Geburt. Nach dem nächsten Babyjahr ging es weiter als Automatenbestückerin in einer Schraubenfabrik, Kassiererin in der Kaufhalle, und als Mitarbeiterin im Versand eines Museums verpackte ich anatomische Modelle. Die Hauswirtschaftspflege bei der Volkssolidarität brachte mich in Kontakt mit der älteren Generation und gab mir viele gute Gespräche und Erkenntnisse.

Ich tat, was gerade ging, ohne lange zu überlegen, wie gut mir das gefällt. Es war Arbeit da und ich tat sie eben. Dass die Verdienste vorn und hinten nicht langten, war für mich nicht von Belang. Was mir wirklich Spaß gemacht hat, war mein letzter Job in dieser Zeit: Aktmodell auf Honorarbasis an der örtlichen Kunsthochschule. Zwar war es immer kalt und ungemütlich in den riesigen Hallen, aber dass da ein Dutzend angehende Malerlein mit ihren Staffeleien und Farbpaletten um mich herumstanden und unter dem kritischen Blick ihres Kunstprofessors versuchten, auf der Leinwand wiederzugeben, was da nackt auf dem Sofa vor ihnen lagerte – mich –, das gefiel mir. Ich war jemand und wurde angesehen und abgemalt.

Es ist gut so. Gut, dass das alles hinter mir liegt, in der Ferne. Ich bin jetzt ganz bei mir und tue dies und das, was so anfällt, und sehe, wie mich der Freiraum hier daheim fördert, alles Nötige zu schaffen. Ich bin einfach aus dem Schreiben und Schreiben und Weiterschreiben und aus dem Kopf und aus der Seele Herausschreibenmüssen der letzten Wochen herausgetreten. Immer wenn sich meine Befindlichkeit ändert, irgendetwas im Außen sich anders anfühlt, verlasse ich den Laptop, unterbreche das Schreiben und mache mich an Alltagsdinge wie Hühner versorgen, den Kamin nachheizen, den Hunden zusehen oder Essen kochen und lasse es einfach zu, im Fluss zu sein, und lebe.

Beim Aufräumen eines Schrankes in der oberen Etage erkenne ich angesichts einer Wäscheerbschaft wieder, wie sehr uns früher unser Armutsbewusstsein blockiert hat. Leinentischwäsche, Stoffstücke, Bettwäsche, alles unbenutzt, neu, aufgespart für irgendwann, teilweise angegilbt, weil es fünfzig Jahre unbenutzt im Schrank der Tante lag. So ist mein Dasein nicht mehr. Ich tue, was geht, und nutze meine Dinge, anstatt etwas für irgendwann aufzubewahren. Trotz der Armut in meiner Kindheit und keinerlei finanzieller Unterstützung habe ich die Lebensleistung erbracht, für mich und meine Familie ein gutes Dasein aufzubauen. Jeder muss seinem Weg folgen und sich seine Welt aufbauen. Einen Ort finden und den gestalten und die Möglichkeiten nutzen und tun, was geht. Ich habe den ersten Teil meines Lebens aufgeschrieben und habe jetzt anderes zu tun. Ich gehe jetzt in den Garten, füttere meine Heidschnucken und dann gibt es Tee.

Ostdeutschland, den 18. Januar 2022

P. S. Der aufmerksamen Leserschaft werden die Unterschiede der Schreibstile aufgefallen sein, die kurz angebundene spröde Art gehört ebenso wie die emotional ausschweifende Weise zu meiner Person. Ich habe Jahre damit gekämpft, das zu akzeptieren, aber ich bin halt nicht immer dieselbe. Die Sprache, das Denken, die Vorlieben, selbst die Appetite sind nicht jeden Tag gleich. Was den einen Tag unverzichtbar war, ist den nächsten Tag kaum erträglich; ich weiß, wenn ich abends zu Bett gehe, nie, wie ich am nächsten Morgen sein werde. Ob da schon in der Wochenkinderkrippe etwas in meinem Wesen zerbrochen ist oder bei späteren Ereignissen, die nicht leicht zu verarbeiten waren, weiß ich nicht. Vielleicht haben die vielen Verluste etwas von mir mitgenommen ins Nirgendwo und das fehlt mir jetzt. Oder aber es blieb bei all dem Durchhaltenmüssen und dem Verantwortungtragenmüssen und dem Kämpfenmüssen als Kind etwas Ungelebtes Unbeliebtes auf der Strecke, dass ein Schattendasein führt und ab und zu seinem Leid Ausdruck verleiht und mich mit Symptomen flutet. Das ist eine Vorstellung, ein Modell meines Innenlebens, um damit umgehen zu können. Aber auch hier möchte ich sagen, wie im Außen, so im Inneren, keiner wird ausgeschlossen, alle gehören mit dazu. Danke für Euer Interesse an meiner Existenz, Danke fürs Lesen.

Alles Gute für Euch.